CULTURAS INDÍGENAS
NO BRASIL E A COLEÇÃO
HARALD SCHULTZ

Serviço Social do Comércio
Administração Regional no Estado de São Paulo

Presidente do Conselho Regional
Abram Szajman
Diretor Regional
Danilo Santos de Miranda

Conselho Editorial
Ivan Giannini
Joel Naimayer Padula
Luiz Deoclécio Massaro Galina
Sérgio José Battistelli

Edições Sesc São Paulo
Gerente Iã Paulo Ribeiro
Gerente adjunta Isabel M. M. Alexandre
Coordenação editorial Clívia Ramiro, Cristianne Lameirinha, Francis Manzoni, Jefferson Alves de Lima
Produção editorial Maria Elaine Andreoti
Coordenação gráfica Katia Verissimo
Produção gráfica Fabio Pinotti, Ricardo Kawazu
Coordenação de comunicação Bruna Zarnoviec Daniel

ANA CAROLINA DELGADO VIEIRA • MARÍLIA XAVIER CURY [ORG.]

CULTURAS INDÍGENAS
NO BRASIL E A COLEÇÃO
HARALD SCHULTZ

edições sesc

© Edições Sesc São Paulo, 2021
© Ana Carolina Delgado Vieira, 2021
© Marília Xavier Cury, 2021
Todos os direitos reservados

Preparação Leandro Rodrigues
Revisão José Ignacio Mendes, Elba Elisa Oliveira
Capa e projeto gráfico Raquel Matsushita
Diagramação Juliana Freitas | Entrelinha Design
Fotos de capa e contracapa Ader Gotardo

Capa Acervo MAE-USP – figura zoomorfa – Karajá – RG 2041 (1948).
Quarta capa (acima) Acervo MAE-USP – flauta Tukurina – RG 6188 (1950);
(abaixo) Acervo MAE-USP – brincos emplumados Rikbaktsa – RG 11195 (1962).
Folha de rosto Acervo MAE-USP – máscara Ticuna – RG 9960 (1956).

Dados Internacionais de Catalogação na Publicação (CIP)

C8996	Culturas indígenas no Brasil e a Coleção Harald Schultz / Ana Carolina Delgado Vieira; Marília Xavier Cury [org.]. –.São Paulo: Edições Sesc São Paulo, 2021. – 328 p. il.: fotografias.
	ISBN 978-65-86111-18-7
	1. Índios no Brasil. 2. Cultura indígena no Brasil. 3. Arte indígena no Brasil. 4. Museu de Arqueologia e Etnologia (MAE-USP). 5. Coleção Harald Schultz. 6. Harald Schultz. I. Título. II. Vieira, Ana Carolina Delgado. III. Cury, Marília Xavier. IV. Schultz,.Harald. V. MAE-(USP). VI. Museu de Arqueologia e Etnologia (MAE-USP).
	CDD 301.3

Ficha catalográfica elaborada por Maria Delcina Feitosa CRB/8-6187

Edições Sesc São Paulo
Rua Serra da Bocaina, 570 – 11º andar
03174-000 – São Paulo SP Brasil
Tel. 55 11 2607-9400
edicoes@sescsp.org.br
sescsp.org.br/edicoes
  /edicoessescsp

10	Apresentação	*Danilo Santos de Miranda*
12	Prefácio	*Paulo Antonio Dantas de Blasis*
14	Introdução	*Ana Carolina Delgado Vieira • Marília Xavier Cury*

PARTE I
A TRAJETÓRIA DE HARALD SCHULTZ

22 Cronologia

24 Harald Schultz: fotógrafo e etnógrafo da Amazônia ameríndia
Sandra Maria Christiani de La Torre Lacerda Campos

42 Experiências de Harald Schultz e Vilma Chiara:
movimentos, memórias e relações
Aline Batistella • Vilma Chiara

PARTE II
OS MUSEUS E A PRESERVAÇÃO

62 Em busca do invisível: museus, coleções e coletores
Ana Carolina Delgado Vieira • Marília Xavier Cury

75 Conservar para quem? As possibilidades do trabalho colaborativo
entre indígenas e conservadores
Ana Carolina Delgado Vieira

94 Harald Schultz: possibilidades de comunicação e exposição
Marília Xavier Cury

PARTE III
COLEÇÕES E CULTURAS INDÍGENAS: OLHARES DISTINTOS

108 Museus, coleções e "objetos raros e singulares"
Lúcia Hussak van Velthem

130 Arte, história e memória: a trajetória de duas coleções
Lux Boelitz Vidal

151 Perigosos festeiros: as máscaras Ticuna sessenta anos após
Harald Schultz
Edson Matarezio

173 Como fazer um filme etnográfico para a Enciclopédia
Cinematográfica?: as colaborações entre Vilma Chiara
e Harald Schultz
Maria Julia Fernandes Vicentin

191 A história do Museu Worikg e do grupo cultural Kaingang
da Terra Indígena Vanuíre
Dirce Jorge Lipu Pereira • Susilene Elias de Melo

221 Guarani Nhandewa: revivendo as memórias do passado
*Claudino Marcolino • Cledinilson Alves Marcolino • Cleonice
Marcolino dos Santos • Creiles Marcolino da Silva Nunes • Gleidson
Alves Marcolino • Gleyser Alves Marcolino • Samuel de Oliveira
Honório • Tiago de Oliveira • Vanderson Lourenço*

242 Resistência e fortalecimento do passado e do presente Terena
Jazone de Camilo • Rodrigues Pedro • Candido Mariano Elias •
Gerolino José Cezar • Edilene Pedro • Afonso Lipu

PARTE IV
COLEÇÃO HARALD SCHULTZ

268 Mapa da localização atual das etnias representadas na
Coleção Harald Schultz

270 Seleção de fotografias e objetos coletados por Harald Schultz –
Acervo MAE-USP

314 Sobre as organizadoras

315 Sobre os autores

322 Referências

Harald Schultz em campo, entre os Kadiwéu.

Fonte: Acervo do Museu do Índio/Funai – Brasil – (DK 01101-01461 / SP101403) – Brasil, 1943/1944.

APRESENTAÇÃO
UM MUSEU EM MOVIMENTO

Danilo Santos de Miranda
Diretor do Sesc São Paulo

O conhecimento humano, na medida em que se dirige à realidade, reconhece similaridades, diferenças, conceitos, fenômenos, seres, dentre outras faces da existência. Junto ao discernimento das palavras e das coisas, contudo, verifica-se também, como o fundo de uma forma, os elementos responsáveis por estruturar o saber, que, tal como a linguagem, não é transparente.

A antropologia se apresenta como uma disciplina na qual a consideração acerca das bordas do pensamento sobrevém inelutavelmente. Pois, ao se debruçar sobre sociedades humanas dotadas de cosmovisões sensivelmente distintas da matriz ocidental que a originou, o questionamento de seu próprio método e do correspondente saber capaz de articular se impõe. Outro elemento fundamental para o olhar autorreflexivo desse campo teórico consiste no estudo acerca das histórias das pessoas e instituições relacionadas à disciplina em seus diversos contextos temporais e locais.

Nesse sentido, o Brasil se coloca como um território relevante para a antropologia, tanto em decorrência dos inúmeros povos nativos que há séculos resistem aos processos de colonização, mantendo suas formas de existência e oferecendo o estudo acerca da riqueza de suas concepções de mundo, quanto em função dos trabalhos realizados junto a esses povos por pesquisadores como Claude Lévi-Strauss, Herbert Baldus, Darcy Ribeiro, entre outros.

O presente volume, organizado por Ana Carolina Delgado Vieira e Marília Xavier Cury, busca divulgar o trabalho pioneiro de Harald Schultz para a antropologia visual brasileira. Os textos que compõem a obra abordam suas atividades como etnógrafo e fotógrafo, realizadas junto à antropóloga Vilma Chiara, sua esposa. Os escritos se fundamentam em pesquisas realizadas no Museu de Arqueologia e Etnologia da Universidade de São Paulo (MAE-USP), instituição cujo acervo se constituiu parcialmente em função do trabalho de coleta realizado por Schultz entre os anos de 1946 e 1966.

Atualmente o museu se coloca como espaço de articulação mnêmica ao oportunizar a pesquisa acadêmica e o acesso à cultura material por parte dos membros das diversas etnias ameríndias presentes em suas coleções. A observação pormenorizada desses objetos permite inclusive o reconhecimento de técnicas, ritos e tradições pertencentes à ancestralidade desses povos que, assim, logram articular seu passado e atualizar práticas identitárias coletivas no momento presente.

O compromisso institucional do Sesc para com a promoção da cultura, a valorização da pluralidade dos modos de ser e, em consequência, dos modos de conhecer, encontra harmonia precisa na publicação desta obra. Hoje, mais do que nunca, a investigação acerca de modos de existência mais sensíveis aos ritmos dos entes da natureza – e inclusive de concepções que não diferenciam absolutamente humanidade e natureza – se apresenta como uma das únicas formas de conhecimento capazes de nos libertar da marcha em direção àquilo que nos habituamos a chamar de progresso, mas que, em verdade, tem como destino um assombroso cenário de epidemias, crises e colapsos. Com o estudo do trabalho de Harald Schultz, nos fragmentos luminosos coletados por ele com sua câmera ou na trama dourada de uma cestaria ancestral, talvez seja enfim possível apreender a diversidade e a profundidade que a palavra *humano* comporta.

PREFÁCIO

Paulo Antonio Dantas de Blasis
Professor associado do MAE-USP

É grande a honra de escrever um prefácio a este belo livro organizado pela professora Marília Xavier Cury e a conservadora Ana Carolina Delgado Vieira, ambas deste Museu de Arqueologia e Etnologia da Universidade de São Paulo (MAE-USP). O esforço na produção deste volume, que apresenta e celebra tanto a magnífica coleção de artefatos e imagens obtidos junto aos povos indígenas brasileiros como também a figura de seu ilustre coletor, o etnólogo Harald Schultz, é enorme, envolvendo diversos pesquisadores ao longo de vários anos, como os artigos que seguem muito bem revelam.

Não vou me estender acerca da importância e do significado dessa coleção para o MAE-USP e para a etnologia brasileira, tampouco acerca da figura de Harald Schultz, também contemplada nos substanciosos textos apresentados neste livro. Quero apenas comentar rapidamente o significado da presente iniciativa para o Museu, que, neste início do século XXI, enfrenta os desafios de seu tempo, um pouco diferentes daqueles do tempo em que essa esplêndida coleção foi gerada.

Como será comentado e desenvolvido adiante neste livro, as coleções aqui sistematizadas e catalogadas foram recolhidas a partir da seguinte perspectiva de que, ao se documentarem as populações nativas ameríndias, registrava-se um modo de vida fadado a desaparecer; tratava-se, portanto, de guardar e documentar *vanishing cultures*, estilos e modos de vida em vias de extinção. Essa perspectiva, oriunda do século XIX, sobreviveu longamente no século XX, a época de Schultz, mobilizando muitas das iniciativas, sem dúvida meritórias, dos etnógrafos de seu tempo.

Mas os tempos agora são outros. As populações nativas americanas não apenas sobreviveram ao intenso processo "civilizatório" de expansão do modo de vida ocidental no Brasil como, na atualidade, se posicionam por seus direitos de cidadania plena e integridade cultural e humanitária. Nesse sentido, as coleções etnográficas dos museus, como a coletada por Harald Schultz aqui compilada, assumem um novo papel, ainda mais importante que aquele, também nobre, imaginado pelos etnólogos do século passado. Agora, trata-se de revitalizar os laços das populações ameríndias atuais com seus ancestrais e suas ligações simbólicas com o mundo, a floresta, os rios e seus espíritos, recriando e atualizando a experiência existencial de sua própria natureza humana, sua imanência social e cultural, e seus direitos duradouros ao território e à participação na vida social brasileira.

Nesse sentido, a publicação deste livro não poderia ser mais oportuna: coloca esta coleção, que representa uma parcela significativa e expressiva do acervo do MAE-USP, a serviço de todos, especialmente daqueles que dela são herdeiros naturais e que mais direito teriam de usufruir desse acervo.

Parabenizo as organizadoras, e me congratulo com elas e com o Sesc pela iniciativa desta publicação. Espero que, nos próximos anos, outras coleções sigam o mesmo caminho.

INTRODUÇÃO

Ana Carolina Delgado Vieira e Marília Xavier Cury

Nas palavras do historiador polonês Krzysztof Pomian[1], os colecionadores e os conservadores dos museus se comportam como guardiões de tesouros. Os atos de coletar, guardar e conservar podem ter relação direta com a ideia de posse e poder, uma vez que o colecionismo se funde com a missão de fortalecimento de uma concepção de patrimônio.

Mas reflitamos: para que coletar e guardar a materialidade, uma vez que esses tesouros amealhados se tornaram "coisas" com novos significados? As panelas não servem mais para cozinhar, as cestas não podem mais carregar ou guardar, as vestimentas não podem mais ser usadas. À primeira vista, é comum que uma coleção seja percebida como um arsenal de objetos "sem vida", pois a utilidade original de cada peça parece ter sido banida dentro das fronteiras dos museus, e talvez por isso muitas vezes os objetos expostos são considerados coisas "antigas", "velhas" ou "mortas".

O objeto, afastado de seu cotidiano e de uma trajetória espacial e temporal, é submetido à avaliação do coletor, que seleciona aquilo que deve ingressar em sua coleção e aquilo que deve ser descartado. Portanto, a partir do momento em que é coletado, esse objeto passa por uma ressignificação; terá o olhar do outro sobre sua materialidade e seus elementos simbólicos.

Entretanto, esses objetos etnográficos carregam em si um ciclo vital que extrapola a materialidade, trazendo elementos que devem ser desbloqueados para que sua biografia possa elevar valores culturais e sociais. Eles não devem ser interpretados e apreciados apenas pelos

---

1 Krzysztof Pomian, "Colecção", *Enciclopédia Einaudi*, Porto: Imprensa Nacional/Casa da Moeda, 1984, p. 52.

gestores desse patrimônio material – pesquisadores, conservadores, documentalistas, museólogos, educadores etc. –, mas sim compartilhados especialmente com aqueles que os criaram – os povos indígenas. Isso dará condições para que a coleção ganhe outras narrativas além daquela elaborada pelo coletor ou pela instituição que a guarda.

Somos audaciosos quanto aos objetivos desta publicação. Queremos, primeiramente, divulgar a coleção de Harald Schultz, formada quando o fotógrafo etnógrafo ainda trabalhava na Seção de Etnologia do Museu Paulista, integrado em 1963 à Universidade de São Paulo (MP-USP), e hoje resguardada nas reservas técnicas do Museu de Arqueologia e Etnologia (MAE-USP). É nossa intenção que este livro funcione como porta de entrada para a rica coleção material e documental organizada por Schultz entre as décadas de 1940 e 1960 – lembremo-nos de que, nesse período, o colecionismo dos materiais etnográficos esteve relacionado a uma agência específica da antropologia que buscava aglutinar todas as informações materiais sobre os povos indígenas, os quais se acreditava que sucumbiriam ao contato com os não indígenas. Além disso, pretendemos aqui sistematizar e divulgar aspectos pouco conhecidos do coletor Harald Schultz, como veremos adiante.

Schultz dedicou-se à etnografia indígena, registrando aspectos culturais de dezenas de povos. Foi responsável pela coleta de mais de 7 mil artefatos[2]. Incansável defensor das causas indígenas, divulgou

---

2   Destaquemos que, em muitas dessas expedições, Harald Schultz trabalhou em parceria com outros colegas de jornada, como Herbert Baldus, Wanda Hanke, Vilma Chiara, Eurico Fernandes, entre outros. O número de artefatos da coleção se dá pela participação de Harald Schultz nesses processos de coleta. Ou seja, são mais de 7 mil objetos coletados por ele durante suas expedições, fosse atuando sozinho ou acompanhado.

e debateu intensamente a diversidade cultural ameríndia. Também pode ser considerado um dos precursores da antropologia visual, com a produção de filmes e mais de mil fotografias, registros etnográficos que buscavam apreender minúcias do cotidiano de suas pesquisas de campo e a confecção de diversos artefatos.

Com seu equipamento fotográfico, Harald Schultz captava a imagem do "outro", beleza estética e sensibilidade. Registrava o cotidiano nas aldeias, mostrando crianças em suas rotinas, mulheres preparando refeições, enquanto homens se aparelhavam para a caça e a pesca. Suas lentes, que captaram rituais, danças, processos de confecção de objetos, compartilham um pouco de sua relação de confiança com os povos indígenas retratados.

O esforço de coletar, transportar e salvaguardar os objetos de mais de quarenta grupos indígenas se traduziu na coleção que é objeto deste livro. Expedições feitas em parceria com outros colegas dos tempos do Museu Paulista (MP-USP) refletem a prática do registro etnográfico engajada em preservar as formas de vida e cultura de diversos povos indígenas.

Na tentativa de guardar esse importante patrimônio, instituições museológicas como MP-USP e MAE-USP tentaram classificar e organizar seus objetos, contando para isso com o apoio da documentação primária legada pelo coletor e por sucessões de equipes, bem como das pesquisas que se sucederam durante décadas. Assim, a Coleção Harald Schultz foi inventariada, e os objetos foram classificados em categorias – entre outras informações taxonômicas, destacamos "objetos utilitários", "adornos", "armas", "cestarias", "objetos rituais" –, seguindo esforços interpretativos da antropologia e diretrizes museológicas necessárias para a gestão da coleção.

A coleção está disponível para análises tipológicas e etnobotânicas, que permitiriam dizer mais sobre as matérias-primas e áreas ecológicas onde foram produzidos esses objetos, os quais também podem ser cotejados com outras coleções ou mesmo comparados com produções recentes realizadas pelos povos indígenas.

Entretanto, é preciso ir além. É preciso discutir o conceito de propriedade. De quem são esses objetos etnográficos? Do coletor? Do museu que os salvaguarda? Podemos tentar resolver essa questão dizendo que o patrimônio cultural pertence a todos nós, brasileiros. Mas, presos ao conceito difuso de propriedade pública, na prática temos compartilhado pouco. Esse patrimônio é de todos os povos indígenas, e devemos estabelecer formas de intercâmbio entre eles e os museus etnográficos para que esses objetos fortaleçam e recuperem o seu ciclo vital, estabelecendo conexões com o presente e o futuro.

Os indígenas são os conhecedores desses objetos e podem ajudar a ressignificar as coleções depositadas nos museus, agregando informações sobre a confecção dos artefatos, complementando registros documentais deixados pelos coletores, atribuindo-lhes sentidos contemporâneos e recuperando, assim, a alma dos objetos. Podem trabalhar em parceria com equipes de pesquisadores, museólogos e conservadores, conduzindo com segurança ações nos processos decisórios que têm por fim preservar os artefatos. Também podem e devem participar como pesquisadores e curadores, criando outras narrativas e colaborando com exposições, publicações e outros meios de comunicação museal. Deve ser garantido aos indígenas o direito ao acesso e à participação em todo o processo de resistência, de fortalecimento cultural e mesmo de reapropriação e ressignificação daquilo que, embora esteja guardado em um museu, lhes pertence culturalmente.

A participação dos indígenas nos processos museais ainda é um desafio para os museus etnográficos, mas é uma ação necessária se queremos verdadeiramente tornar acessíveis e democratizar coleções para tentar fugir do rastro colonial eurocêntrico que pauta a formação de muitas delas. Pensando nesses objetivos, organizamos este livro em quatro partes distintas. A primeira recupera a trajetória de Harald Schultz. Os textos compartilham detalhes biográficos para ajudar a compreender o momento histórico no qual a coleção foi formada, além de trazer experiências das expedições realizadas pelo coletor.

A segunda parte reúne textos que estimulam a reflexão sobre as possibilidades museológicas que se abrem com o trabalho nessa coleção, com foco na necessidade de que sejam revistas práticas museais tradicionais, discutindo como os museus podem instituir políticas que respeitem os direitos dos indígenas e contribuam para sua inclusão e seu empoderamento.

A terceira parte traz estudos relacionados a coleções depositadas em museus. Nela destacamos os textos de representantes de três grupos indígenas do oeste paulista. Esses grupos vivem nas Terras Indígenas (TIs) do interior paulista Araribá, Icatu e Vanuíre, sendo que as duas primeiras TIs foram visitadas em 1947 por Herbert Baldus e pelo então assistente de etnologia Harald Schultz. Os grupos contatados, Kaingang, Guarani Nhandewa e Terena, são neste livro autores de suas próprias narrativas e visões sobre coleções e museus.

Para a quarta parte, selecionamos doze povos indígenas entre os mais de quarenta visitados por Harald Schultz. Buscamos compartilhar imagens registradas pelo fotógrafo etnógrafo durante suas atividades de campo e, sempre que possível, trazer a imagem do objeto da coleção relacionado ao contexto.

Schultz registrou inúmeros processos de confecção de artefatos. Suas fotos destacam mãos hábeis tecendo redes e precisas tramas de fibras vegetais formando cestarias. O coletor também registrou múltiplos processos criativos de pintura de vestimentas e adornos. Felizmente, conseguimos identificar muitos dos objetos registrados repousando nas reservas técnicas do MAE-USP. A seleção das fotos busca compartilhar esse momento, em que temos a evidência do registro da criação ou do uso do artefato.

Ao final da apresentação dos grupos indígenas, disponibilizamos uma seleção de imagens da Coleção Harald Schultz, com peças recolhidas por ele durante décadas de trabalho de campo.

Nas palavras de Pierre Nora[3], "o fim da história-memória multiplicou as memórias particulares que reclamam sua própria história". Acreditamos que, quanto mais uma coleção tiver suas fronteiras alargadas, maior será o seu potencial multiplicador de informações e ações. Esperamos que esta publicação possa oxigenar possibilidades e que novas perspectivas surjam para democratizar espaços e fortalecer a cultura dos povos indígenas, a fim de que estes possam reclamar e construir suas próprias histórias.

---

3 Pierre Nora, "Entre memória e história: a problemática dos lugares", Trad. Yara Aun Khoury, *Projeto História. Revista do Programa de Estudos em História e do Departamento de História da PUC-SP*, São Paulo, n. 10, p. 17, dez. 1993. Disponível em: <http://www.pucsp.br/projetohistoria/downloads/revista/PHistoria10.pdf>. Acesso em: 27 fev. 2019.

Fonte: Acervo MAE-USP - flautas transversais Tukurina - RG 6188, RG 6190, RG 6146, RG 6184 (1950). Foto: Ader Gotardo.

PARTE I
A TRAJETÓRIA DE HARALD SCHULTZ

CRONOLOGIA

1909 Nascimento de Harald Schultz em Porto Alegre (RS), no dia 22 de fevereiro. Seus estudos básicos foram realizados na Alemanha entre 1915 e 1924.

1939 Passa a fazer parte da equipe do Serviço de Proteção aos Índios (SPI). Cândido Mariano da Silva Rondon o incumbe da organização de um centro de documentação fotográfica e filmográfica. Com o material coletado, foi criado o Departamento de Documentação Cinematográfica e Etnográfica, posteriormente Seção de Estudos do SPI.

1942 Trabalho de campo junto aos Terena, Kadiwéu e Guarani, no sul do Mato Grosso.

1943 Trabalho de campo junto aos Bakairi, Piratininga, e Umutina, alto Paraguai. Assiste, no Rio de Janeiro, a curso ministrado por Curt Nimuendaju.

1944-1945 Trabalho de campo junto aos Umutina, alto rio Paraguai.

1945 É produzido o filme sobre rituais Umutina, *Dança de Culto aos Mortos*, colorido, duração de 4 min 30 s, com três das dezessete danças de culto aos mortos: Bakuré, Hatóri e Arischinó. Em 10 de dezembro, morre Curt Nimuendaju em uma aldeia Ticuna (AM). Harald Schultz foi o responsável por trazer seus restos mortais para São Paulo.

1946 Schultz torna-se aluno de Herbert Baldus, Emilio Willems e Donald Pierson no curso de Etnologia Brasileira na Escola de Sociologia e Política de São Paulo, tornando-se seu assistente. Trabalho de campo junto aos Kaingang, Ivaí (PR). Neste ano também é criada a Seção de Etnologia do Museu Paulista.

1947 Schultz é contratado como assistente de Etnologia pelo Museu Paulista em 4 de janeiro, trabalhando ao lado de Herbert Baldus. Produz filmes, monografias e fotos e colabora com a coleta de cultura material.

Em São Paulo, trabalho de campo junto aos Kaingang (Icatu), Terena e Guarani (Araribá). Em Mato Grosso e Goiás, junto aos Karajá no Araguaia e, ao norte de Goiás, com os Krahô.

1948 Trabalho de campo junto aos Karajá e Tapirapé, rio Tapirapé.

1949 Trabalho de campo junto aos Krahô (escavação arqueológica), Ilha de Marajó.

1950 Trabalho de campo junto aos Ipurinan, Kulina e Tukurina, Alto Purus.

1951 Trabalho de campo junto aos Kaxinawá, rio Curanja, Alto Purus, Peru.

1952 Trabalho de campo junto aos Moré, Guaporé, Bolívia; Kanoé, Massaká e Makurap, Guaporé, Brasil; Karajá e Tapirapé, rio Tapirapé, Brasil.

1953 Trabalho de campo junto aos Digüt e Urukú, rio Ji-Paraná, afluente do Madeira.

1954 Escavações arqueológicas, bacia do Solimões e bacia do Amazonas.

1955 Trabalho de campo junto aos Krahô, norte de Goiás, e escavações arqueológicas, Baixo Amazonas.

1956 Trabalho de campo junto aos Ticuna, rio Solimões e escavações arqueológicas, rio Urucu (afluente do Amazonas).

1957 Escavações arqueológicas, rio Paranaguá e Tefé.

1958 Trabalho de campo junto aos Ticuna e Makú, Solimões e Paraná Boá-Boá.

1959 Trabalho de campo junto aos Javaé e Krahô, ilha do Bananal.

1960 Trabalho de campo junto aos Karajá, Suyá e Ticuna, Rio Suyá Missu, Alto Xingu.

1962 Trabalho de campo junto aos Rikbaktsa, Alto Juruena.

1964 Trabalho de campo junto aos Waurá, rio Batovi.

1965-1966 Trabalho de campo junto aos Krahô, norte de Goiás.

1966 Falecimento de Harald Schultz no dia 8 de janeiro, em São Paulo.

HARALD SCHULTZ:
FOTÓGRAFO E ETNÓGRAFO DA AMAZÔNIA AMERÍNDIA

Sandra Maria Christiani de La Torre Lacerda Campos

Até 1988, Harald Schultz era um ilustre desconhecido, tendo estado no anonimato por cerca de trinta anos após sua morte. Era lembrado apenas como fotógrafo e etnógrafo, assistente de Herbert Baldus no setor de etnologia do Museu Paulista, onde trabalhou durante cerca de vinte anos como coletor e fotógrafo de artefatos indígenas, até 1966, ano de sua morte precoce.

Quando passei a integrar os quadros do mesmo museu e do mesmo setor de etnologia, em 1988, dei início ao grande desafio de organizar seu material fotográfico. Entre fotos que haviam sido utilizadas para ilustração de publicações e muitas sem identificação do autor, havia antigos e preciosos registros que ultrapassavam o caráter ilustrativo a que se prestavam na época: eram de Harald Schultz.

Em suporte de papel, não eram muitas. Havia cerca de 2 mil imagens em diapositivos que já haviam sido organizadas, listadas e classificadas por grupo cultural, assunto, data e descritores, além da filmografia produzida pelo autor. O interesse após a constatação de que se tratava de um rico material de registro etnográfico foi tamanho que minha investigação resultou em uma dissertação de mestrado[4], *O olhar antropológico: o índio brasileiro sob a visão de Harald Schultz*, que sistematizou e divulgou pela primeira vez aspectos pouco conhecidos e inéditos do fotógrafo e etnógrafo Harald Schultz. Esse trabalho iniciou o acesso do público à rica coleção material e documental organizada pelo coletor entre 1942 e 1965, período em que ele se dedicou à etnografia indígena, registrando aspectos culturais de dezenas de povos e coletando mais de 7 mil artefatos, além de produzir

---

4 Sandra M. C. T. L. Campos, *O olhar antropológico: o índio brasileiro sob a visão de Harald Schultz*, Dissertação (mestrado em antropologia) – PUC. São Paulo, 1996.

62 filmes e 1.127 diapositivos, hoje digitalizados e preservados no Museu de Arqueologia e Etnologia da USP. Schultz publicou ainda três livros e vários artigos no Brasil e no exterior. Foi um incansável defensor das causas indígenas, divulgando e debatendo a diversidade cultural ameríndia, de onde compilo grande parte das informações.

UM PEQUENO HISTÓRICO DE HARALD SCHULTZ

Harald Schultz, brasileiro de ascendência alemã e dinamarquesa, nascido em Porto Alegre em 1909, desenvolveu seus estudos na Alemanha e retornou ao Brasil em 1924, ao término de sua formação básica. Filho do médico alemão Wolfgan Schultz e da cantora brasileira de ascendência dinamarquesa Joaninha Rasmussen Schultz, desenvolveu fluência na língua alemã, na qual publicou vários de seus artigos, divulgando a cultura indígena brasileira fora do país.

Na década de 1920, tiveram início grandes mudanças no universo cultural da intelectualidade brasileira, com o incentivo a uma mentalidade nacionalista que contribuiu fortemente para a formação dos etnólogos brasileiros. Devido à inexistência de universidades no país até 1934, quando se deu a fundação da Universidade de São Paulo e da Escola Livre de Sociologia e Política, grande parte da produção intelectual brasileira era gestada nos museus, constituídos em ativos núcleos científicos que difundiam a existência de minorias étnicas indígenas como componentes da realidade nacional, a exemplo do Museu Nacional do Rio de Janeiro, do Museu Paraense Emílio Goeldi e do Museu Paulista, de São Paulo. Com a fundação da Universidade de São Paulo, inaugurou-se uma nova sistemática na formação dos cientistas sociais.

Em 1939, quando já se destacava como fotógrafo de excelência, foi convidado pelo Marechal Cândido Rondon a organizar um centro de documentação fotográfica e filmográfica do Serviço de Proteção aos Índios (SPI). Passou a chefiar o setor em 1942, quando iniciou suas expedições etnográficas, em processo que durou até 1944. Nas expedições, gravava em imagens o cotidiano dos povos indígenas, seguindo os princípios de dar proteção aos índios e registrar os momentos de contato. O material coletado permitiu a criação do Departamento de Documentação Cinematográfica e Etnográfica, que deu origem à Seção de Estudos do SPI, acervo preservado no Museu do Índio do Rio de Janeiro.

Harald Schultz acompanhou as expedições ao interior do Brasil, que era desbravado para a instalação das linhas de telégrafo. Nesse período foram identificadas várias populações indígenas que até então não tiveram contato com não índios. Durante os três anos em que atuou como fotógrafo e etnógrafo, Schultz coletou e publicou sistematicamente dados etnográficos no Brasil e no exterior. Encerrou sua carreira no SPI em 1945, sendo sua última atividade nesse órgão governamental a produção de seu primeiro filme etnográfico – *Dança de culto aos mortos*, que registrava uma das principais cerimônias do grupo cultural Umutina. Trata-se de uma cerimônia dedicada aos mortos, que são ritualmente convidados a participar da atividade, composta por dezessete danças – três delas registradas em filmes, com duração de 4'30", em 1944/1945[5]. Na década de 1960, em virtude de mudanças de orientação da política indigenista, o SPI foi extinto, dando origem à Fundação Nacional do Índio (Funai).

---

5 *Ibid.*, p. 17.

O grande impulso às atividades de ação indigenista de Schultz se deu em 1946, quando ele morava em São Paulo: Herbert Baldus, reconhecedor de seu talento, convida-o a assistir a seus cursos de etnologia brasileira ministrados na Escola Livre de Sociologia e Política, permitindo-lhe com isso ampliar seus conhecimentos práticos e teóricos. Vale ressaltar que Baldus, vindo da Alemanha, foi o primeiro antropólogo de formação a atuar no Brasil. Criou a cadeira de Etnologia Brasileira naquela instituição, bem como o setor de etnologia do Museu Paulista, nas décadas de 1930 e 1940.

Incansável investigador das culturas indígenas, Schultz não tardou a ser convidado pelo mesmo antropólogo a compor, no ano seguinte, os quadros do Museu Paulista e, como assistente de Baldus, dedicou-se à coleta de material etnográfico, arqueológico e à documentação imagética.

Foi como assistente na área de etnologia que, em 1951, juntamente com Vilma Chiara, sua esposa, visitou a aldeia Kaxinawá do Alto Rio Purus, o que resultou no filme *Expedição de pesca e festa*, no artigo "Informações sobre os índios do Alto Rio Purus" e na coleta de uma série de artefatos, que constituem hoje a mais significativa coleção de objetos oriundos desse povo, reconhecida inclusive pelos próprios produtores, preservada no Museu de Arqueologia e Etnologia-USP. Vilma Chiara, conservadora do Museu Paulista, o acompanhou em várias expedições. A antropologia brasileira lhe deve reconhecimento como antropóloga por sua rica contribuição, principalmente com o desenvolvimento e a publicação de pesquisas com os povos Karajá, sobre as bonecas cerâmicas, e Krahô, contato a que deu continuidade por cerca de dez anos após a morte de Schultz e que resultou em sua tese de doutorado, produção científica que sem dúvida ampliou os estudos e olhares sobre as populações indígenas.

Seguindo os ideais de Baldus, de defender e divulgar a diversidade das culturas indígenas no Brasil, o trabalho de Harald Schultz resultou na elaboração de uma série de filmes, monografias e principalmente na coleta sistemática de artefatos indígenas, que compõem até hoje um dos acervos etnológicos mais importantes e significativos do museu. Até 1966, quando falece, coletou mais de 7 mil objetos, o que representa cerca de um terço do acervo material hoje sob a guarda do MAE-USP. Produziu 57 filmes, sendo que muitos dos artefatos neles registrados em processo de confecção e contexto cultural se encontram no acervo do MAE-USP.

PARCERIAS

A parceria de Schultz com Baldus resultou em intensa atividade de pesquisa, apoio e divulgação de culturas indígenas distintas e originais[6], contribuindo "para trabalhar em prol do nosso silvícola, pondo ao alcance do grande público, por meio de publicações, conferências, exibições etnográficas, a verdade até agora acessível a um pequeno grupo de especialistas"[7].

O fato de ambos pertencerem à mesma instituição favorecia a participação em atividades conjuntas, a exemplo da "Sociedade Amigos do Índio", fundada em São Paulo em 1948, que tinha como princípios básicos promover e fomentar atividades científicas e artísticas, divulgando

---

6 *Ibid.*, p. 33.
7 *Ibid.* Fonte: Baldus, H., *Revista do Arquivo Municipal*, CXXVIII, SP, 1949.

os conhecimentos a respeito dos índios e sua cultura, de modo a torná--los cada vez melhor compreendidos. Assim compunha-se a diretoria:

Presidente de honra – **Marechal Cândido Rondon**

Presidente – **Carlos Borges Teixeira**

1º Vice-presidente – **Harald Schultz**

2º Vice-presidente – **Mário Miranda Rosa**

Diretor Secretário Geral – **Francisco Bayerlein**

Diretor Conselheiro – **Florestan Fernandes**

As adesões eram efetuadas na Seção de Etnologia do museu por Baldus e Schultz, demonstrando o apoio da instituição à causa indígena. Um dos assuntos em pauta em 1949 era a formação do Parque Nacional do Xingu e suas implicações políticas e sociais.

O objetivo de Schultz era demonstrar a diversidade indígena brasileira, composta por culturas peculiares, organizadas com padrões próprios. Tal realidade era debatida e ilustrada nos vários seminários organizados com projeções de imagens produzidas em suas pesquisas de campo, que contavam com a participação de pesquisadores nacionais e estrangeiros interessados em conhecer e divulgar a rica diversidade das culturas indígenas brasileiras.

O resultado dessas pesquisas encontra-se registrado em publicações nacionais e estrangeiras e na organização de várias coleções etnográficas dos povos com os quais Schultz esteve em contato, a saber: 1947 – Krahô, Kaingang, Terena, Karajá; 1948 – Karajá e Tapirapé; 1949 – escavação arqueológica; 1950 – Ipurinan, Kulina e Tukurina; 1951 – Kaxinawá; 1952 – Moré, Kanoé, Massaká e Makurap, Karajá e Tapirapé; 1953 – Digüt e Urukú; 1954 – escavações arqueológicas; 1955 – Krahô e escavações arqueológicas; 1956 – Ticuna e escavações arqueológicas; 1957 – escavações arqueológicas; 1958 – Ticuna e Makú; 1959 – Javaé e Krahô; 1960 – Karajá, Suyá e Ticuna; 1962 – Rikbaktsa; 1964 – Waurá; 1965 – Krahô[8].

Como já se viu, sua maior coleção é a de objetos do povo Karajá, característico por ter uma diversificada produção material, na qual se destacam as mais de setecentas bonecas cerâmicas. A coleção é composta por mais de 4.500 artefatos, sendo o povo Karajá o único grupo brasileiro até então conhecido a produzir essa arte figurativa que simboliza a organização sociocultural do grupo e que se tornou objeto de estudo de Vilma Chiara.

Por quatro anos seguidos (de 1954 a 1957), Schultz ampliou suas pesquisas no campo arqueológico, organizando uma coleção significativa da Amazônia brasileira, juntamente com Paul Hilbert, arqueólogo e etnólogo alemão, em expedições financiadas pelo Instituto de Antropologia e Etnologia do Pará e pelo Museu Paulista. Schultz e Hilbert tinham como objetivo o levantamento de sítios e a identificação de culturas cerâmicas em torno do rio Amazonas.

Foram anos intensos de investigação e registros, que resultaram no levantamento de vários aspectos culturais, materiais e simbólicos descritos de forma minuciosa e sistemática em seus diários de campo e em imagens.

Sem dúvida, as coleções constituídas por Schultz e seus colaboradores representam fecundo suporte de pesquisa para várias gerações de antropólogos e etnólogos. Destaca-se o fato de que muitos dos artefatos coletados que se encontram preservados no acervo do MAE--USP estão presentes nas imagens coletadas, que registram detalha-

---

8   Marília Xavier Cury; Joana M. Ortiz [ed.], *Harald Schultz: fotógrafo etnógrafo*, São Paulo: MAE-USP/Caixa Cultural (Giramundo Cultural), 2012, pp. 11-2.

damente técnicas de confecção, contexto e modo de utilização, entre outras informações indispensáveis para o estudo da cultura material e dos povos pesquisados, alguns deles já extintos.

SCHULTZ E O MAE-USP

Como vimos, Schultz, no período de 1946 a 1966, inaugurou o método de coleta sistemática, com uma grande peculiaridade do trabalho etnográfico: ele passava longas temporadas em campo, vivenciando o *habitus* cultural de cada grupo étnico, filmando e fotografando os artefatos, muitos em seu processo de confecção e de uso. Depois de organizados os artefatos, conduzia-os ao museu.

Sua coleta, estimada em mais de 7 mil peças, representa cerca de um terço do acervo material indígena atual presente na instituição. Além das coleções etnográficas, produziu o acervo de 57 filmes etnográficos, que foi publicado na Alemanha como parte de uma coleção denominada *Encyclopaedia Cinematographica*, editada pelo Instituto de Filme Científico de Göttingen, além de milhares de diapositivos, também digitalizados e armazenados no MAE-USP[9].

Sob a guarda do museu, o processo curatorial envolve organização, salvaguarda e conservação de acervo etnológico, o que decorre não apenas de uma especialização da etnologia, mas também da importância que o contexto museológico tem adquirido na realização do ciclo de atividades que envolvem a curadoria de coleções, com a elaboração de sistemas complexos de gerenciamento como forma de preservação da herança indígena, em que os objetos "refletem em seu

---

9 *Ibid.*, p. 34, com dados atualizados.

conjunto a ecologia, a economia e, em função disso, o estilo de vida dos povos indígenas"[10].

Observando seu acervo, podemos considerar que o MAE-USP é detentor de uma das maiores, mais significativas e bem preservadas coleções do patrimônio cultural indígena brasileiro, e coletar, estudar, documentar, organizar, armazenar, preservar e educar têm sido alguns de seus grandes desafios.

O museu opera com a lógica patrimonial – em particular os museus antropológicos, que têm nas culturas indígenas o desvelamento da diversidade, trazendo problemáticas locais e particulares e demonstrando que existem várias maneiras culturais de explicar e estar no mundo, mentalidade que já estava presente nas perspectivas de Baldus e Schultz no Museu Paulista

O segmento etnológico do MAE-USP compõe parte significativa do patrimônio nacional que começou a ser formado no Museu Paulista em 1895, quando se seguiam as práticas do "colecionismo" adotadas nos museus enciclopédicos de História Natural da Europa. Desde a sua formação, a coleção etnológica tem atraído a atenção de indígenas, pesquisadores e do público em geral. Originariamente esteve sob a guarda do Museu Paulista, fato que praticamente se confunde com a criação da antiga instituição que a abrigava. Após a incorporação pelo novo MAE-USP, as peças ainda são referenciadas como "coleção Schultz" originária do MP-USP, com o objetivo de não se perder a referência à instituição de origem. Trata-se de uma contribuição centenária, fundamental para o propósito

---

10 Berta G. Ribeiro, *Dicionário do artesanato indígena*, Belo Horizonte: Itatiaia; São Paulo: Edusp, 1988, p. 13.

de uma instituição mais jovem, como o MAE-USP, inaugurado em 1989, resultante da fusão das coleções de arqueologia e etnologia do antigo MAE, do Museu Paulista, do Instituto de Pré-História Paulo Duarte e do Acervo Plínio Ayrosa.

Assim, com a entrada do século XX inauguraram-se as investigações científicas que buscavam conhecer o contexto de cada produção material. Criou-se um novo paradigma investigativo, que visava refletir a dinâmica social e o contexto múltiplo de códigos culturais na produção material e nas formas de incorporar a análise de coleções à pesquisa antropológica[11].

A incorporação da coleção ameríndia ao MAE-USP em 1989 resultou na salvaguarda de uma das coleções mais significativas de etnologia amazônica do país, sendo Harald Schultz o maior coletor do Brasil nessa área. Ele foi pioneiro em estabelecer uma sistemática de coleta que evidencia e representa, por meio dos artefatos, a diversidade cultural aliada às investigações científicas preocupadas em conhecer o contexto da produção material[12]. A partir daí, tais coleções passaram a ser reconhecidas como coleções científicas.

A Coleção Harald Schultz

Os conjuntos material, filmográfico e fotográfico da Coleção Harald Schultz foram formados junto à antiga Sessão de Etnologia do Museu Paulista, criada por Herbert Baldus em 1946. O objetivo ori-

---

11 Sandra M. C. T. L. Campos, "O acervo de etnologia brasileira do MAE – A história de quem conta a história", em: *Quantos anos faz o Brasil?*, São Paulo: Edusp, 2000, p. 124 (Uspiana Brasil 500 anos).
12 *Ibid.*

ginal da coleção era organizar e ampliar de forma sistemática um acervo representativo dos povos indígenas e, principalmente, dar visibilidade à diversidade cultural existente no país por meio da cultura material.

A coleção é formada por artefatos provenientes de distintos contextos culturais, em coletas desenvolvidas em campo entre os anos de 1942 e 1965. Inaugurou-se naquele período o método de coleta sistemática, que consiste em coletar lotes representativos da produção cultural dos vários povos investigados, seguindo critérios de seleção por categorias temáticas de objetos, como cerâmica, cestaria, plumária, armaria e outras. Esse método inovador de coleta é seguido até hoje e favorece a comparação e distinção dos objetos coletados entre os vários grupos culturais, reforçando o propósito de comprovar a diversidade entre os povos indígenas. Ou seja, ainda que objetos estejam em uma mesma categoria, eles passam por processos de uso e confecção distintos, de acordo com a prática cultural de cada sociedade indígena e seu tempo.

A partir de então, as coletas não se davam mais de maneira aleatória, mas sim com a finalidade de evidenciar os objetos em seus contextos de produção e uso cultural. A peculiaridade do trabalho etnográfico de Harald Schultz era a vivência em campo durante meses, quando ele convivia e praticava o cotidiano de cada sociedade, filmando e fotografando os artefatos, muitos em processo de confecção e uso, para depois trazê-los para o museu, onde divulgava, debatia e publicava os resultados das pesquisas.

Atualmente, a Coleção Harald Schultz encontra-se armazenada na Reserva Técnica do MAE-USP, juntamente com as demais coleções da instituição, que totaliza mais de 20 mil artefatos indígenas.

O segmento filmográfico

O segmento filmográfico da coleção foi estudado e o registro de muitos artefatos em processo de confecção consta do segmento material da coleção, sendo oportuna a relação dos filmes em suas etapas de campo com os objetos. Também foi importantíssima a produção de cerca de 2 mil imagens em diapositivos, que registram o cotidiano de diversos grupos culturais em contexto de uso dos objetos, e também se relacionam com o segmento material da coleção.

Algumas ações com esse material já foram finalizadas – como o estudo da filmografia, que destaca Harald Schultz no cenário da antropologia brasileira e resultou na minha dissertação de mestrado. Como já foi dito, os filmes de Schultz armazenados no MAE-USP também foram publicados na Alemanha. Os diapositivos estão catalogados com fichas informativas e foram digitalizados, assim como a filmografia. É sabido que parte significativa da produção fotográfica de Schultz ainda é inédita e está em posse da família. Esse fato coloca Schultz como um dos precursores da Antropologia Visual, que seria elaborada muito mais tarde.

O pioneirismo do acervo

A trajetória profissional de Harald Schultz, com quase 30 anos ininterruptos de pesquisa, encontra-se inserida num momento sociopolítico determinante para o desenvolvimento da antropologia brasileira, particularmente das questões indígenas. Foram anos profícuos para a antropologia indígena, quando Herbert Baldus criou em São Paulo os dois grandes polos de debate: a cadeira de Etnologia Brasileira na Escola Livre de Sociologia e Política de São Paulo, frequentada por Schultz, e o setór de etnologia do Museu Paulista, onde o pesquisador trabalhou como assistente de etnologia, organizando e ampliando as coleções etnográficas já existentes. Nessa época estabeleceram-se critérios de organização, alguns seguidos até hoje, como o de concentrar as categorias artefatuais por proximidade. Esse critério possui múltiplas finalidades, por exemplo a de facilitar o método comparativo e controlar possíveis infestações de pragas. Quando possível, o agrupamento se dava também por grupos culturais.

Vimos que a atuação de Schultz junto ao antropólogo Herbert Baldus colaborou para o desenvolvimento do método de coleta sistemática dos artefatos indígenas, bem como para a intensificação dos registros fotográficos e filmográficos. O objetivo principal dos pesquisadores era evidenciar a diversidade cultural indígena e seu reflexo na formação da cultura brasileira, o que norteou a atuação das novas gerações de antropólogos brasileiros, como Darcy Ribeiro, Carmen Junqueira, Lux Vidal, entre outros. Com isso, esse importante segmento das coleções torna o acervo etnológico do MAE-USP o mais expressivo do país.

Um dos méritos do trabalho de Schultz está no destaque do diálogo entre o Museu Paulista, a Universidade de São Paulo e a Escola Livre de Sociologia e Política, num contexto de desenvolvimento da Antropologia Brasileira, que se via em debate com as influências teóricas herdadas dos centros europeus e que contribuíram para a construção dos paradigmas das Ciências Sociais no Brasil.

O estudo das culturas indígenas estava em destaque naquele momento, pois se acreditava que muito em breve essas populações desapareceriam, sendo incorporadas à sociedade nacional. Atualmente, sabemos que a história alterou esse rumo, e os povos indígenas não só sobreviveram ao projeto civilizatório, como se organizaram para o reconhecimento de sua cidadania nacional.

Nesse sentido, o contato com os segmentos materiais e imagéticos da coleção organizados por Harald Schultz é vital para a compreensão das trajetórias indígenas contemporâneas. Tais registros são testemunhos da diversidade de modos pelos quais o homem historicamente vem manifestando sua relação com o mundo exterior e, principalmente, do dinamismo dessa relação, seus processos de adaptação, mudanças e permanências.

Outro fator importante dessa associação de segmentos é a possibilidade de conhecer e visualizar a produção material de diversos grupos étnicos, distinguir técnicas de manufatura, tipos de matéria-prima e principalmente o uso cultural que envolve o universo de representação material, imaterial e simbólica impressas nas diversas culturas. No trabalho sistemático com artefatos coletados em diferentes períodos é possível acompanhar os processos de mudanças ou permanências na produção dos objetos, bem como analisar suas causas, que podem decorrer da escassez de matéria-prima ou da intensificação dos contatos interétnicos que favorecem a substituição de certas peças por produtos industrializados, como panelas, facões e bacias de plástico.

Essa proposta de Schultz, de caracterizar, retratar e preservar a multiplicidade das culturas ameríndias reflete a influência de dois de seus grandes mestres, Herbert Baldus e Curt Nimuendaju, transmissores das tendências teórico-metodológicas desenvolvidas na Europa e adotadas no Brasil. O método de fotografar e filmar momentos importantes do cotidiano de cada grupo investigado torna esse trabalho pioneiro, e seus registros representam testemunhos inestimáveis para fundamentar o posterior desenvolvimento da antropologia visual brasileira.

Deve-se ressaltar ainda que os registros de Schultz não se distinguem apenas como retratos de frações selecionadas de uma realidade vivenciada pelo autor, pois sua intenção não era meramente ilustrar e descrever momentos isolados, mas sim caracterizar a amplitude dessa realidade. Assim, o elenco de fotos e filmes da coleção reproduz a memória desses povos e serve para refletir a sua história contemporânea, a partir de uma forma de retratar composta por itens ou segmentações – os quais, associados, dão acesso à memória visual, mágica e emocional que conforma os conceitos de realidade das populações humanas em seus contextos socioculturais.

CONSIDERAÇÕES FINAIS

A carreira e a produção de Schultz atingem o auge entre os anos de 1959 e 1965, período em que, favorecido pelo reconhecimento por parte dos povos com os quais manteve contato de que ele era um defensor das causas indígenas, pôde intensificar a realização de seus filmes etnográficos.

Lembremos que a Coleção Harald Schultz foi produzida como instrumento de divulgação das populações indígenas e da diversidade de seus traços culturais. Sendo assim, suas peças eram utilizadas em aulas, palestras, conferências e exposições nacionais e internacionais, como forma de promover o debate acerca da realidade indígena brasileira e alertar e mobilizar a população para a preservação dessas culturas. Suas fotografias também foram publicadas como ilustração em livros de sua autoria, bem como em inúmeros artigos etnográficos publicados no Brasil e no exterior, em grande maioria nas revistas do Museu Paulista e na *National Geographic*, mas também em outros veículos.

O elenco dos registros filmográficos demonstra a sensibilidade e acuidade com que o coletor enfoca detalhes do cotidiano desses grupos, com os quais ele tinha familiaridade, demonstrando traços culturais distintivos e comparativos de cada etnia a partir de práticas semelhantes dos diversos grupos, como a distinção das técnicas de pesca, da manufatura da cerâmica etc. As formas de registro são resultantes de observação e de processos de interação humana. Nesse sentido, a câmera fotográfica ou a filmadora são ferramentas que auxiliam o antropólogo no registro de detalhes e particularidades da multiplicidade das culturas[13]. O conjunto de imagens deixadas por Schultz evidencia que sua escolha dos conteúdos era norteada por dois objetivos principais:

1. Caracterizar as atividades específicas e peculiares de cada grupo em seu contexto sociocultural – brincadeiras, aprendizado, alimentação, pesca, tecnologia, rituais, entre outras;
2. Evidenciar que os grupos se manifestam de formas distintas, de acordo com a sua organização social, observando diferenças e semelhanças entre cerimônias, jogos e brincadeiras, formas de aprendizado, aquisição de alimentação, técnicas de pesca, manufatura dos artefatos e principalmente em sua visão simbólica de mundo.

---

13   Sandra M. C. T. L. Campos, 1996, *op. cit.*, p. 79.

A análise de conjuntos de artefatos favorece a identificação das sociedades distintas e o acompanhamento de cada grupo cultural, tanto nos aspectos tradicionais como nos processos de mudanças e reordenação social nas trajetórias indígenas.

O alcance dos registros de imagem e dos artefatos não tem limites, pois supera as barreiras do tempo. Schultz, por exemplo, pretendia divulgar em sua época, por intermédio das imagens e da cultura material, a diversidade das culturas indígenas a um público mais abrangente. No entanto, suas pretensões se mostraram modestas diante do alcance de seu trabalho: ainda hoje tais imagens e objetos constituem fontes primárias reveladoras para a revitalização da memória cultural de povos que já estão extintos ou que continuam reelaborando movimentos de resistência, o que justifica a presença de grupos indígenas consultando o acervo do MAE-USP.

Como vimos, alguns dos registros mais significativos da coleção se reportam aos indígenas Kaxinawá. É importante ressaltar que, por vezes, alguns representantes desse povo estiveram consultando as imagens e as peças do acervo como forma de buscar uma revitalização cultural, já que muitos dos objetos e cerimônias ali registrados não são mais produzidos ou praticados, e parte dessa memória do passado recente era desconhecida pelas gerações mais novas. Cópias do material foram fornecidas para que os Kaxinawá levassem ao seu povo. O mesmo exemplo se aplica aos povos Waurá, que algumas vezes estiveram no museu consultando seus artefatos. Ficaram muito satisfeitos com a preservação e a salvaguarda de seu material coletado por Schultz, e reconhecem a possibilidade de que, a partir do acervo, os mais jovens possam conhecer aspectos de sua cultura não mais praticados. Doaram ao museu artefatos produzidos mais recentemente e uma rica coleção de desenhos produzidos por membros de seu grupo e organizados pela pesquisadora Vera Penteado Coelho nas décadas de 1970 e 1980. Coelho era contemporânea de Schultz e também integrava o antigo corpo de pesquisadores do Museu Paulista.

Hoje, os mais de 20 mil artefatos presentes no acervo etnológico indígena do MAE-USP fornecem dados contextuais e documentais que podem ampliar o espectro da pesquisa antropológica, tanto no resgate do *locus* de ação de universos culturais particulares como na reconstrução e na reflexão sobre o contexto de desenvolvimento da antropologia brasileira, da qual Schultz foi um grande incentivador.

O interesse do MAE pelo estudo, pela organização, documentação, conservação e divulgação de seu acervo vem se intensificando a partir da integração dos acervos arqueológicos e etnológicos da Universidade de São Paulo, ocorrida em 1989. Desde então, o museu vem desenvolvendo e ampliando sistemáticas curatoriais que favorecem o aproveitamento científico das coleções e repensando o papel social dos museus etnográficos como detentores das expressões materiais das culturas indígenas.

A constituição e a preservação de acervos são atribuídas a instituições que conservam artefatos e imagens pertencentes ao patrimônio de uma sociedade – lembremos que patrimônio é uma construção social, sendo fundamental considerá-lo no contexto das práticas sociais em que é gerado e que lhe confere sentidos. Cabe aos museus processar, classificar, preservar, expor e divulgar as coleções, tornando-se, assim, mantenedores da memória sociocultural dos povos. E, sem dúvida, Harald Schultz é um dos principais atores nessa construção de um novo olhar sobre o diverso.

EXPERIÊNCIAS DE HARALD SCHULTZ E VILMA CHIARA: MOVIMENTOS, MEMÓRIAS E RELAÇÕES

Aline Batistella e Vilma Chiara

INTRODUÇÃO

O propósito deste texto[14] é possibilitar aos leitores um primeiro contato com as preciosas memórias de Vilma Chiara e com as experiências de uma pesquisadora que, aos 90 anos, se dispôs a dividir imagens e lembranças de um mundo que já não existe, de afetos já idos. Relações de uma antropóloga que esteve entre gentes diferentes e acontecimentos que constituíram a etnologia brasileira do século XX.

Para acompanhar as memórias de Chiara, consideremos a afirmação de Bosi: "não esqueçamos que a memória parte do presente, de um presente ávido pelo passado, cuja percepção é a apropriação veemente do que nós sabemos que não nos pertence mais"[15]. Recorro também a Bourdieu e às "posições sucessivamente ocupadas por um mesmo agente (ou um mesmo grupo) num espaço que é ele próprio um devir, estando sujeito a incessantes transformações"[16].

Assim, sou conduzida por "deslocamentos e colocações", nos termos de Bourdieu – isto é, pelos movimentos feitos por Chiara no tempo em que fez as escolhas que a levaram até a antropologia antes de Schultz e depois de Schultz. Nos tempos das relações e escolhas que a fizeram aluna da Escola Livre de Sociologia e Política, do tra-

---

14 Este artigo nasce de parte da dissertação de mestrado em antropologia social defendida em 2017 na Universidade Federal de Mato Grosso sob orientação da profa. dra. Sonia Regina Lourenço. A etnografia realizada trata das experiências etnográficas de Harald Schultz e Vilma Chiara entre os povos indígenas no decorrer de um período de mais de 40 anos como etnólogos, a maior parte desse tempo trabalhando ao lado de Herbert Baldus no Museu Paulista.

15 Ecléa Bosi, *O tempo vivo da memória: ensaios de psicologia social*, São Paulo: Ateliê Editorial, 2003, p. 20.

16 Pierre Bourdieu, "A ilusão biográfica", em: Janaína Amado; Marieta de M. Ferreira, *Usos e abusos da história oral*, Rio de Janeiro: Fundação Getúlio Vargas, 1996, pp. 189-90.

balho como conservadora no Museu Paulista, das questões de gênero que acabaram alterando e fazendo rever espaços ocupados por ela, da amizade com Nièvre Guidon e dos estudos de mestrado e doutorado em Paris. Por fim, chegamos ao retorno ao Brasil, aos projetos desenvolvidos junto ao povo Krahô em conjunto com a FAO (Organização das Nações Unidas para a Alimentação e a Agricultura), ao trabalho na Universidade do Piauí e às escolhas que a levaram até Curitiba, cidade em que viveu até seu falecimento, em 6 de agosto de 2020.

Schultz e Chiara conduziram muitos pesquisadores aos povos indígenas com os quais tinham contato. Mas quem podia ouvir e ver aqueles outros tão diversos, que se tornavam invisíveis ou são usados em outras construções de imagens que não eram as deles? Li relatórios de Schultz falando das doenças, li textos de Chiara tratando abertamente dos equívocos dos projetos propostos com entidades nacionais e organismos internacionais, li cartas de Nimuendaju pedindo socorro. Relatos e pontos de vista a serem revisitados com as contradições entre narrativas, imagens[17] e emoções dos envolvidos a que tive que prestar atenção nesse percurso.

TORNAR-SE ETNÓLOGA, TORNAR-SE ESPOSA

As decisões tomadas por Chiara estão permeadas de complexidades e dimensões que conduzem por sentidos e pessoas diversas que acabam por influenciar seu trabalho como antropóloga; por isso, a reflexão sobre gênero se impõe.

---

17 Todas as imagens utilizadas neste artigo são inéditas e foram gentilmente cedidas por Vilma Chiara de seu acervo particular.

Homens e mulheres são como artefatos culturais que constantemente estão sendo modificados e modificando seu espaço. Assim, cabe lembrar que não existe uma natureza humana determinante na divisão de gênero – entenda-se aqui a natureza como algo constante, ordenado e simples. Dentro dessa concepção, a cultura seria algo superficial, já que a essência seria igual para todos. Geertz[18] colabora construindo argumentos que criticam a ideia de natureza humana e universal. Nesse ponto, cabe refletir sobre o contexto do feminismo, como suas reivindicações sofrem mudanças no decorrer histórico e como as necessidades são diferentes e alteradas por uma diversidade de relações de poder que atuam dentro de sociedades e modelos distintos.

Para Butler[19], a constituição de gênero está completamente ligada a diferentes modalidades de identidades; logo, não há como separá-la das relações políticas e culturais em que ele é produzido. Até meados do século XX, a teoria feminista em seus diversos movimentos viu como necessária uma linguagem que unificasse representações no

Harald Schultz no pequeno barco que os levava às partes mais difíceis do rio Purus e afluentes. O momento do "estar lá".

---
18 Clifford Geertz, *A interpretação das culturas*, Rio de Janeiro: Guanabara/Koogan, 1989.
19 Judith Butler, *Problemas de gênero*, Rio de Janeiro: Civilização Brasileira, 2003, cap. 1, pp. 17-60.

Fotos: Vilma Chiara.

Vilma Chiara dançando com os Aruanãs, seres cosmológicos do mundo Karajá, na década de 1950.

sentido de possibilitar a "visibilidade política das mulheres"[20], mas o próprio movimento feminista na contemporaneidade tem questionado o que Butler chama de "concepção dominante da relação entre teoria feminista e política", ou seja, surge no discurso feminista a ideia de que as mulheres não devem ser representadas dentro de relações estáveis ou imutáveis. São alguns desses rastros das afinidades das experiências de Chiara que tento perseguir aqui. O caminho trilhado foi conduzindo meu olhar e minha escuta para as experiências da "esposa-pesquisadora", nos termos de Corrêa[21].

Inúmeras vezes se constrói a ideia de que existe uma constância nas formas de existir do feminino, modelos que fazem parecer que a constituição do discurso binário masculino/feminino seja uma constante universal que sempre esteve de determinada forma e deve continuar assim, mas Butler[22] argumenta que "a especificidade do feminino é mais uma vez totalmente descontextualizada, analítica e politicamente separada da constituição de classe, raça, etnia e outros eixos de relações de poder [...]". Butler propõe questionar o

---

20 *Ibid.*, p. 18.
21 Mariza Corrêa, "A natureza imaginária do gênero na história da antropologia", *Cadernos Pagu*, Campinas: 1995, n. 5, pp. 109-30.
22 Judith Butler, 2003, *op. cit.*, p. 21.

papel de uma representação feminina universal. Assim, ao pensar como cada povo constrói culturalmente o feminino, é fundamental não importar uma categorização ocidentalizada e naturalizante de papéis que classifiquem a mulher como subalterna em relação ao homem, mas considerar que as posições se alteram e modificam diante de situações sociais contextuais singulares – o gênero como uma categoria que vai se relacionar com outras categorias a partir de relações contextuais.

Chiara também se enquadrava na categoria "esposas" descritas por Corrêa. É preciso então contextualizar os lugares ocupados por ela, caçula de sete filhos de uma família de imigrantes italianos que tinham uma pequena fábrica de bicicletas em São Paulo e frequentavam as rodas da sociedade paulistana das décadas de 1930 e 1940. A caçula da família teve oportunidade de fazer escolhas em relação aos estudos, num momento em que muitas mulheres não tinham muitas opções nesse sentido. Ela relata um pouco do momento em que cursava ciências sociais, contemporânea de alunos como Darcy Ribeiro, Fernando Henrique Cardoso, Ruth Cardoso, que frequentavam os mesmos espaços acadêmicos, tendo como professores Herbert Baldus, Florestan Fernandes, Egon Schaden, entre outros nomes que estavam formando as primeiras gerações de cientistas sociais no Brasil. Chiara viveu tudo isso, como se lê em seu relato[23]:

Entrei no curso de economia política da Escola Álvares Penteado no largo São Francisco em São Paulo, que frequentei durante um ano. Por um acidente do destino, dei uma olhada nas ementas do curso

---

23 Vilma Chiara, relato concedido em dez. 2016.

de Ciências Sociais que funcionava no primeiro andar da escola. Foi o "estalo" da paixão. Ele mudou totalmente o curso da minha vida. Era isso o que eu queria! Contei com o apoio da minha família, e, assim, cursei durante seis anos o curso de Ciências Sociais que tinha como diretriz formar pesquisadores. A escola ficava no largo Silva Jardim, perto da USP, que ficava na rua Maria Antônia. Assim, eu frequentava também seminários de Egon Schaden e de Florestan Fernandes. Durante o curso de Ciências Sociais, os alunos eram treinados para fazer pesquisas nas ruas, orientados pelo professor Carlos Eduardo da Costa. Professores da escola vinham dar cursos de Geografia Humana, História e Sociologia, acentuando o teor de pesquisa. Nosso professor de História era o diretor do Museu Paulista – Sérgio Buarque de Holanda. Fui colega de Darcy Ribeiro, que se formou antes, com Adelheid Hamburguer, que eu encontrei anos depois em Nova York. Formei-me como cientista social, mais precisamente voltada para a etnologia.

Foi no Museu Paulista que Chiara construiu grande parte de sua trajetória profissional, primeiro como estagiária, depois como conservadora do museu. Mas, fora dos documentos oficiais, era autorizada por Baldus, muitas vezes por sua insistência, a realizar trabalho de campo com Harald Schultz, com quem então já era casada. Nesse sentido, as marcas da constante presença de Chiara no campo estão dispersas nos relatórios que Baldus produziu para a nova série da revista do Museu Paulista a partir de 1947, durante o período em que esteve à frente da Seção de Etnologia e, depois, como diretor substituto da instituição.

A primeira incursão de Chiara ao campo ocorreu após o casamento com Schultz. Na verdade, o casamento foi uma condição imposta pela família de Chiara para que pudesse fazer a viagem. Chiara afirma que o casamento foi a união com um companheiro de vida, mas também a condição que a liberou para realizar o trabalho como antropóloga, pois não podemos esquecer que Chiara tinha formação universitária. No entanto, como outras mulheres de sua época, era difícil a realização de expedições desacompanhadas.

O acesso ao universo da antropologia foi uma escolha de Chiara antes de conhecer Schultz; todavia, as incursões ao efetivo trabalho de campo estiveram conectadas ao trabalho que o marido já desenvolvia como fotógrafo e etnólogo. Chiara relata que sua família dizia que ela havia casado para poder ser antropóloga, questão com a qual ela concorda, afirmando ter tido a sorte de encontrar Schultz. Logo, ter um marido já inserido no meio mudava as relações de trabalho. Como diz Corrêa, "o que a literatura disponível deixa transparecer é que os estilos de se fazer antropologia, em cada época e no interior de cada tradição, eram compartilhados por homens e mulheres"[24].

Para que minha observação pudesse se descolar da simples possibilidade de falar sobre aceitação de uma invisibilidade de época, precisei buscar informações acerca de como se dava a participação das mulheres naquele período, em registros estudados, por exemplo, por Grupioni, Sombrio e Corrêa. Nesse contexto, fica em evidência o trabalho da etnóloga Heloísa Alberto Torres, diretora do Museu Nacional entre os anos de 1938 e 1955 e responsável por reconhecido incentivo ao trabalho de campo dos alunos em formação.

---

24 Mariza Corrêa, "O espartilho de minha avó: linhagens femininas na antropologia", *Horizontes Antropológicos*, Porto Alegre, ano 3, n. 7, nov. 1997, p. 91.

Ao contrário do que poderia parecer, muitas mulheres estavam fazendo ciência naqueles dias. Basta verificar os registros do Conselho de Fiscalização das Expedições Artísticas e Científicas do Brasil (CFE), responsável pela fiscalização científica no Brasil no período de 1933 a 1968. De acordo com Grupioni[25], essa fiscalização tinha como foco os estrangeiros ou pesquisadores sem vínculos com instituições científicas nacionais. Em resumo, pesquisadores(as) ligados(as) às instituições nacionais não ficaram registrados(as) na documentação do órgão federal. Vale relembrar que as solicitações de pesquisas em Terras Indígenas eram avaliadas em conjunto com o Serviço de Proteção aos Índios (SPI), em determinadas vezes deferidas diretamente pelo órgão indigenista. Sem contar que as mulheres pesquisadoras, em sua maioria, traziam o nome de seus maridos, e estavam situadas nas notas de rodapé, realizando o trabalho de revisão, tradução e tantas outras associações que faziam passar despercebido o trabalho de campo que estavam realizando ao lado dos maridos. Mulheres que se posicionavam ao lado, e não como meras figuras secundárias. Mas há que se lembrar que a categoria esposa dava a elas um lugar menos complicado que o das pesquisadoras que foram ou tentaram ir a campo sozinhas. Conforme Corrêa, "se esposas pareciam ser anátema para as antropólogas profissionais, as antropólogas que se aventuravam a exercer a profissão sem a proteção de um marido pareciam ser anátema para os antropólogos já estabelecidos"[26].

---

25 Luís Donisete Benzi Grupioni, *Coleções e expedições vigiadas: os etnólogos no Conselho de Fiscalização das Expedições Artísticas e Científicas no Brasil*, São Paulo: Hucitec/Anpocs, 1998.
26 Mariza Corrêa, 1997, *op. cit.*, p. 77.

As memórias evocadas como "esposa" e etnóloga, mas também a minha posição ao vê-la e ouvi-la, fazem lembrar o alerta de Ingold: "o que vemos é inseparável de como vemos; e como vemos é, sempre, dado em função da atividade prática na qual estamos presentemente engajados"[27].

Desse modo, as memórias que Chiara reconstitui a partir de seu presente, na forma de um "relatar a si mesma", foram evocando experiências, muitas delas parciais, constitutivas da condição vivida naqueles dias e da imagem que ela quer deixar sobre suas realizações. Aqui recorro a Butler[28] e às relações implicadas nos relatos, ou seja, ao narrar a si mesma Chiara traz muito mais do que a narrativa contada; traz a vontade de fazer conhecer suas questões e experiências ao longo do trabalho como etnóloga e conservadora. Sobre esse último trabalho, função exercida no Museu Paulista entre 1956 e 1965, nossas conversas e relatos não renderam muito. Ao falar sobre o trabalho no Museu Paulista, sempre vinha à tona o marcador social de gênero identificado por ela naqueles tempos, claro que envolto em outras marcas e relatos de si que não faziam ver a dimensão do trabalho que ela havia realizado nesse campo da museologia, na condição de conservadora.

A morte de Harald Schultz em 1966 e o descontentamento de Chiara com a não aceitação de suas propostas expositivas contribuíram com sua partida para a especialização acadêmica em antropologia social na França. Para isso, fez um acordo com o diretor da instituição na época e doou uma coleção de 1.127 fotos para não voltar ao Museu Paulista.

---

27 Tim Ingold, "Pare, olhe, escute! Visão, audição e movimento humano", *Ponto Urbe* [*online*], 3, 2008. Disponível em: <https://journals.openedition.org/pontourbe/1925>. Acesso em: 9 mar. 2019.

28 Judith Butler, *Relatar a si mesmo: crítica da violência ética*. Trad. Rogério Bettoni. Belo Horizonte: Autêntica, 2015, p. 11.

A negociação está registrada no processo n. 69.126.887.1.0, aberto em 1969, como doação de Chiara ao museu. Ao pesquisar sobre o processo, só tive acesso ao seu número e ano, pois os documentos físicos estão nos arquivos do Museu Paulista, que atualmente está fechado para reformas e não autorizou meu pedido de pesquisa em suas dependências. Hoje, são as fotos que compõem a "Coleção Harald Schultz" no MAE-USP, fora a coleção de filmes etnográficos. Mas Chiara ainda manteve uma coleção de aproximadamente 12 mil negativos e 10 mil *slides* registrando povos indígenas no Brasil, além de filmes etnográficos[29].

Foi no acervo de família que uma foto em especial despertou meu interesse, pois nela Chiara andava entre os Krahô com uma câmera Leica a tiracolo.

Escrevi para ela indagando sobre o contexto da foto e pedi que me falasse mais sobre a relação dela e de Schultz com a câmera, pois sabia que a Leica era parte de um imaginário da fotografia na época, e também soubera, por outros textos, que era a câmera de que Schultz mais gostava, por considerá-la leve e tecnicamente adequada às dificuldades do sertão.

O que eu não sabia até aquele momento é que Chiara também possuía uma relação de paixão com a câmera e que fotos coloridas, muitas atribuídas a Schultz, foram tiradas por ela. Segue o relato de Chiara[30] sobre a relação dela com a Leica:

A nitidez conseguida pela Leica foi um dos motivos de sua adoção para fotografar. Outro motivo foi a sua forma que, ao ser colocada no rosto do fotógrafo, chamava menos atenção do que as outras máqui-

---

29 Vilma Chiara; Harald Schultz, em: C. Winters [ed.], *International Dictionary of Anthropologists*, New York & London: Garland Publishing, 1991, pp. 623-4.

30 Vilma Chiara, relato concedido por *e-mail* em 30 jun. 2016.

nas fotográficas em uso, o que permitia tirar instantâneos sem que fosse notado. Além disso, ele podia, com a Leica, colocá-la de lado, e as pessoas não sabiam que ele as estava focalizando. Eu tenho uma fotografia de um grupo de Karajá (ou de Javaé, não me lembro bem), todos sentados na praia do rio Araguaia (deve ser Karajá, Javaé habitam o outro lado da ilha) olhando para o rio. Ele ficou de pé, perto, também voltado para o rio, mas a Leica voltada para o grupo. Ele fazia isso quando não queria perturbar o que estava sendo fotografado. Ele me ensinou a fotografar com a Leica, o que não foi fácil, pois além de cuidar do enquadramento do assunto, tinha que combinar a luz (com o fotômetro incluído) com a metragem do assunto focalizado. Podia ser delimitado ou focalizado do assunto até o infinito. A Leica podia jogar com efeitos especiais como, por exemplo, as mãos do artesão em foco e todo o resto, o corpo e todo o ambiente, fora de foco. Por isso, andar com a Leica, como eu andava com ela a tiracolo, exigia uma atenção especial para saber a distância em que ela estava arrumada. Assim, quando fotografávamos juntos, ele com filme branco/preto e eu com o Kodachrome em cores, tínhamos que estar bem coordenados. Ele dizia que as fotos branco/preto eram mais difíceis, e ele gostava mais do efeito artístico delas. Sobre o filme, o Kodachrome era o preferido dele por causa das tonalidades mais próximas da realidade filmada.

Ler o relato de Chiara sobre a relação dela com a fotografia e perceber quantos detalhes habitavam sua memória sobre esse assunto específico me motivou a estimular que ela trouxesse mais detalhes. Assim, a relação de Chiara com o Museu Paulista foi se desenhando na minha aproximação com sua fala de modo muito diferente do que eu imaginava no primeiro levantamento feito para a pesquisa. A mesma Chiara que havia sido precursora nas formas de registro de coleções e de cursos feitos em instituições estrangeiras prestigiadas na época também relatava de forma emotiva a condição de ser colocada de lado quando voltava com novas ideias e práticas aprendidas sobre museologia. Mais ainda após a morte de Schultz, o que se observa na frase "fiquei esquecida no porão da etnologia do Museu Paulista". A frase ecoou em minha cabeça e foi aí que comecei a indagá-la sobre como havia partido para estudos de mestrado na França. É nessa fase que surge o nome de Niède Guidon de maneira recorrente em nossas conversas.

Ao lado da amiga arqueóloga, Chiara viria a desenvolver sua pesquisa em torno da cosmologia e organização social do povo com o qual acabou tendo suas mais profundas conexões. Foi também a partir desse olhar próximo aos Krahô que ela observou relações com as pesquisas que Guidon vinha desenvolvendo na serra da Capivara, o que acabou por aproximá-la mais uma vez das relações com o Brasil. Dessa forma, Chiara volta ao Brasil e passa a ser professora na Universidade Federal do Piauí, cargo que exerce até a data de sua aposentadoria, em 1995.

Logo que chegou a Paris, Chiara teve a oportunidade de conversar com um representante da ONU sobre a situação de miséria e confinamento pela qual passava o povo Krahô. Disse que se sentia na obrigação de fazê-lo como embaixadora dos Krahô. Na época, pediu a intervenção da FAO por meio de um projeto alimentar, já que naquele momento eram esmagados pelo desenvolvimento do agronegócio, ameaçados no seu modo de vida, e passavam fome em meio às fazendas de gado. Conforme destaca Freire[31], "com raras exceções, não havia fotos de índios

---

31 Carlos Augusto da Rocha Freire [org.], *Memória do SPI: textos, imagens e documentos sobre o Serviço de Proteção aos Índios (1910-1967)*, Rio de Janeiro: Museu do Índio/Funai, 2011.

doentes, famintos, desnutridos, de secas devastadoras, massacres, conflitos regionais e de destruição do patrimônio indígena, como podemos constatar nos relatos existentes nos milhares de documentos do acervo do SPI." Freire trata da política indigenista praticada ainda pelo SPI, mas que cabe também no contexto vivido por Chiara entre os Krahô e que ela descreve como uma triste lembrança do que se passava com os povos indígenas naqueles dias, das mazelas e tentativas, muitas vezes frustradas, de propor projetos que auxiliassem na subsistência desses povos.

Schultz e Chiara começaram juntos o intensivo trabalho de campo com o povo Krahô, trabalho que posteriormente ela continuou sozinha na realização de sua tese de doutorado e na atuação no projeto ligado à FAO. Sobre esse projeto, ela diz: "foi um fracasso! Passamos anos tentando mudar a relação dos Krahô com a criação de gado. Acreditávamos que, como eles passavam fome mesmo estando ao lado de muitas fazendas, devíamos dar a chance de eles serem criadores de gado também[32]".

Toda essa experiência junto aos Krahô foi acumulada durante sucessivas permanências entre eles e que culminaram na temática estudada por ela no doutorado na École des hautes etudes en sciences sociales, em Paris, sob a orientação de Simone Dreyfus-Gamelon[33]. À época da tese, Chiara relata que eram um total de oito aldeias, "Pedra Branca, Riozinho, Pedra Furada, Galheiro, São Vidal, Santa Cruz, Ca-

---

32 Vilma Chiara, relato concedido em 21 maio 2016.

33 *L'Homme et l'espace chez les Indiens Krahô – Goiás – Brésil* (sob a orientação de Simone Dreyfus-Gamelon), Paris, 1982; USP, 1986. A tese de doutorado de Chiara não foi traduzida para a língua portuguesa. Uma cópia desse trabalho em francês está disponível na biblioteca da Universidade de São Paulo. Para mais informações sobre Dreyfus-Gamelon, ver Artionka Capiberibe; Oiara Bonilla, "Simone Dreyfus e a antropologia: um tropismo pela América do Sul", *Revista de Antropologia*, São Paulo, USP, 2008, v. 51, n. 1. Disponível em: <www.revistas.usp.br/ra/article/download/27314/29086>. Acesso em: 11 mar. 2019.

choeira e Morro do Boi", e que a aldeia com a qual teve mais tempo de trabalho foi a de Pedra Branca.

Chiara estava engajada na atuação como embaixadora dos Krahô, relatando a situação deles na relação com os não índios, uma situação de fome e exposição a uma série de doenças trazidas com o contato. Sobre essa experiência e compromissos de Chiara com os Krahô, Melatti[34] observa:

> A pesquisadora Vilma Chiara obteve de uma instituição cerca de 250 cabeças de gado para dar início a uma atividade pecuária administrada pelos próprios Krahô. Alguns anos depois, a mesma pesquisadora conseguiu um técnico francês para introduzir técnicas que, sem muito dispêndio, poderiam aumentar a produção de subsistência dos Krahô. E mais tarde também um enfermeiro. Com exceção da atividade deste último, as outras iniciativas não foram bem-sucedidas, dados os desencontros iniciais que essas inovações costumam desencadear. Entretanto, elas serviram como uma provocação ao novo órgão indigenista, que se viu na obrigação de mostrar mais efetivamente sua presença, criando um projeto de apoio às roças indígenas, acompanhado de perto por uma equipe.

Chiara continuou ligada aos Krahô e desenvolveu pesquisas com eles no tempo como professora na Universidade do Piauí, em Teresina, tendo o apoio do CNPq (Conselho Nacional de Desenvolvimento Científico e Tecnológico). Nesse ínterim, realizou o pós-doutorado

---

34 Julio Cezar Melatti, *Krahô: histórico do contato,* dez. 1999. Disponível em: <https://pib.socioambiental.org/pt/povo/kraho/442>. Acesso em: 11 mar. 2019.

Foto: Vilma Chiara.

nos Estados Unidos, financiada pela Capes, com o apoio da Full-bright Foundation. A partir desse período, como resultado das pesquisas realizadas, até a data de sua aposentadoria teve seu olhar de antropóloga voltado para a ideia de desenvolver um estudo analítico sobre mitos de origem, projeto para o qual contou com a cooperação de colegas da Universidade do Piauí.

CONSIDERAÇÕES FINAIS

Talvez a provisoriedade destas considerações traga para minha proposta de pesquisa a percepção de que as alteridades e diferenças na busca do fazer etnográfico sejam apresentadas como possibilidades outras, passíveis de interpretações que abram janelas da experiência da diferença e da dimensão do feito sem a invenção de homogeneidades forjadas. Observar a transitoriedade dos lugares que foram ocupados por Schultz e Chiara e outros tantos nomes que foram surgindo enquanto eles mudavam – sei que não consegui perseguir todos eles, e não poderia ter essa pretensão. Um de meus principais aprendizados durante a observação de parte do trajeto do casal de etnólogos e no decorrer de minha trajetória na etnografia é que a mudança é o lugar possível dos encontros e desencontros a que todos estamos sujeitos, ou seria, como dizem Deleuze e Guattari, o "devir-mulher"[35], não no sentido de gênero, mas no sentido de movimento e fluidez que conduzem ações mediadas pelas relações.

Harald Schultz e Vilma Chiara pouco antes da morte dele na casa de São Paulo – SP, década de 1960.

---

35   Gilles Deleuze; Félix Guattari, *Mil Platôs. Capitalismo e esquizofrenia*, v. 4, Rio de Janeiro: Editora 34, 2005.

As experiências do trabalho de campo e as frequentes trocas com Chiara[36] não me deixam esquecer o constante movimento em que estamos envoltos. Acima de tudo, fica a tentativa de observar outros mundos possíveis e o reconhecimento de que nos reinventamos o tempo todo, inventamos nossos "outros" e somos inventados por eles. Não temos mapas prontos que ordenem as sensações e percepções que vamos construindo ao caminhar, sem esconder nossos "grandes dragões ocidentalizados e racionais"[37].

Nesse sentido, a visão parcial alcançada aqui aponta para a tentativa de desconstruir diferenças rígidas e impositivas de um olhar ocidentalizante sobre os tantos outros que inventamos. Como diz Strathern, "as ideias não podem, afinal, divorciar-se de relacionamentos"[38].

Dessa forma, dos objetivos iniciais, quando busquei pistas sobre as experiências do casal ao retratar os povos ameríndios, o trabalho foi sendo deslocado muito mais para os contextos de atuação deles naqueles dias de formação da antropologia que se praticava principalmente no Museu Paulista. Nos primeiros encontros com Chiara, havia emoção e afeto, que foram sendo substituídos pela escuta atenta do que me parecia estar nas entrelinhas das memórias.

Pude acompanhar parte dos caminhos de Chiara, suas experiências e percepções sobre o vivido ao lado de Schultz, antes dele e em seu quase um século de vida. Ela trabalhou com pessoas interessadas em fortalecer os estudos das ciências sociais no Brasil e no mundo, esteve presente em situações e lugares que a ajudaram a atuar como

---

36   Vilma Chiara faleceu em 6 de agosto de 2020, após a finalização deste artigo.
37   Tim Ingold, 2008, *op. cit.*
38   Marilyn Strathern, *O efeito etnográfico e outros ensaios*, São Paulo: Cosac Naify, 2014, p. 85.

etnóloga engajada e sedenta de visibilizar suas experiências. Ao retomar suas narrativas, lembrei-me de como eu as ouvia inúmeras vezes no decorrer do trabalho para poder ver de outra maneira, revisando seu lugar na realização de pesquisas etnográficas, seu lugar movediço e fluido nas relações que sempre estiveram ao seu lado como mulher, etnóloga e esposa.

Enfim, como querer traduzir o outro se minha tradução se perde no emaranhado de soluções que nós ocidentais forjamos para construir divisores? Como revisar a visão etnocêntrica que inventamos para outros povos sem que tenhamos que reinventar a nós mesmos? Recorro a Barthes: "Eu queria uma História dos Olhares. Pois a fotografia é o advento de mim mesmo como outro: uma dissociação astuciosa da consciência de identidade"[39].

Ao fazer uma etnografia das experiências de Schultz e Chiara, pude observar a indissociável relação da antropologia com a política, com pessoas, divergências e inquietações desses sujeitos que estavam fazendo etnologia em determinado contexto e tempo efêmero, sujeitos muitas vezes colocados como figuras secundárias diante de outros nomes. É sempre hora de revê-los, ouvi-los e buscar novas reflexões.

---

39 Roland Barthes, *A câmara clara: nota sobre a fotografia*, Rio de Janeiro: Editora Nova Fronteira, 1984, p. 25.

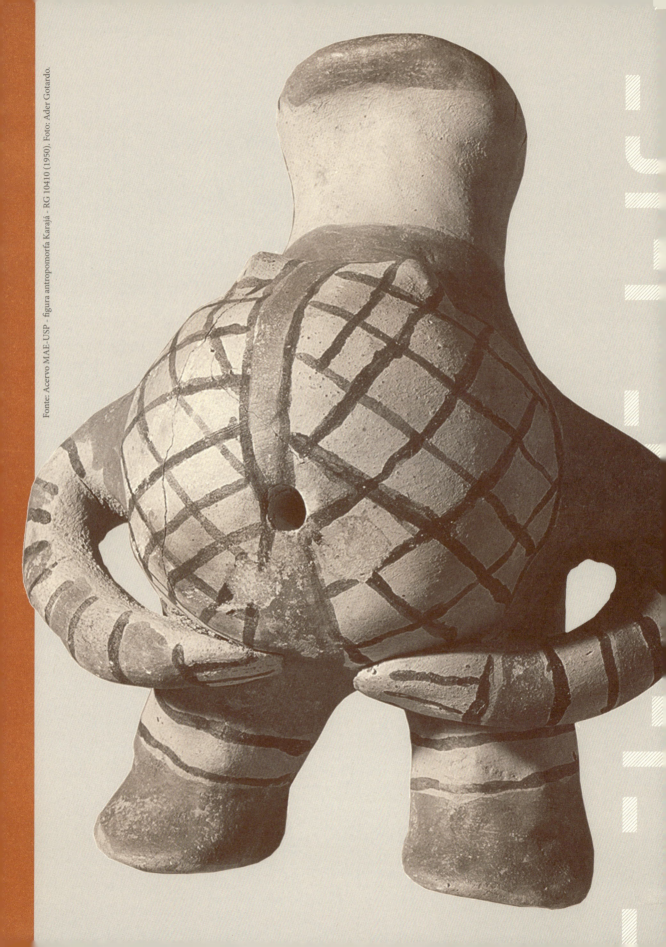

Fonte: Acervo MAE-USP - figura antropomorfa Karajá - RG 10410 (1950). Foto: Ader Gotardo.

PARTE II
OS MUSEUS E A PRESERVAÇÃO

EM BUSCA DO INVISÍVEL:
MUSEUS, COLEÇÕES E COLETORES

Ana Carolina Delgado Vieira e Marília Xavier Cury

De templo das musas (*mouseion*, em grego) a espaço concebido para seleção, estudo e apresentação dos testemunhos materiais e imateriais[40] do homem e do seu meio, os museus foram se diversificando ao longo de sua história, assim como sua missão preservacionista e educacional. A partir de Pomian, o museu surge como lugar de oposição do visível e do invisível[41]. É o local onde o estudo da história, da cultura material e do tempo presente se entrelaçam com memórias e outros sentimentos. É o templo perene entre aquilo que se vê e aquilo que se sente.

Muitos objetos foram recolhidos historicamente pelo seu valor invisível. A tradição de se colecionar coisas aparece presente já na Antiguidade. Troféus, relíquias, oferendas e despojos de guerra eram colecionados por gregos e romanos. A prática do colecionismo passa a ser mais difundida nos séculos XVI e XVII[42], período que coincide com viagens e descobertas. O maravilhamento[43] é o sentimento que arrebata os viajantes diante do novo e de tudo aquilo que é ímpar. Esse deslumbramento foi combustível para a formação das primeiras coleções para os "gabinetes de curiosidade", que reuniam os objetos provenientes de diversos lugares exóticos.

Primeiramente, esses gabinetes surgem impulsionados pela curiosidade e para serem exibidos ao olhar. Entretanto, essas "câmaras de maravilhas" são responsáveis pelo impulsionamento do

---

40 André Desvalles; François Mairesse, *Conceitos-chave de museologia*, São Paulo: Icom, 2013, p. 64.

41 Krzysztof Pomian, *op. cit.*, p. 84.

42 Helga C. G. Possas, "Classificar e ordenar: os gabinetes de curiosidades e a história natural", em: Betânia G. Figueiredo; Diana G. Vidal, *Museus: dos gabinetes de curiosidade à museologia moderna*, Brasília: CNPq, 2005, p. 151.

43 Stephen Greenblatt, *Possessões maravilhosas: o deslumbramento do novo mundo*, São Paulo: Edusp, 1996.

estudo de ciências naturais e saberes enciclopédicos, uma vez que alguns colecionadores passaram a usar a coleção como repositório de conhecimentos.

Precursores dos museus modernos, muitos gabinetes acumulavam materiais da cultura ameríndia, amealhados mais por seu caráter exótico que por suas características exóticas. Como aponta Pomian, "As expedições que voltam dos países longínquos trazem, com efeito, não só mercadorias altamente vantajosas, mas também todo um novo saber, e novos semióforos: tecidos, ourivesarias, porcelanas, fatos de plumas, 'ídolos', 'fetiches', exemplares da flora e da fauna, conchas, pedras afluem assim aos gabinetes dos príncipes e aos dos sábios"[44].

Como esses gabinetes pertenciam a colecionadores privados, sua visitação era restrita. Poucos privilegiados tinham a oportunidade de "viajar pelo mundo sem sair de suas cidades". Os colecionadores se tornavam guardiães da memória e do invisível, os quais compartilhavam com seus pares a glória do conhecimento.

Foi a partir do século XVIII que as coleções adquiriram um caráter científico. Inspiradas pelo maravilhamento, ocorrem mais expedições com o objetivo de obter, catalogar, classificar e preservar coisas. Esse conhecimento organizado e classificado acabou se transformando em coleções específicas, com vocação para serem difundidas em maior escala. A sistematização das coleções também fez com que os métodos de conservação e coleta se aprimorassem.

Muitas dessas coleções foram fortalecidas com as expedições científicas realizadas já no século XX. Com forte cunho colonial, pesquisadores oriundos de diversos países eram treinados para des-

---

44 Krzysztof Pomian. *op. cit.*, p. 77.

bravar territórios e revelar o invisível por meio da coleta da cultura material de populações nativas desconhecidas.

A prática da coleta se tornou uma ação com propósitos científicos. Coleções etnográficas passam a ser formadas a partir de coletas de viajantes e naturalistas e destinadas a museus de história natural. Um artigo de 1909 já relatava o desconforto em se negligenciar "espécimes etnográficos", visto que esses objetos possuíam grande valor financeiro e científico[45]. A palavra "espécime" guarda relação direta com o campo das ciências, e a relação dos objetos etnográficos com esse campo ficou marcada pela lógica evolucionista dominante nos séculos XIX e início do XX. Essa relação imprimia ritmo às coletas, uma vez que se acreditava que a cultura material produzida pelas denominadas "sociedades primitivas" deveria ser massivamente coletada antes que tais culturas desaparecessem ou fossem assimiladas.

Os objetos indígenas eram exibidos em dioramas que simulavam os vestígios do passado humano. Os museus que passavam a exibir esses acervos assumiam então o papel de instituições guardiãs de culturas que estavam ameaçadas. É importante destacar que esses artefatos serviram de base para narrativas nacionalistas, reforçando histórias de conquistas e a superioridade colonial diante dos povos indígenas. As coleções etnográficas eram preservadas pelos coletores sob essa perspectiva, e, mais tarde, essa narrativa foi projetada nos museus.

A relação entre colecionadores e museus se pauta por alguns objetivos congruentes. A coleção particular sofre um risco maior de dispersão após a morte de quem a formou, enquanto o museu é uma

---

45 Knocker *apud* Miriam Clavir, *Preserving What Is Valued: Museums, Conservation, and First Nations*, Vancouver, British Columbia: UBC Press, 2000.

instituição mais perene. Por esse caráter de permanência, os colecionadores buscaram os museus para que suas coleções transcendessem. As relações de trocas entre museus e colecionadores passam a se intensificar, e a coleção ganha um sentido público de patrimônio.

O Brasil seguiu o modelo europeu na formação de instituições científicas e museus nacionais, seguindo a lógica do enciclopedismo e das pesquisas nas ciências naturais. Ainda no século XIX, testemunhou-se a criação de instituições como o Museu Nacional (1818), o Museu Paraense Emílio Goeldi (1866) e o Museu Paulista (1895).

Essas instituições se fundamentaram como verdadeiros órgãos de pesquisa, antecedentes à fundação das primeiras universidades brasileiras[46]. A organização das coleções etnográficas esteve relacionada à prática da antropologia física, que procurava coletar ossos humanos entre os povos nativos e cotejar esses achados em meio ao debate positivista da ciência.

Para o que nos interessa aqui, destacaremos o caso do Museu Paulista, uma vez que a trajetória de Harald Schultz está intimamente vinculada a essa instituição.

O Museu Paulista nasce como instituição científica[47]. Teve como base a coleção organizada pelo comerciante paulista Joaquim Sertório (1827-1885), formada por objetos arqueológicos, botânicos, de mineralogia, paleontologia, documentos, mobiliários e objetos indígenas. Foi instalado no edifício-monumento erguido para a celebração da Independência do Brasil.

---

46 Elizabete Tamanini, "O museu, a arqueologia e o público: um olhar necessário", em: Pedro A. Funari, *Cultura material e arqueologia histórica*, Campinas: Unicamp, 1998, p. 181.
47 Maria Margaret Lopes, *O Brasil descobre a pesquisa científica*, São Paulo: Hucitec; UnB, 2009.

Para dirigir a nova instituição, é escolhido o zoólogo alemão Hermann Von Ihering (1850-1930), pesquisador da Comissão Geográfica e Geológica de São Paulo – órgão público e estatal onde trabalhava também o botânico Alberto Loefgren (1854-1918). Loefgren inicialmente catalogou todos os objetos da coleção Sertório. A exposição inaugural do Museu Paulista de 7 de setembro de 1895 reforça a vocação de vanguarda nas pesquisas de ciências naturais, mas também traz em si a missão de integrar a história de São Paulo à história nacional[48]. Essa vocação se mantém, como constava da exposição das coleções em 1907, organizada em dezessete salas do edifício-monumento: "Historia Natural [,] Archeologia, Ethnolographia [,] Historia Patria, Numismatica"[49]. As coleções indígenas estavam expostas nas Salas B12 – "Anthropologia e Ethnographia (Indios do Brazil)" e B16 – "Ethnographia dos indios Carajás"[50].

Do início do século XX aos anos 1960, museus estrangeiros fomentaram expedições científicas ao Brasil com o objetivo de coletar acervos de povos indígenas para preservar a memória dessas culturas tradicionais e, ao mesmo tempo, formar um grande repositório de coleções etnográficas. Os museus nacionais também estavam em busca do fortalecimento da memória da cultura nacional e começavam a estimular as expedições etnográficas. Curt Unckel (1883-1945), alemão que chegou ao Brasil em 1903, foi um expoente desse período. A primeira instituição a contratá-lo foi o Museu Paulista.

---

48 M. J. Elias, *Museu Paulista: memória e história*. Tese (doutorado) – FFLCH/USP. São Paulo: 1996, p. 159.

49 Rodolpho von Ihering, *Guia pelas Coleções do Museu Paulista*, São Paulo: Typ. Cardozo, Filho & Cia., 1907, p. 77.

50 *Ibid.*, p. 80.

Para essa instituição, fez os levantamentos para o mapa publicado em 1911 sobre a distribuição indígena no Brasil meridional[51]. Contratado pela Comissão Geográfica e Geológica de São Paulo, participou de expedições junto aos Guarani e Kaingang no oeste paulista.

Devido às fortes ligações que estabeleceu com os Apapokúva-Guarani no interior paulista, foi batizado por estes como "Nimuendaju", nome que agregou ao seu, passando a ser chamado de Curt Nimuendaju quando se naturaliza brasileiro, anos depois. Os dois anos de convívio com os Apapokúva no Posto Araribá (hoje Terra Indígena Araribá) lhe permitiram realizar um trabalho etnográfico publicado em 1914 na renomada revista alemã *Zeitschrift für Ethnologie*, posteriormente traduzido e publicado no Brasil como *As lendas da criação e destruição do mundo como fundamentos da religião dos Apapocúva-Guarani*, em 1987.

A entrada de objetos indígenas ao Museu Paulista na primeira metade do século XX aconteceu de forma recorrente, com destaque aos objetos Kaingang coletados pela Comissão Geográfica e Geológica de São Paulo durante as expedições aos rios Aguapeí ou Feio e do Peixe. No início do século XX, ocorreram a marcha para o oeste, a construção da Estrada de Ferro Noroeste do Brasil, a expansão da cafeicultura e a especulação imobiliária, que resultaram no extermínio quase completo dos Kaingang e na denominada "pacificação" – em 1912, o Serviço de Proteção aos Índios (SPI) colocou os sobreviventes desse povo em um aldeamento. Posteriormente, inauguraram-se outros dois aldeamentos, atuais Terras Indígenas Icatu e Vanuíre.

---

51 *Revista do Museu Paulista*, 1911, v. VIII, Est. VII: "Mappa da actual distribuição dos índios no Brazil meridional".

Outras coleções indígenas de todo o Brasil foram formadas na primeira metade do século XX por coletores nacionais e internacionais. Citemos alguns[52]: Albert V. Fric, Benedito Calixto, Benedito Estelita Alvares, Cândido M. S. Rondon e a Comissão Rondon, Claude Lévi-Strauss, C. Hermann Hofbauer, Erich Freundt, Ernesto Garbe, Expedição Bandeira Anhanguera, Franz Adam, Franz Heger, Friedrich C. Mayntzhusen, Gil Vilanova, José Bach, Paulo E. Vanzolini, Themistocles P. S. Brasil, Wanda Hanke, Werner C. A. Bockermann, Wili Tiede.

O alemão Herbert Baldus (1899-1970) também deu importante contribuição à etnologia nacional. Após o fortalecimento do nazismo, deixou a Alemanha em 1933 e mudou-se definitivamente para o Brasil. Com o financiamento de uma sociedade de ciência alemã, também empreendeu expedições a aldeias indígenas, trabalhando com os Kaingang, os Tapirapé, os Karajá, entre outros. Baldus foi convidado a organizar as coleções indígenas do Museu Paulista em 1946, chefiando meses depois a Seção de Etnologia desta instituição. Afirma, em relatório: "Em fevereiro de 1947 visitei, acompanhado do Sr. Harald Schultz, assistente de Etnologia do Museu, Postos Indígenas instalados pelo Serviço de Proteção aos Índios no estado de São Paulo, passando do dia 7 a 14 no Posto de Icatu e de 15 a 21 no Posto Curt Nimuendaju (antigo Araribá)"[53].

Em 1947, oriundas dessas localidades – hoje Terras Indígenas Icatu e Araribá –, deram entrada três coleções: Kaingang, Guarani e Tere-

---

52 Antonio S. A. Damy; Thekla Hartmann. "As coleções etnográficas do Museu Paulista: composição e história", *Revista do Museu Paulista*, n.s., v. XXXI, 1986, pp. 223-47.

53 Herbert Baldus, "Relatório da Secção de Etnologia", *Revista do Museu Paulista*, n.s., v. II, 1948, pp. 305-8.

na, as primeiras após a criação da Seção de Etnologia. Também nesse ano, Baldus foi convidado pelo marechal Cândido Mariano da Silva Rondon (1865-1958), do Serviço de Proteção aos Índios (SPI), para novas expedições e registro fotográfico com os Karajá e Tapirapé[54].

Esses dois nomes da antropologia no Brasil, Curt Nimuendaju e Herbert Baldus, têm influência direta na produção etnográfica de Harald Schultz.

Harald Schultz (1909-1966) nasce em Porto Alegre, filho de pai alemão e mãe com descendência dinamarquesa. Seus estudos são feitos na Alemanha, mas no Brasil já mostrava interesse por fotografia. Graças à influência de seu pai, tem uma chance de trabalhar como fotógrafo jornalístico para o então presidente Getúlio Vargas. Schultz estabeleceu importantes conexões e no Rio de Janeiro se aproximou do Serviço de Proteção aos Índios (SPI) e da política indigenista. Em 1942 passa a trabalhar nesse órgão estatal e realiza suas primeiras expedições etnográficas[55]. Nesse período, sua biografia se cruza com a de Curt Nimuendaju, pois suas técnicas de pesquisas de campo são inspiradas pelo trabalho deste etnógrafo.

Em 1945, é convidado por Baldus a ser seu assistente de pesquisa, e também a frequentar aulas na Escola Livre de Sociologia e Política de São Paulo. Intercalando suas aulas com atividades de campo, Schultz reforçava assim o acervo de etnologia do Museu Paulista. Sua produção fotográfica e fílmica de alto nível enriquecia sobremaneira

---

54 Orlando Sampaio-Silva, "Herbert Baldus: vida e obra – introdução ao indigenismo de um americanista teuto-brasileiro", *Revista do Museu de Arqueologia e Etnologia*, n. 2, 1994, pp. 91-114.

55 Aline Batistella, *Experiências etnográficas de Harald Schultz e Vilma Chiara entre os povos indígenas,* Dissertação (mestrado) – UFMT. Cuiabá: 2017, pp. 38-41.

os objetos coletados, uma vez que buscava documentar processos de manufatura, festas, rituais e práticas cotidianas dos povos indígenas.

Para se compreender esse legado, que ficou muito reconhecido entre seus pares, é importante destacar novamente o contexto político nacional da produção de Harald Schultz. Seu trabalho como fotógrafo do SPI servia aos propósitos da política de Getúlio Vargas durante o Estado Novo. A meta era registrar a maior quantidade possível da cultura nativa e com celeridade, pois se pensava que os povos indígenas sofreriam aculturação. A agenda política governamental também oferecia direção a essas pesquisas, uma vez que, ao mesmo tempo que se documentavam imagens e se recolhiam objetos, a figura do indígena ganhava destaque como "brasileiro nato". O governo Vargas buscou uma política solidária entre o Estado e seus agentes, e os etnólogos cumpriram função primordial em tal cenário, pois destacava-se o quanto os povos indígenas estavam "pacificados" e aptos a integrar o projeto de nação propagado pelo Estado Novo, somando-se à massa de trabalhadores brasileiros[56].

Curiosamente, para a formação da coleção etnográfica no Museu Paulista, Schultz não tinha apoio de verbas específicas para a viagem ou para adquirir materiais que seriam utilizados em trocas com os indígenas. Segundo Vilma Chiara, esposa e parceira de Harald Schultz em muitas expedições, o apoio veio da Aeronáutica, da Delegacia Policial de São Paulo e de comerciantes da colônia sírio-libanesa de São Paulo, que forneciam a Schultz um estoque de materiais, como facas, canivetes, panelas e miçangas, para abastecer as trocas feitas durante as expedições[57].

---

56   *Ibid.* pp. 93-4.
57   *Ibid.* p. 85.

Fonte: Acervo do Museu do Índio/Funai – Brasil – (SPI00403).

Harald Schultz e sua produção visual durante as pesquisas de campo com os Terena, em 1942.

Há narrativas indígenas que ainda guardam na memória dos mais antigos a presença amigável e quase familiar de Schultz nas aldeias.

A visita do alemão aos caxinauás foi assim. Os caxinauás viram um alemão alto de cabelo ruivo. Chamaram-no de Yaix Buxka, "cabeça de tatu". Os caxinauás deram-lhe um nome, um apelido. Ele parecia com um parente caxinauá falecido cujo apelido era Yaix Buxka. Ele tinha uma câmera. [...] Também tirou fotos de como pescavam, de como faziam seus artesanatos e de como as mulheres cozinhavam. [...] Viveu um tempo com eles. Parece que vivia assim, trabalhando muito bem com aquela família caxinauá dele[58].

Por essa convivência harmoniosa, Schultz garantia lugar privilegiado junto às comunidades indígenas e conseguia ter acesso ao invisível, registrando com sensibilidade o "outro" por meio de sua produção visual e da coleta da produção material desses grupos. Schultz, assim como todos aqueles que trabalhavam com pesquisas antropológicas naquele período, estava imbuído do ideal do resgate

---

58 Indígenas descrevem a estadia de Harald Schultz no capítulo "O alemão que viveu com os Caxinauás", em: Eliane Camargo; Diego Villar [org.], *A história dos Caxinauás por eles mesmos*, São Paulo: Edições Sesc, 2013, p. 185.

cultural. A coleção formada por suas atividades de campo, mais do que uma seleção de objetos feitas pelo etnógrafo, complementa sua produção visual. Vista em conjunto, ela idealmente deseja comunicar quem eram esses povos indígenas, como viviam e estavam sendo eternizados pela ação de suas lentes.

Ainda assim, não podemos perder de vista que, como toda coleção, esses objetos trazidos por Schultz e por tantos outros coletores foram selecionados e se tornaram fragmentos de cultura. Nos museus, ganharam outros significados, convertendo-se muitas vezes em objetos solitários.

A partir dos anos 1960, a dinâmica dos museus foi se alterando, sob influência do movimento da "Nova Museologia", com um alargamento da noção de patrimônio e a necessidade de que os museus fossem transformados em espaços mais democráticos e com maior visibilidade. A Coleção Harald Schultz, forjada ainda sob as circunstâncias políticas do Estado Novo, em meio às necessidades nacionalistas do Museu Paulista, hoje está no Museu de Arqueologia e Etnologia da Universidade de São Paulo – MAE-USP. Desafios contemporâneos se anunciam. Ainda é necessário transpor antigos modelos colonialistas dentro dos museus para que se aprimorem as relações com as culturas indígenas, potencializando assim múltiplas leituras do saber invisível que repousa nos museus.

Homem Makú tecendo uma pequena cesta na floresta. É neste contexto de mudanças na museologia e na antropologia que processos colaborativos se estruturam nos museus. O MAE-USP, herdeiro das coleções indígenas do Museu Paulista, bem como do antigo MAE e do Acervo Plínio Ayrosa, atua na articulação de ações colaborativas, também denominadas cooperativas ou participativas. Uma dessas ações é a curadoria compartilhada, com a (re)qualificação de coleções: esses projetos têm o objetivo de trazer essas coleções para a atualidade dos grupos indígenas, para suas interpretações, apropriações e usos na construção de memórias, na resistência e no fortalecimento cultural, mas, sobretudo, para o uso como estratégia intergeracional. Em julho de 2017, três coleções foram requalificadas na sede do MAE-USP, com Kaingang, Guarani Nhandewa e Terena do oeste paulista[59] – não por acaso, duas localidades onde Herbert Baldus e Harald Schultz, recém-contratados do Museu Paulista, realizaram duas expedições, as únicas que os dois antropólogos realizaram juntos. Durante três semanas, direcionadas pelas perspectivas da museologia, lideranças indígenas dos três grupos das Terras Indígenas Araribá (aldeias Ekeruá e Nimuendaju), Icatu e Vanuíre estiveram no MAE e, em contato com os objetos de seus ancestrais, discutiram entre si – caciques, pajés, pesquisadores indígenas, professores, estudantes universitários, velhos e jovens – a importância do passado para o presente, construindo o futuro, com base nas tradições e na ancestralidade.

---

59 Sob a coordenação da profa. dra. Marília Xavier Cury.

CONSERVAR PARA QUEM? AS POSSIBILIDADES DO TRABALHO COLABORATIVO ENTRE INDÍGENAS E CONSERVADORES

Ana Carolina Delgado Vieira

Ao longo dos séculos, os museus foram construindo uma memória guiada pelos preceitos de preservação e patrimonialização da materialidade do seu patrimônio cultural. Instituições como o Museu Nacional (1818) no Rio de Janeiro, Museu Paraense Emílio Goeldi (1866), no Pará, e o Museu Paulista (1895), em São Paulo, são os grandes museus nacionais que abrigaram as primeiras pesquisas científicas sobre os povos indígenas brasileiros.

Essas instituições tradicionais promoveram importantes expedições em conjunto com pesquisadores estrangeiros para a formação de suas primeiras coleções. Na trama da formação das primeiras coleções nacionais, os protagonistas das ações foram os etnólogos Curt Nimuendaju (1883-1945), Herbert Baldus (1899-1970), Harald Schultz (1909-1966) e Egon Schaden (1913-1991).

As coleções etnográficas formadas nesses museus nacionais ainda no século XIX eram verdadeiros repositórios das expressões materiais das culturas tradicionais indígenas brasileiras. Era fundamental que esses objetos fossem aprisionados no museu, para que pudessem ser preservados, estudados e exibidos, pois se acreditava que os povos indígenas sucumbiriam ou seriam absorvidos em pouco tempo pela sociedade não indígena[60].

---

60 Regina Abreu, "Museus etnográficos e práticas de colecionamento: antropofagia dos sentidos", *Revista do Patrimônio Histórico e Artístico Nacional*, n. 31, 2005; Luís Donisete B. Grupioni, 1998 , *op. cit.*

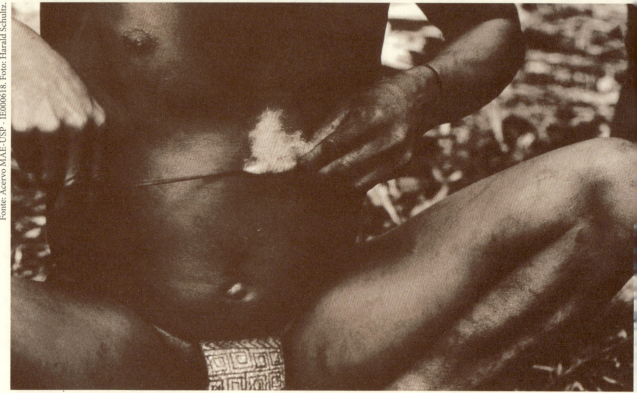

Fonte: Acervo MAE-USP - IE000618. Foto: Harald Schultz.

Harald Schultz é fundamental nesse cenário: o coletor-fotógrafo-etnógrafo formou coleções para museus etnográficos no exterior e também no Brasil. Nas palavras de seu mentor, Herbert Baldus[61]:

> Os dois grandes indigenistas do Brasil, Marechal Rondon e Curt Nimuendaju, tinham um aluno em comum. O velho marechal ensinou [Harald Schultz] como viajar pelo interior e fazer amizade com os índios. [...] A Seção de Etnologia do Museu Paulista deve suas coleções mais importantes aos esforços de Harald Schultz. [...] A grande contribuição de Harald Schultz para a etnologia foi aumentar e aprofundar nosso conhecimento dos fatos. Sua abordagem empírica permitiu que ele se tornasse um antropólogo que fez a maioria da coleção de matérias-primas que são a base de nossa disciplina.

---

61 "Brazil's two great Indianists, Marshal Rondon and Curt Nimuendaju, had a student in common. The old marshal taught [Harald Schultz] how to travel through the interior and make friends with the Indians. [...] The Seção de Etnologia of the Museu Paulista owes its most important collections to the efforts of Harald Schultz. [...] Harald Schultz's great contribution to ethnology was to increase and to deepen our knowledge of the facts. His empirical approach enabled him to become an anthropologist who did more than most in the collection of the raw materials that are the foundation of our discipline." Herbert Baldus, Harald Schultz 1909-1966, *American Anthropologist*, New Series, v. 68, n. 5 (oct., 1966), pp. 1233-5 – tradução da autora.

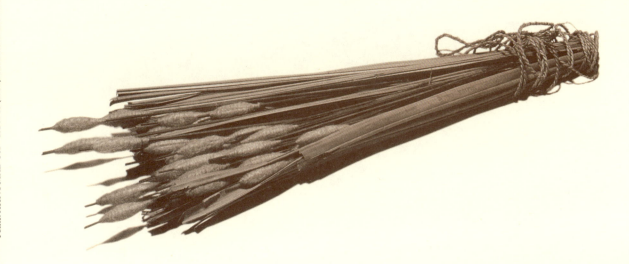

Registro do processo de confecção de dardos dos Makú (ao lado) e pacote de folhas de palmeira contendo dardos envenenados (acima) coletado em 1958 por Harald Schultz.

A Coleção Harald Schultz espelha essa tentativa de resgate cultural, exercitada por museus enciclopédicos, como o Museu Paulista (MP-USP). Centenas de artefatos foram recolhidos com viés investigativo, com grande abrangência geográfica e quantitativa, a fim de representar um grande conjunto de cultura material produzido por povos indígenas diversificados.

Percebemos que a coleção de objetos coletados por Harald Schultz é regida por alguns princípios. Resultado daquilo que o coletor selecionou – e também descartou – ao longo de suas expedições, ela espelha as escolhas feitas ao longo de suas viagens de trabalho de campo. Ao olhar o conjunto de 7.400 objetos, notamos que o coletor optou por recolher os materiais que estavam em seu contexto de uso. Verifica-se isso ao observar que muitos dos objetos que hoje estão na reserva técnica do Museu de Arqueologia e Etnologia da USP (MAE--USP) figuraram também como personagens nas fotografias registradas pelo coletor. Cerâmicas em uso, máscaras em rituais, peneiras em processo de confecção são alguns exemplos de objetos que hoje estão guardados no museu, mas que carregam em si sua trajetória biográfica graças ao registro audiovisual feito pelo coletor.

Do ponto de vista da conservação, mais de 70% da coleção está em bom estado. A maior parte dos objetos tem marcas de uso: distorções, manchas de tinturas corporais e sujidades intrínsecas relativas à biografia dos objetos etnográficos, incluindo sua trajetória dentro do museu. Considerando que esses objetos têm uma média de 60 anos de existência, estamos satisfeitos com o nível de preservação material da coleção. Muitas peças possuem até mesmo um "reparo" original, o que leva a crer que o objeto danificado continuaria a ser utilizado pela comunidade. Esses objetos estavam em uso, possuíam uma vida própria em seu contexto, não sendo apenas produzidos exclusivamente para a coleta que Harald Schultz formava.

Acreditamos que o bom estado de conservação da coleção se deve aos esforços envidados por Vilma Chiara. Parceira na vida pessoal e de diversas pesquisas de campo, Chiara foi funcionária do Museu Paulista na década de 1960. Trabalhava como conservadora e fez estágios em instituições museológicas estrangeiras, como no Smithsonian Institution, para conservar objetos etnográficos feitos de cerâmica, madeira e fibras vegetais. Quando se olha a coleção, é impressionante imaginar essas expedições feitas há décadas, onde os acessos e meios de transporte eram restritos, e como milhares de objetos foram transportados de distâncias tão longínquas ao então Museu Paulista, seu repositório final. É espantosa a experiência de tentar recriar a logística de movimentação e as embalagens desses artefatos para que eles mantivessem as boas condições materiais registradas no momento de coleta.

Vilma Chiara foi responsável por esse legado. Enquanto etnóloga-conservadora, atuava diretamente em todas as etapas do trabalho de campo. Segundo Aline Batistella, "Chiara conta que Baldus cedia em favor da quantidade de artefatos que precisavam dos cuidados ao ser embalados e transportados, já que, com as longas viagens e precariedade de transporte, muitos artefatos chegavam ao museu com avarias. Assim, ela era a responsável pela instrução e pelas formas adequadas de embalar as peças"[62].

Schultz realizou coletas sistemáticas em 46 grupos indígenas. Uma ampla gama de objetos resultou dessas expedições, desde artefatos utilitários, armas, brinquedos, até objetos rituais. Felizmen-

---

62 Aline Batistella, *op. cit.*, p. 44.

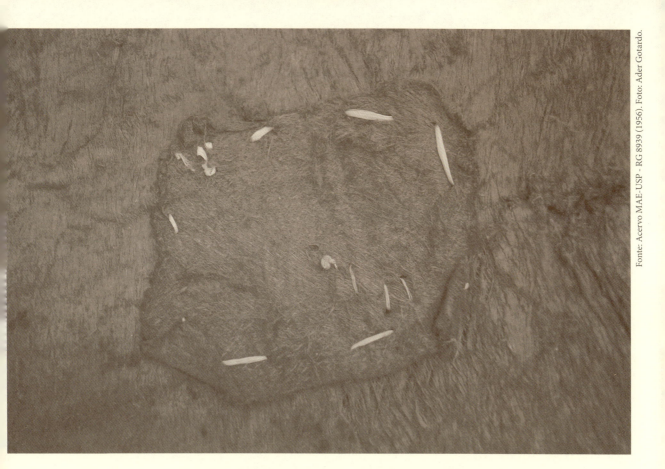

Fonte: Acervo MAE-USP - RG 8939 (1956). Foto: Ader Gotardo.

Vestimenta de entrecasca coletada em 1956 por Harald Schultz – detalhe do reparo original.

te, a coleção conta com uma boa documentação museológica. Seus objetos possuem fichas catalográficas preenchidas com informações precisas e cotejadas com as documentações primárias de cadernos de campo e outros documentos do MP-USP, instituição detentora da coleção até 1989, quando esta foi transferida para o MAE-USP.

O arsenal fotográfico produzido pelo coletor também é uma potencial fonte de informações sobre esses objetos. Por meio de projetos institucionais, entre os anos de 2013 e 2016, o MAE-USP realizou o inventário da coleção e a digitalização de todos os filmes e fotografias produzidos por Harald Schultz. A possibilidade de acessar esses registros potencializou o uso dos objetos. Atualmente, a Coleção Harald Schultz tem uma grande circulação para a pesquisa e também para exposições, graças à possibilidade de contextualizar o objeto que hoje está na reserva técnica com o registro histórico feito pelo coletor em suas fotos e seus filmes.

Nos museus tradicionais, esses registros da cultura material costumam perder seus contextos particulares, recebendo, assim que adentram as instituições museológicas, uma nova dinâmica de organização. Os objetos coletados sofrem uma profunda alteração, sendo imediatamente descontextualizados[63]. É preciso ter em mente que, mais do que testemunhos de culturas tradicionais, esses objetos representam uma poderosa ferramenta de um discurso identitário de comunidades longamente silenciadas.

Nesse cenário, os profissionais dos museus se comportavam como guardiões dos bens acumulados pelas instituições públicas.

Não zelar pela preservação dos objetos significaria uma perda permanente de conhecimento, história e patrimônio. Entretanto, quem de fato perderia se, por exemplo, os conservadores tomassem decisões que colocassem em risco esse patrimônio cultural salvaguardado pelos museus? Em primeiro lugar, provavelmente a instituição pública responsável pela guarda do bem seria diretamente penalizada por essas ações. Também se suspeita que o público fosse afetado pela perda cultural irreversível. No caso dos museus etnográficos, outras personagens também são diretamente prejudicadas por más decisões tomadas com relação à preservação dos objetos: os detentores originários do patrimônio cultural e seus descendentes.

Nos últimos anos, vários grupos indígenas brasileiros começaram a usar museus etnográficos para (re)ver, (re)conhecer ou (re)aprender técnicas, objetos em coleções ou registros fotográficos de seus ancestrais. Ao mesmo tempo, esses grupos começaram a reivindicar o direito de incluir suas vozes nos processos de tomada de decisão relativos à interpretação de seu próprio passado e ao mate-

---

63 Lúcia Hussak van Velthem, "O objeto etnográfico é irredutível? Pistas sobre novos sentidos e analises" , *Boletim Museu Paraense Emílio Goeldi. Ciências Humanas*. Belém, v. 7, n. 1, jan.-abr. 2012, p. 54.

rial gerado por eles ou seus antepassados. Por meio do contato com artefatos e registros fotográficos, eles potencializam a lembrança e o aprendizado das técnicas de manufatura dos objetos. A "descoberta dos museus pelos índios"[64] acontece ainda na década de 1990, com o Museu Magüta dos índios Ticuna no Amazonas. A organização desse museu se deu em um período crítico, no qual os Ticuna estavam mobilizados em defesa de seu território. Políticos, latifundiários e madeireiros logo perceberam que a organização dos Ticuna e a criação do museu seriam uma ameaça aos seus interesses. Entretanto, com muita resistência e apoio de instituições de ensino e pesquisa, o museu e a exposição indígena foram abertos ao público e hoje são a referência museal da população da cidade onde se localizam.

A iniciativa de alguns grupos indígenas de organizar seus próprios museus demonstra que mesmo um museu etnográfico tradicional tem o potencial de ser um espaço vivo, de resgate da memória, de afirmação de identidades culturais e do engajamento indígena.

Essa nova dinâmica provoca transformações, e o espaço do museu se distancia da antiga posição eurocêntrica de detentores de conhecimento. Os profissionais envolvidos nesses processos multidisciplinares passam a ressignificar os preceitos éticos de sua atuação, e os objetos passam de desfigurados a ressignificados. Os povos indígenas, por sua vez, encontram novos espaços para articulações mais sofisticadas de sua cultura, onde finalmente podem atuar como protagonistas nos níveis locais, nacionais e internacionais.

---

64 José Ribamar Bessa Freire, "A descoberta dos museus pelos índios", *Cadernos de etnomuseologia*, v. 1, Rio de Janeiro: Programa de Estudos dos Povos Indígenas, Departamento de Extensão, Uerj - Universidade do Estado do Rio de Janeiro, 1998, pp. 5-29.

A inclusão dos indígenas neste processo também interessa aos conservadores, pois esses profissionais fortalecem seus relacionamentos com os criadores das coleções, bem como aprendem sobre as matérias-primas e as tecnologias de fabricação, além de ampliar suas capacidades para compreender o processo de degradação dos objetos. Nesse sentido, é importante compreender os benefícios e desafios das colaborações dos indígenas nos processos de tomada de decisão e como essa inclusão tem servido para se ressignificar o papel da conservação nos museus etnográficos.

O Brasil foi um importante polo provedor de peças etnográficas a inúmeros museus estrangeiros. As conexões europeias (mais especificamente alemãs) dos principais coletores dos museus etnográficos brasileiros refletem também o processo de formação dos acervos dos museus etnográficos europeus.

Esses tradicionais museus etnográficos deslocaram os indígenas do processo da produção de conhecimento. Hoje eles têm a possibilidade de articular sua representação e se colocar como protagonistas na produção de seu próprio discurso[65].

No contexto dos museus tradicionais etnográficos, reunir experiências colaborativas viabiliza a compreensão sobre como os indígenas estão se apropriando dos tradicionais espaços de guarda. A presença indígena e sua participação em atividades tais como pesquisas e exposições têm ajudado a potencializar o fortalecimento identitário de alguns grupos, assim como têm impulsionado a renovação do museu como um espaço democrático e de empoderamento.

---

65 Constantino R. Lopes, "What is a museum for? The Magüta Museum for the Ticuna People, Amazonas, Brasil", *Public Archaeology*, 2005, n. 4, pp. 183-6.

Muitos autores já contribuíram com uma reflexão filosófica sobre a conservação[66]. Esses trabalhos ajudam a evidenciar os conflitos entre as expectativas do conservador e dos museus e os anseios dos grupos indígenas. Mais do que a materialidade, os objetos coletados e hoje recolhidos às reservas técnicas são repletos de significados para os indígenas. Mais que isso, os objetos os conectam com a ancestralidade e evocam a espiritualidade[67] dentro do espaço do museu.

Trabalhar com esses grupos nos museus significa que os objetos poderão ser acessados, manipulados e vivenciados pelas comunidades. Tais ações se distanciam do cotidiano estabelecido no museu e podem representar um conflito de interesses entre o conservador e os grupos que demandam acesso a esse patrimônio. Mas a prática vem demonstrando que a expectativa dos indígenas quanto à conservação dos objetos de seus ancestrais ou mesmo dos objetos atuais para as futuras gerações é a mesma dos conservadores do museu – guardar para o futuro.

Para compreender os museus etnográficos tradicionais, é necessário revisar o processo da formação de suas coleções. Interessa-nos colocar em evidência o processo de formação, estudo, guarda e uso das coleções etnográficas nos museus tradicionais, a fim de se compreender o papel que as coleções desempenharam na construção do patrimônio cultural dessas instituições. E justamente para se fazer esse exercício, a recuperação do legado da

---

66 B. Appelbaum, *Conservation Treatment Methodology*, Oxford: Elsevier. 2007; C. Caple, *Conservation Skills: Judgment, Method and Decision Making*, London: Routledge, 2000; M. Clavir, *Preserving What Is Valued: Museums, Conservation, and First Nations*, Vancouver, British Columbia: UBC Press, 2000; Salvador Muñoz-Viñas, *Teoría contemporânea de la restauración*, Madrid: Editorial Síntesis, 2014.

67 Marília Xavier Cury, "Lições indígenas para a descolonização dos museus: processos comunicacionais em discussão", *Cadernos Cimeac*, [Uberaba], v. 7, n. 1, jul. 2017, p. 203.

Coleção Harald Schultz é potencialmente importante e carrega em si múltiplas possibilidades.

Esses novos espaços democráticos, que provocam tanta transformação nas instituições tradicionais, também revigoram a própria disciplina da conservação, uma vez que os limites dos parâmetros da preservação da condição física do objeto são alargados.

Dentro desse cenário, torna-se vital refletir sobre o papel do conservador na preservação dos registros culturais materiais, assim como questionar como ele também pode ser um agente colaborador da inserção dos grupos indígenas no processo de musealização de sua cultura, em conjunto com outros profissionais de museus. Também se torna importante analisar os tradicionais museus etnográficos como potenciais espaços onde o protagonismo indígena pode despontar como principal vetor de transformações das relações nas instituições.

Temos visto que museus etnográficos que hoje dispõem de meios de divulgação de seu acervo têm viabilizado a participação de trabalhos colaborativos. Os indígenas brasileiros vêm procurando fortalecer suas raízes identitárias a partir da busca pelos objetos guardados por esses museus. Através do contato com artefatos e registros fotográficos, os grupos potencializam a lembrança e o aprendizado das técnicas de manufatura dos objetos, e isso desencadeia um processo de reconstrução da autoestima, que é tão ameaçada. Como hipótese principal, indicamos que, quanto mais o museu etnográfico tradicional está aberto às transformações museológicas, mais ele poderá facilitar os processos de afirmação dos grupos indígenas e a criação de espaços próprios para a defesa de seus interesses e para o fortalecimento cultural.

Do ponto de vista mais convencional, a conservação é considerada uma atividade intimamente relacionada com os bastidores da instituição, com o setor restrito ao público. Para tentar prolongar ao máximo a vida útil de um objeto, coleções são mantidas em lugares "inacessíveis", que devem ser escuros e frios. Assim, os objetos saem de seu circuito de vida original e só podem ser manipulados com o uso de luvas especiais. Pela perspectiva do conservador, o objeto carrega em si, em sua materialidade, conhecimento – e, por isso, deve ser preservado para que seja usufruído no presente e também esteja disponível no futuro. Não preservar esses objetos contraria diversos códigos de ética desses profissionais, uma vez que a perda de aspectos tangíveis maculam a autenticidade e a conexão dos objetos com o passado.

No entanto, muitas vezes os métodos utilizados para a conservação dos bens culturais etnográficos se chocam com as necessidades de grupos indígenas, que podem querer usar *seus* objetos para outros objetivos além das exibições.

Sim, há um propósito no destaque que se dá aqui ao pronome possessivo. A questão da propriedade é outro tema que deve ser amplamente discutido quando se evoca a relação entre museus etnográficos e povos indígenas. Pedidos de repatriamento estão provocando distúrbios legais em coleções adquiridas há décadas. Tradicionalmente, o processo decisório e a posse dessas coleções estiveram restritos ao círculo institucional de curadores e diretores dos museus. Entretanto, experiências contemporâneas mostram que os conservadores de materiais estão revendo a posição eurocêntrica que os tradicionais museus etnográficos assumiram ao longo de décadas, e agora esses profissionais ponderam no processo decisório o que desejam também os criadores dos objetos (ou seus descendentes).

Hoje, esses profissionais sabem que devem fazer parte de um time. Decisões sobre tratamentos, formas de exibição de um objeto e modos de guarda devem ser compartilhadas não apenas entre curadores, cientistas da conservação e outros profissionais da instituição museológica. Reconhecemos a importância do trabalho interdisciplinar que oferece base científica a fim de orientar os conservadores no estudo de materiais e exames científicos. Entretanto, informações culturais representam um papel relevante na escolha de tratamentos e, muitas vezes, os dados não foram completamente aprendidos pelos antropólogos em suas pesquisas de campo ou mesmo não foram resguardados pelos museus ao longo de décadas. A exemplo de trabalhos colaborativos entre conservadores de arte contemporânea e seus artistas, a mesma metodologia pode ser aplicada aos materiais etnográficos. É de imensa valia poder trabalhar junto aos criadores dos objetos indígenas para compreender as técnicas e os materiais e, então, poder oferecer um tratamento às suas patologias e prolongar a expectativa de vida material dessas criações.

No MAE-USP, a Seção de Conservação tem um histórico de trabalhos desenvolvidos em parceria com grupos indígenas. A aproximação dessas lideranças com os procedimentos museológicos adotados no MAE-USP permitiu refletir sobre como esses grupos entendem os procedimentos curatoriais e como eles reagem frente aos objetos salvaguardados em instituições museológicas.

Para reforçar a ideia de que os museus tradicionais estão cumprindo sua missão de salvaguardar os objetos produzidos por esses povos, um trabalho de requalificação e ressignificação das coleções

Fonte: Acervo MAE-USP - RG 2566 (1947). Foto: Ader Gotardo.

Panela cerâmica Kaingang coletada por Harald Schultz e Herbert Baldus em 1947.

do MAE-USP está sendo realizado desde 2015[68]. Investiu-se em um trabalho colaborativo no qual líderes Kaingang, Guarani Nhandewa e Terena puderam visitar as reservas técnicas e se aproximar dos procedimentos adotados pelo museu para a conservação do acervo material. Esse movimento foi importante para que os grupos envolvidos soubessem que o patrimônio cultural salvaguardado está em boas condições de conservação e está seguro naquele espaço. Eles puderam comprovar que há uma série de protocolos necessários para poder acessar os objetos, tais como o acesso restrito às reservas técnicas, procedimentos específicos para a manipulação e políticas que regem o empréstimo de objetos para exposições.

Em 2017, em virtude da preparação da nova exposição temporária do MAE-USP[69,] tivemos a oportunidade de conversar com um grupo de Kaingang sobre objetos que seriam expostos, muitos deles coletados por Harald Schultz e Herbert Baldus, na Terra Indígena Icatu, Braúna (SP). Informações sobre técnicas de con-

---

68 Projeto de pesquisa: "Museu – requalificação de coleções indígenas", sob coordenação da profa. dra. Marília Xavier Cury.
69 Exposição de curadoria indígena compartilhada intitulada *Resistência Já! Fortalecimento e união das culturas indígenas – Kaingang, Guarani Nhandewa e Terena.*

fecção e matérias-primas foram reveladas nas atividades. Diante dos objetos, os mais velhos reavivavam a memória sobre o uso que deles era feito, enquanto os mais jovens do grupo ouviam atentamente e aprendiam.

Os encontros de requalificação das coleções são gravados com a permissão dos participantes, a fim de que se possam recuperar posteriormente dados obtidos nessas ocasiões. As informações sobre os objetos serão disponibilizadas no banco de dados do museu e ficarão à disposição para os pesquisadores, assim como oferecerão à exposição outras narrativas além daquelas registradas etnograficamente pelos coletores. Fotos também são registradas durante os encontros, pois as imagens podem fornecer informações precisas sobre o modo de uso das peças, assim como indicações sobre como os objetos devem ser expostos, onde e como devem ser armazenados.

Perguntas sobre técnicas de manufatura, matérias-primas e uso de peças como cestos, colares e panelas cerâmicas foram feitas ao grupo. Durante o encontro, revelaram-se informações minuciosas sobre o uso e o contexto de cada objeto. Do ponto de vista da conservação, também foi possível realizar um trabalho colaborativo.

Os conservadores podem enfrentar dilemas éticos ao tentar adaptar suas missões a esses novos paradigmas. Os ideais convencionais da disciplina de conservação e nossas atividades diárias em um museu universitário representaram um dos desafios mais difíceis das colaborações. Tudo teve que ser adaptado: dos termos técnicos e dos materiais que usávamos aos objetivos que queríamos alcançar.

Uma das maiores dificuldades ao longo do processo foi adaptar a linguagem especializada do campo de conservação para que os não conservadores não se sentissem intimidados. Por exemplo, termos como adesivos, consolidações e preenchimentos de lacunas não fizeram parte do vocabulário usado.

Nossas perguntas principais sobre um conjunto de objetos foram inspiradas em um roteiro[70] que visava discutir questões relativas à conservação, bem como poder recuperar informações sobre a história dos objetos apresentados: "Vocês acham que esta panela deveria ser limpa? Essas manchas são importantes nestes objetos? Vocês acham que este colar deve ser consertado? Como podemos guardar este objeto no museu?"

A partir do reavivamento da memória de uso dos objetos, os Kaingang se tornaram mais sensíveis às questões relacionadas à biografia e à trajetória dos objetos que estavam sendo analisados, fornecendo assim detalhes importantes sobre o uso e o contexto das peças apresentadas. Vale destacar que, durante o processo, a equipe do MAE-USP sempre demonstrou que aqueles objetos, muitos com mais de cem anos, só existiam porque o museu os conservou. Por sua vez, os Kaingang se admiraram com objetos nunca vistos por eles, alguns desconhecidos para muitos.

Adaptamos alguns termos técnicos para que o grupo pudesse compreender que uma lacuna representa uma área fragilizada de uma cerâmica. Também questionamos a opinião do grupo sobre ações que visam devolver estabilidade aos objetos frágeis – sem entrar no mérito de termos como "consolidações" ou "preenchimen-

---

70 O roteiro foi inspirado pelas seguintes publicações: Bárbara Appelbaum, 2007, *op. cit.*; Lily T. L. Doan, *From Ethnographic to Contemporary: How an Artistic Interview May Direct the Study and Conservation Treatment of a Balinese Cili Figure*. (Ucla Electronic theses and dissertations), Ucla, California: 2012; Jessica S. Johnson *et al.*, "Practical Aspects of Consultation with Communities", *Journal of the American Institute for Conservation*, Washington, DC: 2005, v. 44, n. 3, pp. 203-15.

tos": "Estas rachaduras incomodam vocês? O que deveríamos fazer com esta cerâmica que foi colada desta maneira há anos atrás?"

Os líderes Kaingang revelaram que preferem que as peças sejam reparadas o mínimo necessário, apenas para a garantia de sua segurança. Colagens de fragmentos e consolidações podem ser feitas, mas preenchimentos devem ser mínimos, apenas para garantir a estabilidade do objeto, e não com motivações estéticas.

A presença de outros materiais no preparo da pasta cerâmica pode contribuir para rachaduras na panela, mas os Kaingang também recordam o relato de Dona Lídia Campos Iaiati, indicando que, mesmo que se tenha feito um bom preparo da cerâmica durante sua manufatura, ela pode apresentar rachaduras por razões da espiritualidade. Nesse caso, o grupo considerou que a presença de uma rachadura na peça poderia indicar uma mensagem de entidade espiritual e que o melhor seria não fazer nenhum tipo de intervenção no objeto.

Também explicamos que muitas vezes os conservadores trabalham como cientistas. Perguntamos às mulheres Kaingang se poderíamos fazer exames de raios X nas panelas cerâmicas, tais como aqueles feitos pelos médicos em nossos ossos, para que fosse possível saber mais detalhes sobre elas. A pergunta despertou a curiosidade das participantes, uma vez que no Museu Indígena Worikg elas possuem fragmentos de cerâmicas arqueológicas e desejam identificar a datação dos objetos. Explicamos que há outras técnicas para auxiliá-las e o trabalho em parceria com um arqueólogo seria mais adequado para ensiná-las a identificar o grupo cultural dos fragmentos, por meio da análise das peças a olho nu.

Elas também se entusiasmaram pelas análises usando raios X quando perceberam que por meio desse exame seria possível identificar se a rachadura na cerâmica foi causada por alguma falha durante sua manufatura ou se seria uma mensagem do sobrenatural à artesã executora da peça – ou seja, viram nesse exame uma possibilidade de ter uma aproximação maior com o que denominam "encantados". Nesse momento, a situação se inverteu: o conservador passou a ser um profissional de interesse dos indígenas, pois poderia auxiliá-los em suas questões.

Como resultado do nosso encontro na reserva técnica do MAE-USP, algumas mulheres Kaingang se sentiram desafiadas a confeccionar panelas cerâmicas similares àquelas construídas por seus antepassados, e que certamente fariam parte do acervo do novo museu indígena.

O Museu Worikg, do grupo Kaingang da Terra Indígena Vanuíre, em Arco-Íris (SP), está se organizando material e espacialmente, mas conceitualmente está definido: já tem o estatuto que orienta as ações em grupo, a maioria envolvendo crianças e jovens. As gestoras indígenas[71] perceberam que a rotina interna de um museu indígena é bastante diferente do padrão burocrático geralmente atribuído ao modelo de um museu ocidental. Questões como políticas de acervo, inventários e conservação ganham significados em constante evolução através de colaborações com os grupos. Como resultado, as preocupações e os objetivos de preservação do museu tradicional devem ser articulados e possivelmente alterados dentro de um processo verdadeiramente colaborativo.

Por nossa experiência, afirmamos que os conservadores se beneficiam muito com o trabalho com os indígenas, e isso ocorre por vá-

---

71 Os museus indígenas se organizam pela autogestão e soberania na tomada de decisões.

rias razões, mas principalmente porque eles são capazes de iluminar o processo de tomada de decisão com diferentes ângulos éticos que fortalecem o discurso teórico e informam seu trabalho prático.

Conservadores são guiados por preceitos éticos como a reversibilidade, mínima intervenção e respeito pela propriedade cultural. Ao trabalhar com a colaboração dos grupos indígenas, demandas e expectativas podem ser por vezes conflitantes, mas o resultado das consultas mútuas deve guiar escolhas responsáveis.

Descobrimos que o processo é mutuamente benéfico, além de ser recompensador. A partir das colaborações, fomos capazes de apresentar estratégias de preservação mais efetivas, fortalecemos nossos relacionamentos com os criadores de coleções e também aprendemos muito sobre tecnologias de fabricação de diversos objetos. E o que foi ainda mais importante foi a possibilidade de recuperar, com essas novas ações colaborativas, o significado que objetos de alguma forma haviam perdido ao longo do tempo.

Por outro lado, instituições como o MAE-USP atuam como provocadores nesse processo. Museus que são em sua origem "etnográficos", mas que saem do seu eixo tradicional, estão vivenciando uma transição a partir da maneira como se relacionam com os grupos que produziram os objetos de suas coleções. Esta provocação traz um duplo benefício, na medida em que ressignifica esses museus tradicionais e modifica o modo de atuação dos profissionais dessas instituições, fazendo com que a participação ativa dos indígenas não esteja circunscrita à teoria e se torne uma prática cada vez mais inserida na missão dessas instituições emergentes. A troca de conhecimentos entre os profissionais de museus e os grupos indígenas oferece um novo sentido à palavra "etnográfico"[72], pois ajuda a enriquecer e legitimar ações do processo decisório da conservação, ao passo que também estimula a preservação por parte dos grupos indígenas. É uma situação em que todos ganham.

Do ponto de vista da conservação, vivenciamos através destas experiências como esta disciplina possui um caráter dinâmico e social, além do seu perfil técnico e científico. A conservação não se define apenas por seus procedimentos metodológicos, mas principalmente pelo processo decisório na tomada de certas ações[73]. A decisão de não realizar nenhuma ação também é um procedimento, especialmente quando ela é tomada em conjunto com a comunidade de interesse.

Para as lideranças Kaingang, o acesso a coleções como a organizada por Harald Schultz abre novas oportunidades para se recuperar o patrimônio perdido através da história de violência e mutilação cultural, assim como também transforma o museu em um potencial local de memória para salvar o seu tempo presente.

Para os profissionais de museus envolvidos nestas ações, essas parcerias reforçam a inserção da participação ativa dos indígenas nos processos decisórios curatoriais, oferecendo novas oportunidades de aprendizagem e um local privilegiado como espectadores e agentes de transformação desses museus tradicionais.

---

72   M. Clavir, "Heritage Preservation: Museum Conservation and First Nation Perspectives", *Ethnologies*, 24 (2), 2002, p. 34.
73   Salvador Muñoz-Viñas, 2014, *op. cit.*, p. 20.

HARALD SCHULTZ: POSSIBILIDADES DE COMUNICAÇÃO E EXPOSIÇÃO

Marília Xavier Cury

As questões de comunicação vêm se tornando fundamentais para a ideia que temos de museu. Podemos afirmar que as grandes mudanças ocorridas nos museus, considerando seu papel como instituição e sua atuação pública, foram, entre outros alcances, de caráter comunicacional, pois ocorreram em decorrência de questionamentos advindos da sociedade, ou seja, da forma como os museus estabeleciam relações com seu público e da própria concepção que tinham deste. Podemos citar os antimuseus[74], movimento ocorrido entre o fim da década de 1960 e os anos 1980 que gerou críticas, promoveu outras formas de atuação para os museus e outros modelos museais, tais como os ecomuseus, os museus comunitários, os de território e outros. Nesse sentido, podemos afirmar que, nessas décadas, os museus sofreram uma revolução comunicacional, pois esse processo afetou sobremaneira a relação da instituição com o público no que se refere ao entendimento que se tinha sobre os usos das coleções musealizadas e mesmo sobre os propósitos da musealização e a participação do público. Somando-se a essa transformação museal, a antropologia ainda veio a contribuir ativamente no contexto dos museus antropológicos. Para tanto, a ideia de construções de alteridade torna-se base para as chaves da relação entre antropologia e museu ou as antropologias no museu: antropologias reflexivas e museus de ciência, antropologias da ação e museus como instrumentos de políticas públicas, antropologias nativas e museus como estratégias de movimentos sociais[75].

---

74 María Bolaños [ed.]. *La memoria del mundo, cien años de museología – 1900-2000*, Espanha: Trea, 2002.

75 Regina Abreu, "Tal antropologia qual museu?", *Revista do Museu de Arqueologia e Etnologia*, n. 7, 2008, pp. 121-43.

Hoje temos distintos modelos de instituições museais constituídos por diversas influências e confluências, comprometidos com a sociedade e com a comunicação, considerando a diversidade e a pluralidade cultural. As exposições museológicas têm papel fundamental no processo comunicacional em museus, assim como a educação que realizamos por meio da exposição e outras estratégias.

Vivemos hoje no Brasil um grande avanço na profissionalização dos museus, e uma de nossas obrigações refere-se ao plano museológico, instrumento de gestão de difícil execução, mas fundamental para o pensamento institucional no tempo e no espaço. Um dos seus itens é o programa de comunicação museal, que se subdivide em exposição e educação.

O programa de comunicação compreende os temas e recortes temáticos que a instituição elenca como prioritários. Trata-se de um mapa cognitivo com temas gerais e específicos, prioritários e secundários, com relação de interdependência e/ou hierarquia. Esses temas e recortes, serão tratados em exposições e ações educativas. No que se refere à educação, é parte do programa a criação de uma estrutura que compreenda as principais linhas de atuação do museu e seus públicos prioritários.[76]

O programa de exposição abrange uma parte conceitual e outra programática, entendendo-se com isso o cruzamento entre demandas da instituição, de seu público, tipos de exposição (longa duração, temporária, itinerante) e a dinâmica de programação que se pretende em face de uma política cultural institucional.

---

76 M. X. Cury, "Educação em museus: panorama, dilemas e algumas ponderações", *Ensino em re-vista*, v. 20, n. 1, jan./jun. 2013, p. 22.

No MAE-USP, estamos construindo o programa de exposições por meio de experimentações expográficas que sustentem uma proposta. Nesse sentido, há anos estamos desenvolvendo projetos de exposição, seja para explorar temas e enfoques, seja para propor formas e narrativas e entender a recepção delas em determinada circunstância. Mais recentemente, uma nova experimentação museológica se coloca, contribuindo com a ampliação de visões e vozes: a colaboração com grupos culturais que trazem para o cotidiano do museu seus saberes e valores, suas histórias e a autorrepresentação.

Entre tantas discussões, a museologia crítica, reveladora das hegemonias, ressitua o museu, a comunicação e a exposição. Nesse sentido, dar atenção aos atores que fizeram parte da constituição da instituição e da formação de coleções, como Harald Schultz, é um caminho para um entendimento do papel atual da instituição. As biografias comunicadas pela expografia podem ser opções descolonizadoras, ao evidenciar o *modus operandi* no passado e os novos sentidos atribuídos no presente, seja pela figura representada, seja na discussão sobre colecionismo e coleções, seus sentidos e significados. Particularizamos dois exemplos: as exposições temporárias "Fotobiografia de Paulo Duarte" e "Herbert Baldus – Cientista Humanista". Estas se caracterizam como iniciativas em homenagem a pesquisadores que contribuíram para a consolidação do MAE-USP – instituição secular, se levarmos em consideração as coleções que o constituem – e suas atuações nas funções acadêmicas e universitárias. Observemos a exposição sobre Herbert Baldus (2000), contemporâneo e parceiro de Harald Schultz. Na exposição em comemoração aos 30 anos de falecimento do antropólogo (1970), apresentamos os lugares por onde ele circulou como pesquisador, dados pessoais e de formação, as pesquisas desenvolvidas – com destaque aos

Tapirapé – e depoimentos de alguns de seus alunos ilustres[77]. Embora possamos supor que a exposição tenha uma característica específica demais – formação da Antropologia no Brasil, trabalho antropológico etc. – e que, com isso, seria destinada a um público restrito – da academia –, a experiência demonstrou o contrário, uma vez que se buscou a inteligibilidade, o dinamismo de recursos, o apelo estético e a contemporaneidade: por que conhecer, naquela época, um antropólogo falecido havia 30 anos?

O que nos interessa agora, no entanto, é responder à questão: por que nos interessa uma exposição sobre Harald Schultz? Qual o interesse público em uma exposição sobre esse profissional?

No que tange ao programa de comunicação do MAE-USP, percebemos hoje com clareza que rememorar os nossos antecedentes institucionais é homenageá-los por aquilo que nos deixaram como trabalho sólido. Acreditamos que a melhor homenagem é entendê-los a partir dos conhecimentos construídos e de suas contribuições. Eles fazem parte da nossa história e queremos que integrem também nossas memórias em construção e nossas identidades institucionais. Entre as culturas tradicionais, muitas delas objetos de estudo do MAE-USP, há uma valorização dos ancestrais. Assim, como argumentos para essa que poderia ser uma linha programática para as exposições do MAE-USP, temos os nossos ancestrais, que deixaram uma base e, mesmo falecidos, continuam fazendo parte do cotidiano institucional. Então, tendo essa boa possibilidade, e buscando avançar nos debates internos, procuramos estruturar uma exposição que explorasse aquilo que Harald Schultz nos deixou.

---

77 *Idem*, "Herbert Baldus – Scientist and Humanist – An Integrated Experience of Exposition and Education", *Icom Education*, 2001, v. 17, pp. 48-51.

O QUE A EXPOGRAFIA NOS PROPÕE HOJE?

A expografia contemporânea deve estar sucintamente fundamentada nas discussões do campo da comunicação. Esse campo nos informa as discussões sobre processos comunicacionais e pesquisas atualizadas, de forma a respaldar a ação. Para tanto, estabelece relações claras, mas não simplistas, entre condições de produção e recepção, entendendo com isso um processo integrado: produção-veiculação-recepção. Outro ponto inerente a esse processo é o público, atualizado como concepção, inserido no museu como parte do processo comunicacional e, assim, ator do processo museal e curatorial. Nesse sentido, há implicações na forma como os discursos e narrativas expositivas se constroem, baseada na ainda tão pouco considerada pesquisa de recepção – que, como afirmamos, é um estudo de natureza distinta da avaliação em museus, a qual tem seus limites na gestão. Superando-se as diferenças de alcance, apesar do diálogo possível entre pesquisa de recepção e avaliação de museu, é possível um conhecimento sobre a dinâmica cultural, da qual o museu faz parte, que é essencial para a eficácia comunicacional.

No que se refere à forma – ou materialização da exposição, ou simplesmente a exposição, pois ela é como se apresenta –, ao contrário de como as exposições vêm sendo tratadas, reduzidas ao *design*, recai sobre a forma expográfica grande responsabilidade acerca do processo de comunicação. Desse modo, a enunciação deve se materializar de maneira a trazer para o espaço a dinâmica cultural, conforme abordamos: estabelecimento de um circuito que dê vazão à criatividade do visitante, criação de uma sensorialidade própria para o ambiente museu, escolha de recursos instigantes, articulação entre os diversos elementos constitutivos, exploração de conexões com o cotidiano do público, busca de diálogo entre tradição e inovação etc. O objetivo mínimo a ser atingido por uma exposição é a inteligibilidade. O máximo é a participação criativa do seu público, tal como a dos profissionais que a conceberam e produziram. Podemos apontar alguns pontos que favorecem uma aproximação com o público: estética entendida como experiência, correlação com o cotidiano, uso de recursos de modo a propor uma linguagem contemporânea. Nesse sentido, formamos uma ambiência a ser apropriada pelo público para a ressignificação da mensagem museal e circulação dessa mensagem na extrapolação dos muros da instituição, pois um museu não se limita ao seu prédio, seu espaço é muito mais amplo do que por vezes supomos.

Algumas experiências expográficas demonstram que a beleza de uma exposição é percebida e admirada pelo visitante e, por isso, é importante[78]. Outro aspecto que surpreende o público, quando bem desenvolvido, é o uso de tecnologias. Dessa forma, as Novas Tecnologias da Comunicação (NTIC) devem ser cada vez mais exploradas como estratégia comunicacional em museus – não como fim, mas como meio que se mostrou eficaz em face de certas circunstâncias, necessidades e forma de produção.

Hoje vivemos um museu em transição. Tomemos os argumentos de Lauro Zavala[79], que apresenta dois paradigmas para os museus: o tradicional e o emergente. O tradicional é o museu que tem como paradigma o museu do século XIX. O emergente é o museu que ainda não

---

78 Ver M. X. Cury; S. F. Dorta; C. G. Carneiro, *Beleza e saber: plumária indígena*, São Paulo: MAE-USP: Caixa Cultural, 2009.

79 Lauro Zavala, "La educación y los museos en una cultura del espectáculo", em: 2º Encuentro Nacional Icom-Ceca México, La educación dentro del museo, nuestra propia educación, 2, 2001, Zacatecas. *Memoria*, [Zacatecas]: Icom-Ceca México, 2003. pp. 19-31.

existe, mas está em formação. A essa formação chamamos de museu em transição[80], pois as bases do museu emergente vêm se estabelecendo por meio da experimentação. Nesse sentido, as ideias que ora apresentamos têm o ideal de um museu em transição, com o intuito de promover uma atenção para um programa de comunicação e de exposição.

UMA PROPOSTA EM DISCUSSÃO

Anteriormente, duas exposições foram concebidas e montadas com itens da coleção formada por Harald Schultz. A primeira foi "Harald Schultz – Olhar Antropológico", parceria entre o Museu Histórico e Pedagógico Índia Vanuíre[81], Tupã, São Paulo, e o MAE-USP. Trata-se de uma exposição itinerante inaugurada em 2011 e ainda em circulação. A exposição fotográfica foi idealizada a partir de 1.127 diapositivos produzidos por Schultz durante anos de trabalho de campo. O recorte conceitual estabelecido foi "infância". Crianças de doze povos indígenas – Karo, Krahô, Javaé, Kaingang, Kaxinawá, Kisêdjê, Makú, Rikbaktsa, Tapirapé, Tukurina, Umutina, Waujá – foram selecionadas para que se explorasse o tema "Criança, Educação e Aprendizado". Ao analisar o conjunto de diapositivos, percebemos a riqueza de possibilidades de recortes: por povo indí-

---

80 Marília Xavier Cury, "Relações (possíveis) museus e indígenas – em discussão uma circunstância museal", em: Manuel Lima Filho; Regina Abreu; Renato Athias [org.], *Museus e atores sociais: perspectivas antropológicas*, Recife: UFPE/ABA, 2016, pp. 149-70; M. X. Cury, "Museologia e conhecimento, conhecimento museológico. Uma perspectiva dentre muitas", *Museologia & Interdisciplinaridade*, v. 3, n. 5, pp. 55-73, 2014.

81 Instituição vinculada à Secretaria de Estado da Cultura de São Paulo, sob a gestão da Associação Cultural de Apoio ao Museu Casa de Portinari (Acam Portinari). Exposição produzida pela Giramundo Consultoria, com *design* de Luciano Pessoa. Sobre a exposição, ver: M. X. Cury; J. M. Ortiz [ed.], *Harald Schultz – Olhar antropológico*, Brodowski: Acam Portinari, 2011.

gena (são dezenove os povos retratados), por categorias de informação (de acordo com informações da etnografia), tronco linguístico, áreas culturais etc. Nosso olhar, voltado à comunicação e à educação, vislumbrou a possibilidade de ter como foco a infância por se tratar de um tema sensível a grande parte das pessoas, de crianças a idosos. Os objetivos principais da exposição são a valorização das culturas indígenas pela forma como estas educam as crianças e a alteridade por meio da infância. A segunda exposição intitula-se "Harald Schultz – Fotógrafo Etnógrafo" e é resultado de uma parceria estabelecida em 2012 entre a Caixa Cultural de São Paulo e o MAE-USP[82]. Sendo também uma exposição fotográfica itinerante formada com os diapositivos de Schultz, segue o mesmo princípio de busca de um recorte de interesse amplo e diversificado, como deve ser uma exposição itinerante. No caso, o recorte temático é a estética corporal, ou seja, perceber de que forma os indígenas usam o corpo como suporte para os adornos, pinturas e outras intervenções, como corte de cabelo e depilação. O objetivo é observar como cada cultura pensa e idealiza o corpo humano, traçando paralelos com a nossa cultura. Para tanto, foram selecionadas imagens fotográficas de catorze povos indígenas – Javaé, Karo, Kaxinawá, Krahô, Kulina, Makú, Moré, Rikbaktsa, Tapirapé, Ticuna, Trumai, Tukurina, Umutina e Waujá: crianças, jovens, homens, mulheres, mães, pais, filhos e irmãos são retratados no cotidiano das aldeias e em situações sociais festivas e cerimoniais[83].

Tendo sido a Coleção Harald Schultz objeto de um projeto de curadoria, hoje ela abre possibilidades diversas. Como também se

---

82 Exposição produzida pela Giramundo Consultoria, com *design* de Luciano Pessoa e Lu Grecco.
83 M. X. Cury; J. M. Ortiz [ed.], *Harald Schultz – Fotógrafo etnógrafo*, São Paulo: MAE-USP: Caixa Cultural: Giramundo Cultural, 2012.

trata da obra de um profissional, tomaremos como referência a experiência da exposição "Herbert Baldus – Cientista Humanista", que também tinha grande abrangência de temas. Por outro lado, devido à riqueza de possibilidades que a Coleção Harald Schultz apresenta, consideraremos também um recorte transversal. Nesse sentido, sugerimos uma estrutura conceitual para uma expografia sobre Harald Schultz, mas esta não precisa ser necessariamente o circuito da exposição e deve ser independente do espaço físico, o qual será selecionado para atender demandas a serem definidas. Listamos a seguir uma série de tópicos que procuramos contemplar com a exposição e que devemos ter em mente na concepção da expografia:

• Cronologia dos trabalhos de campo de Schultz, desde sua entrada até sua saída do Museu Paulista, os trabalhos de campo e as publicações realizadas;
• Mapa de viagem de Harald Schultz;
• A localidade dos grupos indígenas e sítios arqueológicos registrados por Schultz à época da pesquisa de campo;
• A coleção: objetos etnográficos e arqueológicos, diapositivos, filmes;
• Apresentação do conjunto, destacando-se a diversidade de suportes e grupos indígenas e tradições arqueológicas;
• Registro dos povos indígenas;
• A qualidade das informações dos grupos indígenas, abordando-se sua importância histórica;
• Destaques da Coleção Harald Schultz: os povos, os artefatos emblemáticos;
• Coleções formadas por Harald Schultz em outros museus;
• Visão dos povos indígenas hoje sobre as coleções;

- A reapropriação dos objetos por seus produtores culturais: o papel da Coleção Harald Schultz para os povos indígenas na contemporaneidade;
- Aprofundamento em alguns dos grupos indígenas destacados por Schultz;
- Antropologias: décadas de 1930 a 1960;
- Os contextos antropológicos vividos por Harald Schultz e Herbert Baldus;
- O antropólogo e seu assistente: Herbert Baldus e Harald Schultz;
- Discutir a relação profissional entre ambos, a constituição da parceria e a valorização desses dois profissionais;
- O Museu Paulista: a Seção de Etnologia;
- Situar a participação de Schultz no cenário de constituição da Seção de Etnologia do Museu Paulista;
- Temas a explorar transversalmente: infância, estética corporal, a casa e a aldeia, cerimônias e rituais, cotidiano, a mulher, a execução de artefatos diversos (o saber), por vezes em diferentes momentos do grupo, pois Schultz retornou a algumas aldeias;
- Explorar criativa e transversalmente a riqueza de dados que Schultz formou;
- Museu universitário: o que é, como trabalha.
- Módulo para apresentar ao público algumas das características de um museu universitário, seja para valorizar essa modalidade de museu, seja para a valorização da Coleção Harald Schultz.

Para cada um desses itens, deve haver um desenvolvimento conceitual, tendo o objeto etnográfico, as imagens fotográficas e os filmes como suporte e componentes. Eles podem ser trabalhados separadamente, para destaque da Coleção em suas segmentações, ou ser inter-cruzados. Para destacar a Coleção, devemos explorar o potencial dos objetos, fotos e filmes, ou seja, devemos nos ater ao enfrentamento do objeto, o que caracteriza uma das obrigações de um museu, princi-palmente quando se trata de um museu universitário.

A cronologia deve fugir das enfadonhas linhas do tempo, cuja for-matação em geral prioriza a publicação, e não a exposição museológica. As novas mídias podem e devem auxiliar no momento de lidar com as in-terconexões e a busca de uma linguagem contemporânea que propiciem uma aproximação com o público. A tecnologia já nos oferece formas de apresentar hipertextualmente eventos em tempos e espaços sucessivos.

O mapa, como recurso de exposição, deve refutar o caráter está-tico, buscando a ideia de transcurso em outros tempos para os terri-tórios indígenas (coloniais e pré-coloniais), tendo como referência o que conhecemos como Brasil. Observa-se que, com o auxílio da tecnologia, imagens e sonorização associadas a movimento e locução oferecem possibilidades instigantes, até para traçar as correlações e distinções entre objetos etnográficos e arqueológicos.

Outra possibilidade que nos vem à mente: as imagens fotográfi-cas podem compor uma sequência dinâmica e ritmada, buscando um movimento que elas não têm, mas que os grupos indígenas possuem. Dessa forma, a linguagem da tecnologia poderia se associar a uma poética daquilo que se apresenta. Poderia ainda fazer-se a sonorização dos filmes etnográficos, uma mixagem contemporânea e criativa que rompesse com a dureza do "preto e branco sem som" dos registros fíl-micos de outros tempos, realizados com outras tecnologias disponíveis à época. A ideia seria promover outra estética: com base naquilo que seria o antigo, passar a uma linguagem contemporânea, a partir de um trabalho minucioso e cuidadoso para não recair em soluções desastrosas, risco que um museu universitário não pode correr.

É fundamental ainda destacar que, nessa exposição que ora imaginamos, organizaremos a informação considerando o que a etnografia pode nos oferecer em termos de classificação, descrição e contextualização, mas também buscaremos outras formas de organização da informação obtida por meio de pesquisas, com vistas à comunicação com o público. Consideramos assim que um museu universitário como o MAE-USP se coloca em duas frentes de conhecimento, o etnográfico e o comunicacional, do qual faz parte o educacional.

Para finalizar, deixamos alguns tópicos para reflexão. Como podemos, por meio de experimentações, contribuir com a transição que vivem os museus atualmente? Como o enfrentamento das questões comunicacionais, entre elas a da formação programática, participa da transição? Como podemos fazer que nossos antepassados participem do presente? Por que nos interessa uma exposição sobre Harald Schultz? Que interesse público tem uma exposição sobre esse profissional? A essa e outras indagações, só poderemos responder, mesmo imprecisamente, com a realização de ações de comunicação que tornem um museu universitário parte da cultura e do cotidiano do público. Retornando à museologia crítica, o museu deve revelar suas escolhas no passado e no presente, para que elas sejam discutidas. Se o museu cria sentidos, significados e interpretações, deve também explicitar as suas orientações. Nesse sentido, nenhuma visão ou posição é totalizadora, e diversas visões compõem o discurso político do museu. Por outro lado, ao se assumir que o museu é o lugar das múltiplas narrativas, outras participações se fazem necessárias, como as dos indígenas que assumem cada vez mais os seus direitos no processo de musealização.

Fonte: Acervo MAE-USP - Máscara Ticuna - RG 10674 (1958). Foto: Ader Gotardo.

PARTE III
COLEÇÕES E CULTURAS INDÍGENAS: OLHARES DISTINTOS

MUSEUS, COLEÇÕES E "OBJETOS RAROS E SINGULARES"
Lúcia Hussak van Velthem

As sociedades humanas produzem elementos materiais de diferentes tipos. Entre os elementos materiais estão os objetos, os artefatos, que descrevem necessidades de expressão, de transformação e perpetuação no mundo. Passíveis de ser coletados, os artefatos são deslocados, estocados e expostos em museus e galerias de arte, sobrevivendo, desta forma, aos próprios criadores.

O ato de coletar expressa modos de organização e hierarquização de valores – subjetivos e afetivos. Colecionar, nesse sentido, significa ordenar, priorizar, incluir, excluir. Essas ações estão associadas à dinâmica da lembrança e do esquecimento[84], aspectos que caracterizam as instituições museais, territórios que geralmente abrigam objetos "raros e singulares"[85].

As práticas de coleção são condicionadas pelas estruturas predominantes em dado contexto social e influenciam o coletor, pois tudo o que pertence a uma coleção resulta de sua ação, de sua decisão, o que implica tanto a seleção como a rejeição, em um contexto de interação com os produtores dos artefatos. Uma vez incorporados aos acervos museais, os objetos coletados sofrem uma alteração profunda em seu significado original. Essa alteração se deve ao processo que os retira de seus contextos de utilização e os insere em um espaço regido por critérios de classificação, de apresentação, de

---

84 Regina Abreu, 2005, *op. cit.*

85 Essa expressão foi empregada por André Thevet (1575, *apud* John Hemming, *Ouro vermelho. A conquista dos índios brasileiros*, São Paulo: Editora da Universidade de São Paulo, 2009) para descrever um adorno plumário dos Tupinambá seiscentistas, mas que pode ser aplicada a muitos objetos de coleções museais.

conservação muito distanciados daqueles que estão na origem de sua produção[86].

O colecionismo é um tema particularmente relevante nos museus em que o fazer antropológico imprime sua marca. Notemos que os museus não são somente instituições, mas também um método que marca certo tipo de atividade[87]. Os vínculos dos museus de antropologia com suas coleções produzem e reverberam uma metodologia específica, a exemplo da categorização comum e geral das coleções como "etnográficas" e de sua inclusão em um sistema classificatório que vai agrupar coisas diferenciadas em categorias comuns, muitas das vezes abstratas e sem um significado apreensível.

Neste texto, teremos como foco principal os museus e as coleções, abordando aspectos específicos das coleções etnográficas, sem, evidentemente, esgotar o tema. Discorreremos de forma mais ampla sobre um objeto "raro e singular" – o manto Tupinambá, exposto em São Paulo em 2000 –, que, como outros objetos e coleções etnográficas, é um documento que permite diferentes leituras. Apresentaremos o manto na sua condição de objeto museológico, mas observando especialmente os efeitos que esse ornamento produziu ao voltar ao solo brasileiro.

MUSEUS

No Brasil, as coleções de artefatos de populações tradicionais estão invariavelmente associadas à instituição museu, a qual muitas vezes

---

86 Lúcia Hussak van Velthem, *O belo é a fera. Estética da produção e da predação entre os Wayana*. Lisboa: Museu Nacional de etnologia, Assírio e Alvim, 2003.

87 Nicholas Thomas, "The museum as method", *Museum Anthropology*, Cambridge: 2010, v. 33, n. 1, pp. 6-10.

está instalada em grandes centros urbanos, como São Paulo, Rio de Janeiro, Belém, Recife, Curitiba, Goiânia, Campo Grande, Manaus[88]. Nessas instituições, os acervos procedem sobretudo de povos indígenas do Brasil e dos países fronteiriços. Apenas alguns poucos museus[89] possuem coleções de origem africana e somente o Museu Nacional da UFRJ abriga objetos oriundos da Oceania[90]. A composição das coleções dos museus nacionais é muito variável e raramente se insere na classificação dual proposta por Damy e Hartmann[91], segundo a qual as "coleções sistemáticas" seriam aquelas que cobrem todo ou quase todo o sistema de objetos de uma determinada cultura, e as "coleções temáticas", as que enfatizam o repertório de variações de uma ou mais categorias de uma cultura específica.

Nas instituições museais brasileiras, em geral os acervos de procedência indígena são provenientes de doações ou vendas efetuadas por viajantes, militares, comerciantes, seringalistas, missionários,

---

88   As mais amplas coleções históricas e modernas estão depositadas em quatro museus brasileiros: Museu Nacional/UFRJ e Museu do Índio/Funai, situados no Rio de Janeiro; Museu de Arqueologia e Etnologia/USP, em São Paulo; e Museu Paraense Emílio Goeldi/MCTIC, em Belém. Uma listagem não exaustiva assinala que coleções de procedência indígena podem ser encontradas no Museu do Estado de Pernambuco, Recife; no Instituto Histórico e Geográfico de Alagoas, Maceió; no Museu do Índio/UFUb, Uberlândia; no Museu Regional "Dom Bosco", Campo Grande; no Museu Antropológico/UFG, Goiânia; no Museu do Índio e no Museu Amazônico, em Manaus; na Comissão Demarcadora de Limites/MRE; e no Laboratório de Antropologia do CFCH/UFPa, em Belém, no Museu de Arqueologia e Etnologia/UFBA, Salvador; no Museu Histórico Nacional/MinC, Rio de Janeiro. Também a esse respeito, ver Rose Moreira de Miranda, *Guia dos museus brasileiros* (Brasília: Instituto Brasileiro de Museus, 2011), que assinala outros museus dotados de acervos etnográficos.
89   São o Museu Nacional, o Museu Paraense Emílio Goeldi e o Museu de Arqueologia e Etnologia.
90   Em 2 de setembro de 2018, um incêndio de grandes proporções atingiu a sede do Museu Nacional na Quinta da Boa Vista, Rio de Janeiro, destruindo quase a totalidade do acervo histórico e científico construído ao longo de duzentos anos.
91   A. S. Damy; T. Hartmann, 1986, *op. cit.*, pp. 220-72.

sertanistas, ou seja, pelos agentes pioneiros do contato com os povos indígenas. Assim, os acervos nacionais estão repletos de coleções que patenteiam formas de visualização de manifestações ideológicas, o que se evidencia particularmente nas coleções missionárias, as quais refletiriam objetivos relacionados com a vontade de alterar cultural-mente os povos indígenas[92]. Contudo, a grande maioria das coleções nacionais resulta de coletas efetuadas por ocasião de pesquisas de campo de cientistas de diversas áreas, sobretudo de antropólogos, como é o caso das coleções de Harald Schultz e daquelas organizadas por seus contemporâneos, como Protásio Frikel, Expedito Arnaud, Eduardo Galvão, Darcy Ribeiro, Berta Ribeiro, Vilma Chiara, Maria Heloisa Fénelon Costa, entre outros.

Ao serem recolhidos e posteriormente integrados ao acervo de um museu, os artefatos indígenas são submetidos a mecanismos e estratégias de redefinição conceitual[93]. Ocorre algo como um apaga-mento patrimonial específico, pois os objetos são invariavelmente alocados em um arcabouço patrimonial abrangente – patrimônio in-dígena – e se tornam patrimônio de outra cultura, hegemônica. Os ar-tefatos de procedência indígena também podem se inserir na categoria de patrimônio histórico e artístico nacional e, mais precisamente, em um grupo de valor cultural específico que é o das "coisas pertencentes às categorias da arte arqueológica, etnográfica, ameríndia e popular", estabelecido pelo antigo Serviço do Patrimônio Histórico e Artísti-co Nacional (Sphan). Em 1938, ano inaugural do Sphan, as coleções

---

92 Lúcia Hussak van Velthem, Objeto etnográfico, coleções e museus, *Anais do Seminário Pa-trimônio Cultural e Propriedade Intelectual: proteção do conhecimento e das expressões culturais tradicionais*, Belém: Cesupa/MPEG, 2005, p. 72.

93 *Idem*, 2012, *op. cit.*, p. 54.

etnográficas e arqueológicas do Museu Paraense Emílio Goeldi e coleções do Museu Paulista foram inscritas, junto com outros 235 bens culturais, no Livro de Tombo do "Patrimônio arqueológico, etnográfico e paisagístico"[94]. Esse fato indica que foram estabelecidos, pelo próprio Estado, valores que enfatizam a distinção entre arte erudita e arte ameríndia/popular, que se desdobra na dicotomia arte/artesanato, estabelecendo hierarquias de valores na apreciação da produção material e cultural indígena e da sua incorporação institucional.

COLEÇÕES

Os objetos e coleções de procedência indígena são rotulados como "etnográficos" nos museus de antropologia porque descreveriam as culturas de onde procedem. Nesse sentido, parece evidente, como menciona Thomas[95], que a antropologia seja utilizada para contextualizar e interpretar as coleções etnográficas, uma vez que é a disciplina que se conecta a tais coleções. Entretanto, as coleções etnográficas não se deixam capturar tão facilmente. Por um lado, são constituídas por objetos que possuem uma história e uma realidade própria de múltiplos significados[96], e, por outro, refletem a formação, as idiossincrasias dos coletores e, sobretudo, sua forma de perceber o mundo material das populações com as quais trabalham.

Entre os coletores, há os que só percebem os objetos impactantes, de cores fortes e formas complexas, como é o caso dos objetos rituais.

---

94 Cláudia Girão, "Arte e patrimônio", *Revista do Patrimônio Histórico e Artístico Nacional*, n. 29, 2001, p. 120.

95 Nicholas Thomas, 2010, *op. cit.*, p. 7.

96 Fabíola Silva; Cesar Gordon, *Xikrin – Uma coleção etnográfica*, São Paulo: Edusp, 2011, p. 19.

Há os que se interessam por uma única categoria artesanal, tais como a cerâmica ou a cestaria, ou então pelos artefatos que estão diretamente conectados a alguma pesquisa que é desenvolvida no momento. Outros enfatizam o "domínio do usado", coletando apenas objetos que foram efetivamente utilizados, pois o uso conferiria autenticidade, um critério que é antes funcional do que autoral. Não devem ser esquecidas as coletas de artefatos que seriam destruídos ou descartados no contexto de origem, os quais, ao ingressar na instituição museu, incorporam um estado de indeterminação em relação aos valores originais, que não são de preservação, mas sim de destruição[97].

A conexão profunda que une a coleção ao coletor indicaria que a principal característica de um objeto etnográfico seria o fato de sempre refletir um processo de definição, de segmentação e transposição a uma instituição pública ou privada – em última análise, os "objetos etnográficos são objetos criados pela etnografia"[98]. Em um sentido mais amplo, os objetos e coleções etnográficas constituem arquivos daquilo que os antropólogos identificam como "cultura material" ou "materialidade". Representam o resultado de um trabalho manual que é produzido de acordo com matérias-primas e técnicas locais, realizado de acordo com um modelo que obedece a parâmetros da sociedade que os utiliza. Em outros termos, o que permite definir um objeto como etnográfico é o fato de ter sido criado em um contexto particular, referente a uma sociedade humana específica em que ele está inserido em muitos planos – técnico,

---

97 Lúcia Hussak van Velthem, 2012, *op. cit.*

98 Barbara Kirshenblatt-Gimblett, Objects of ethnography, em: I. Karp; S. Lavine [ed.], *Exhibiting Cultures. The Poetics and Politics of Museum Display.* Washington: Smithsonian Institution Press, 1991, p. 387.

produtivo, estético, simbólico[99]. Ademais, os objetos etnográficos constituem documentos de uma vivência cultural, além de funcionar como testemunhos de técnicas manufatureiras, de modalidades econômicas, de formas de organização comunitária ou familiar, de atividades sociais ou rituais, de formas de pensar o mundo e estruturar cosmologias.

As coleções etnográficas estão associadas a diferentes narrativas e possuem perspectivas materiais, documentais, sociais, históricas, conceituais que são condicionadas por uma temporalidade própria[100]. Uma coleção não é regida pela fixidez e pela perenidade de sua composição, ao contrário, a sua característica principal reside justamente no movimento e no dinamismo, o que permite a um objeto etnográfico movimentar-se entre diferentes espaços institucionais, fortemente marcados por relações de apropriação, de apresentação, de contemplação. O movimento dinâmico também se conecta ao fato de que um objeto etnográfico detém diferentes sentidos, não sendo redutível à sua aparência, pois está intimamente ligado às circunstâncias em que foi produzido e às relações que foram e que são estabelecidas por seu intermédio. Tanto esses sentidos quanto os efeitos que o objeto produz mudam incessantemente.

UM OBJETO RARO E SINGULAR: O MANTO TUPINAMBÁ[101]

Artefatos indígenas entram no discurso oficial apenas em grandes retrospectivas que buscam apresentar uma síntese de arte e cultura bra-

---

99   Lúcia Hussak van Velthem, 2012, *op. cit.*, p. 53.

100   Johannes Fabian, "On recognizing things. The 'ethnic artefact' and the 'ethnographic object'", *L'Homme*, n. 170, 2004, pp. 47-60.

101   Embora seja geralmente identificado como manto, as dimensões da peça que esteve exposta no Brasil a caracterizam efetivamente como um mantelete.

sileira[102]. Entretanto, nesses contextos, as criações dos povos indígenas vão quase sempre ilustrar, junto com achados arqueológicos, as "matrizes" da arte no país[103]. Esse quadro foi revertido em 2000, por ocasião da inauguração de uma exposição múltipla, intitulada *Mostra do Redescobrimento – Brasil 500 anos*, que inseriu um módulo específico sobre as artes produzidas pelas populações indígenas[104].

A introdução das artes indígenas no cenário artístico nacional, muito embora no curto espaço de uma exposição, constituiu um fato inédito, mas de grande repercussão, sobretudo em São Paulo. Os inúmeros visitantes que afluíram ao parque Ibirapuera consideraram o módulo "Artes Indígenas" como um dos mais interessantes entre os onze da *Mostra do Redescobrimento*. Segundo matérias publicadas nos jornais, a mostra permitia "descobrir a história do Brasil pela arte" e, no caso específico das artes indígenas, "ver a cultura indígena brasileira"[105].

Os diferentes módulos da exposição estavam fortemente impregnados de um sentido histórico, de uma apresentação de memórias. Em alguns setores, esses aspectos ofuscavam o horizonte estético, objetivo inicial de uma exposição que ambicionava fazer uma grande

---

102 Alguns exemplos são as mostras *Tradição e Ruptura* (1984), *Brasil – Memória e Futuro* (2000) e *Mostra do Redescobrimento – Brasil 500 anos* (2000), apresentadas em São Paulo, e ainda *JK – Uma Aventura Estética* (2002), em Brasília.
103 Lúcia Hussak van Velthem, "'Objets de mémoire' indiens, collections et musées au Brésil", em: *Les arts premiers*, Lisboa/Paris: Fundação Calouste Gulbenkian, v. XLV, 2003a, pp. 133-47.
104 Nelson Aguilar [org.], *Artes indígenas. Mostra do Redescobrimento*. São Paulo: Associação Brasil 500 Anos Artes Visuais, 2000; Lúcia Hussak van Velthem, "Os primeiros tempos e os tempos atuais: artes e estéticas indígenas", em: Nelson Aguilar [org.], *op. cit.*, p. 58-91.
105 Luiz Caversan, "Arte e história atraíram visitante da mostra", *Folha de S.Paulo, Caderno Ilustrada*, 11 maio 2000. Disponível em: <https://www1.folha.uol.com.br/fsp/ilustrad/fq1105200007.htm>. Acesso em: 19 mar. 2019.

retrospectiva da arte brasileira dos últimos cinco séculos, algo bem ilustrado pela data que se comemorava, os 500 anos da "descoberta" do Brasil. Essa comemoração ganhava relevo na apresentação da *Carta* de Pero Vaz de Caminha, considerada pela mídia como a "verdadeira certidão de nascimento do país", e por um objeto singular que integrava o módulo "Artes Indígenas": um manto de penas dos Tupinambá[106]. O público visitante destacou o caráter histórico do evento, uma vez que a carta de Caminha e o manto tupinambá foram as obras preferidas pela maioria. Isso foi descrito pela imprensa nos seguintes termos: "duas relíquias históricas produzidas no Brasil, mantidas no exterior e que foram trazidas apenas para a exibição na *Mostra do Redescobrimento*, são as peças favoritas do público"[107].

O destaque conferido ao manto tupinambá não deve surpreender, pois trata-se de um ornamento investido de uma aura de "sagrado", e essa sacralização provém do objeto em si, já que ele detém uma vida que pode ser destacada de seu contexto museológico. Trata-se de um objeto-testemunho, pois a sua existência nos dias atuais assegura o acontecimento de algo que ocorreu no passado, em um contexto colonial específico. A materialidade desse artefato constitui um item documental que, unido a outros tipos de documentação, permite rememorar a vida e a cultura dos Tupinambá. Consequentemente, no contexto da exposição, o manto foi revestido de diferentes atribuições, imputadas por seus observadores. Estes, ao se tornarem ativos

---

106 Lúcia Hussak van Velthem, 2003a, *op. cit.*

107 Luiz Caversan, "Carta de Caminha e manto são preferidos no Redescobrimento", *Folha de S.Paulo, Caderno Ilustrada*, 11 maio 2000(a). Disponível em: <https://www1.folha.uol.com.br/fsp/ilustrad/fq1105200006.htm>. Acesso em: 19 mar. 2019. A mesma pesquisa apontou ainda os itens "cocar indígena" e "arte indígena" como os preferidos, em uma lista de nove itens.

participantes nesse exercício, selecionaram quais significados e usos poderiam ser atribuídos àquele objeto.

Um dos significados pertinentes deriva de "carências" que foram percebidas em diferentes níveis. O impacto causado no público visitante pelo manto possui raízes na relação da sociedade nacional com os povos indígenas, pois persiste um grau de desinformação profundo da maioria da população brasileira sobre o passado e o presente indígena. Os etnônimos, as línguas, a cultura material, o modo de vida dos povos indígenas não são conhecidos e, assim, uma rica e representativa parcela do patrimônio cultural do Brasil ainda está oculta da maioria dos brasileiros. Apesar da visibilidade adquirida nas últimas décadas, as coletividades indígenas continuam sendo evocadas a partir de visões românticas ou preconceituosas que estão enraizadas no olhar e no tratamento que recebem de muitos setores da população brasileira. Contudo, a imagem genérica de índio está presente no inconsciente da nação e se reconhece o fato de que os índios ocupavam estas terras antes da chegada dos europeus, os quais pretenderam e quase conseguiram aniquilá-los[108].

Podem ser destacadas outras carências que contribuíram para a "sacralização" do manto emplumado. Uma das mais significativas conecta-se à atribuição da autoria e da origem do artefato. Levados à Europa e expostos em gabinetes de curiosidades, muitos mantos foram relacionados, por confusão, a civilizações prestigiadas como a Asteca[109]. Esse é o caso do longo manto que integra a coleção dos

---

108   Lúcia Hussak van Velthem, 2003a, *op. cit.*
109   Étienne Féau; Pascal Mongne; Roger Boulay, *Arts d'Afrique, des Amériques et d'Oceanie*, Paris: Larousse, 2006.

Musèes Royaux d'Art et d'Histoire de Bruxelas, o qual foi durante longo tempo referido como o "manto de Moctezuma".

O manto exibido na *Mostra do Redescobrimento* é identificado como sendo originário dos Tupinambá de Pernambuco. Entretanto, observa-se que, nos primeiros séculos da colonização, a designação "Tupinambá" possuía um sentido estrito e um sentido lato, que abrangia outros grupos indígenas de língua Tupi, como os Potiguara, os Caeté, os Tupinaki (Tupiniquim), os Tabajara, os Tamoio, recobrindo dessa forma uma grande quantidade de grupos locais que viviam no Pará, no Maranhão e na costa oriental do Brasil, até Cananeia, em São Paulo[110]. Explorando ecossistemas ricos e diversificados, esses povos alcançaram uma elevada densidade demográfica. A respeito disso, note-se que os cronistas seiscentistas revelaram que as populações eram mais numerosas do que as que hoje são encontradas na Amazônia[111].

Personagens principais dos primeiros anos da chegada dos portugueses, franceses e holandeses às costas brasileiras, os Tupinambá foram alvo de relatos de viagem produzidos nos séculos XVI e XVII, tais como os de Hans Staden (1556), André Thevét (1575), Jean de Léry (1578), Gabriel Soares de Souza (1587), Yves d'Évreux, (1613) e Claude d'Abbeville (1614)[112]. Atualmente, os Tupinambá são considerados por boa parcela dos brasileiros como um povo extinto desde o

---

110 Maria Regina Celestino Almeida, *Os índios aldeados no Rio de Janeiro colonial. Novos súditos cristãos do Império Português*, Tese (doutorado) – Unicamp. Campinas: 2000.
111 Carlos Fausto, *Os índios antes do Brasil*, Rio de Janeiro: Jorge Zahar, 2000.
112 Cf. Fausto, (1992), Belluzzo, (1992) para referências sobre os cronistas. Estudos específicos sobre os Tupinambá podem ser conferidos em Isabelle Combès (1992), Eduardo Viveiros de Castro (2002); entre estes, Florestan Fernandes (1989) permanece uma referência clássica e imprescindível.

final do século XVIII, visto que, de acordo como o Mapa Etno-histórico[113], a última referência sobre eles é de 1759.

A sacralização do manto tupinambá ainda é decorrente de outra carência experimentada pelos frequentadores dos museus brasileiros. Nessas instituições, não é possível, nos dias atuais, conhecer e apreciar objetos indígenas antigos, anteriores ao século XIX. Os mantos e manteletes tupinambá não podem ser contemplados em terras brasileiras, pois os museus nacionais não possuem sequer um exemplar desses ornatos, assim como de nenhum outro artefato produzido e usado pelos Tupinambá no passado.

Portanto, o sentimento de distanciamento é reforçado por essa lacuna, que se acentua devido a problemas de empréstimo e de comodato entre os museus europeus e as instituições brasileiras. Apesar de deterem em seus acervos artefatos indígenas dos primeiros séculos da colonização, esses museus dificilmente os cedem para fins expositivos[114]. Para figurar na *Mostra do Redescobrimento*, o manto tupinambá foi encerrado em um escrínio refrigerado, como uma relíquia, para poder atravessar os oceanos novamente e instalar-se, por curto tempo, em solo brasileiro.

A respeito dessa questão eminentemente museológica, deve ser ressaltado que, anteriormente, foram envidados esforços no sentido de que ornatos plumários tupinambá de diferentes museus europeus pudessem figurar no Brasil em exposições sobre as culturas indígenas. Uma das primeiras tentativas, senão a primeira, ocorreu

---

113 Curt Nimuendaju, *Mapa etno-histórico*. Rio de Janeiro: IBGE, 1981.

114 A presença do manto na *Mostra do Redescobrimento* foi uma exceção à regra e deveu-se à compreensão particular da curadora do Nationalmuseet sobre a magnitude daquele momento político.

em 1980, quando o Museu de Arte Moderna de São Paulo organizou a mostra *Arte Plumária do Brasil*. O manto não compareceu, mas sua foto foi estampada nas primeiras páginas do catálogo[115]. Outra tentativa ocorreu em 1992, quando da montagem da exposição "Índios no Brasil: Alteridade, Diversidade e Diálogo Cultural", organizada pela Secretaria Municipal de Cultura de São Paulo. O manto tupinambá não chegou, mas conservou-se na exposição o ambiente preparado para recebê-lo. Sua ausência logrou transmitir um sentimento quase tão forte quanto teria sido causado por sua presença[116]. Nesse caso específico, a lacuna foi capaz de sintetizar com propriedade o processo de expropriação e musealização dos bens culturais indígenas ocorrido no Novo Mundo após a chegada dos europeus no século XVI.

São nove os mantos e manteletes dos Tupinambá recolhidos às instituições museais europeias. O Nationalmuseet de Copenhague e o Museo Nazionale di Antropologia ed Etnologia de Florença possuem cada qual dois exemplares. O Museum für Volkerkunde de Basileia, os Musèes Royaux d'Art et d'Histoire de Bruxelas, o Musée du Quai Branly de Paris, o Museo di Storia Naturale, Antropologia ed Etnologia de Florença e o Museo Settala Delle'Ambrosiana de Milão detêm cada qual um único exemplar. Outro manto, pertencente ao antigo Museum für Volkerkunde de Berlim, foi perdido durante a Segunda Guerra Mundial[117].

---

115 Brasil, Fundação Nacional Pró-Memória, *Arte Plumária do Brasil* (catálogo), Brasília, 1980.
116 Luís Donisete B. Grupioni, "As sociedades indígenas no Brasil através de uma exposição integrada", em: _____ [org.], *Índios no Brasil*, São Paulo: Secretaria Municipal de Cultura, 1992, pp. 13-28.
117 Jean Michel Massing, "Early european images of America: the ethnographic approach", *Circa 1492: art in the age of exploration*. Washington: National Gallery of Art, 1991, pp. 515-20.

O manto sob a guarda do museu parisiense provavelmente foi levado para a França em 1555 por André Thévet[118]; os de Florença pertenceram aos Médici. Os mantos do acervo do museu dinamarquês deixaram o Brasil por volta de 1644, durante a ocupação holandesa, quando o administrador Maurício de Nassau os retirou, juntamente com outros objetos indígenas, de Pernambuco. Diferentes artefatos indígenas, tais como bordunas, propulsores, dardos e dezesseis adornos plumários, chegaram, como uma dádiva de Nassau, às mãos do rei Frederico III da Dinamarca, que os inseriu na *Kunstkammer* Real, onde foram inventariados em 1674[119].

O manto exposto na *Mostra do Redescobrimento* foi confeccionado com penas vermelhas de guará (*Eudocimus ruber*), uma ave lacustre, atadas a uma rede de cordéis de fibras e, na parte superior, com um molho de penas amarelas de japu (*Psarocolius decumanus*). Não se trata do manto que fica exposto no museu de Copenhague porque, segundo a documentação fotográfica[120], este apresenta, além das penas vermelhas de guará, uma larga faixa de penas negras de ave não identificada que o percorre verticalmente e o arremata horizontalmente, em toda a sua extensão. Ademais, esse manto possui em um dos lados uma espécie de pingente de penas que é finalizado por um molho de penas amarelas de japu. O manto que é apresentado no Nationalmuseet está em uma sala especial,

---

118 Sobre os objetos tupinambá em museus europeus, ver Alfred Métraux, "A propos de deux objets tupinambá du Musée d'ethnographie du Trocadéro", *Bull. Mus. D'ethnographie du Trocadéro*, 2, 1932, pp. 3-18; Berette Due, "Artefatos brasileiros no Kunstkammer Real", em *Albert Eckhout volta ao Brasil 1644-2002*, Copenhagen: Nationalmuseet, 2002, pp. 186-95. 119 Berette Due, *op. cit.*, p. 187.
120 Cf. fotos dos mantos tupinambá no catálogo *Arte Plumária do Brasil* (Brasília, 1980, p. 6) e Nelson Aguilar (2000, *op. cit.*, p. 199).

na vizinhança de bordunas e dos retratos pintados por Albert Eckhout e identificados posteriormente como "Homem Tapuia", "Mulher Tapuia", "Homem Tupi", "Mulher Tupi", "Homem Mulato", "Mulher Mameluca"[121].

Na *Mostra do Redescobrimento*, a museografia para a exposição do manto tupinambá se materializou em uma cenografia que contribuía para efetivar a sacralização do artefato, transmitindo-lhe a condição de "relíquia", como destacado pela imprensa paulistana. Tratava-se de um longo corredor provido de laterais em tela cerrada e suficientemente estreito para induzir os visitantes a caminhar no mesmo sentido, em procissão e recolhimento, pois não era possível visualizar nenhuma outra peça da exposição. Ao final, protegido por um guarda da polícia municipal, evidentemente sob uma vitrine em vidro, via-se o artefato plumário, entronizado como uma imagem santa em um altar.

Nesse ambiente, alguns olhares indígenas pousaram sobre o manto tupinambá e com ele se identificaram. Trata-se de um casal de habitantes do distrito de Olivença, litoral sul do estado da Bahia. Os integrantes dessa comunidade rejeitam o tratamento de "caboclos" ou "pardos" que lhes é imputado há décadas, como ocorre com muitas populações indígenas com baixo grau de distintividade cultural[122]. Os moradores de Olivença afirmam ser índios Tupinambá e, em 2001, conseguiram obter um primeiro relatório da Funai que oficializou o seu "reconhecimento étnico"[123].

---

121 Barbara Berlowicz, "Catálogo dos trabalhos expostos", *Albert Eckhout volta ao Brasil 1644-2002*, Copenhagen: Nationalmuseet, 2002, p. 33.

122 João Pacheco de Oliveira, *A problemática dos "índios misturados" e os limites dos estudos americanistas: um encontro entre antropologia e história. Ensaios em antropologia histórica*, Rio de Janeiro: Editora UFRJ, 1999, pp. 99-123.

123 Suzana de Matos Viegas, "Tupinambá de Olivença. A luta pela terra", *Povos Indígenas no Brasil 2001-2005*, São Paulo: Instituto Socioambiental, 2006, p. 764.

Temor, enfrentamento e resistência marcam a trajetória dos indígenas de Olivença que habitam um centro urbano e onze núcleos rurais. Documentos coloniais informam que, em 1680, missionários jesuítas fundaram uma aldeia e ergueram uma igreja dedicada a Nossa Senhora da Escada na área hoje ocupada pelo centro urbano; mas, com a expulsão desses religiosos em 1756, o aldeamento ganhou o título de vila e passou a abrigar também moradores brancos[124]. No início do século XX, surge uma liderança indígena que combateria o domínio político dos que promoviam a intrusão da região e afastavam os moradores indígenas para a área rural, não raro com violência. Àquela altura, jornais e cartórios da Bahia já não tratavam essa população como indígena, como forma de justificar as invasões[125]. Esse caso de espoliação constitui apenas um entre os inúmeros que foram praticados contra a população indígena do Nordeste brasileiro, a mais antiga das áreas de colonização.

Durante a vigência da exposição, o jornal *Folha de S.Paulo* promoveu o encontro do casal de lideranças indígenas de Olivença com o manto tupinambá. O relato desse encontro é revelador:

Logo que chegaram perto do manto tupinambá na *Mostra do Redescobrimento*, eles choraram, depois permaneceram longo tempo em silêncio. Então Nivalda disse: "Escutei uma voz de não sei onde, que me disse: É este. Não tem outro. Toda a história de nosso povo

---

124 Armando Antenore, "Somos tupinambás, queremos o manto de volta". *Folha de S.Paulo, Caderno Ilustrada*, 1º jun. 2000. Disponível em: <https://www1.folha.uol.com.br/fsp/ilustrad/fq0106200006.htm>. Acesso em: 19 mar. 2019; Suzana de Matos Viegas, 2006, *op. cit.*
125 Armando Antenore, 2000, *op. cit.*

está aqui". Aloisio acrescentou: "Não conseguimos fazer mais nada assim. Agora entendo: quando os colonizadores levaram o manto, tiraram nosso poder e, fracos, perdemos tudo"[126].

Esse verdadeiro (re)conhecimento constituiu o elemento decisivo para que os índios de Olivença pudessem confirmar uma identidade Tupinambá. Tornou-se imperativo para eles a posse do manto emplumado como forma de reiteração visual e política dessa identidade e, assim, logo manifestaram a ideia de não permitir que esse artefato retornasse ao museu de Copenhague. Entretanto, a exemplo de tentativas anteriores com outros objetos indígenas, não obtiveram sucesso.

A questão da devolução de objetos indígenas depositados em museus invariavelmente gera acirradas discussões, ainda sem respostas definitivas. Em 1986, uma comissão de índios Krahô requisitou uma machadinha de lâmina semilunar de pedra polida, trazida em 1947 para o Museu Paulista[127]. Em uma ação sem precedentes, obtiveram a devolução, a partir de um termo de comodato. Por ocasião da entrega da machadinha, o chefe Krahô solicitou compreensão pela restituição, ressaltando que se tratava de objeto cerimonial de extrema importância para a nação indígena, e enfatizou: "a machadinha era para nós como a bandeira para vocês; depois que desapareceu, ninguém cantou mais as músicas ensinadas pelos espíritos"[128].

Onze anos depois, por ocasião da exposição *Memórias da Amazônia: expressões de identidade e afirmação étnica*, alguns indígenas

---

126 *Ibid.*

127 Na atualidade, as coleções etnográficas do Museu Paulista estão no Museu de Arqueologia e Etnologia, da Universidade de São Paulo.

128 Lúcia Hussak van Velthem, 2003a, *op. cit.*

do alto rio Negro e outros do rio Branco, em visita a Manaus, tiveram oportunidade de conhecer a esplêndida coleção amealhada nessas regiões no final do século XVIII pelo botânico luso-brasileiro Alexandre Rodrigues Ferreira[129]. Essa coleção, que tem entre seus destaques as máscaras dos índios Jurupixuna, encontra-se dividida entre a Academia de Ciências de Lisboa e a Universidade de Coimbra. A revelação de um passado compartilhado de refinamento estético os influenciou positivamente, ampliando os horizontes de sua atuação política. Ato contínuo, passaram a solicitar que a coleção não fosse devolvida a Portugal[130]. As tratativas foram intensas, inclusive com desdobramentos diplomáticos, mas as peças retornaram às instituições de origem, com a anuência dos líderes indígenas, pois compreenderam a complexidade da preservação de tal acervo.

Na atualidade, as relações dos povos indígenas com os acervos museais ampliaram as dimensões políticas ligadas à preservação do patrimônio. A importância da manutenção de uma cultura material diferenciada contribui para os movimentos de afirmação étnica, como um sinal de autonomia a ser reconquistada. Isso mostra que os povos indígenas vêm gradativamente se tornando os principais interessados na preservação do patrimônio cultural que está sob a guarda dos museus e também na instauração de outros mecanismos de manutenção e apropriação de seus bens culturais.

Paralelamente, diferentes formas de restituição têm sido discutidas e colocadas em prática. Elas se efetivam a partir de um diálogo

---

129 Trata-se dos objetos apresentados em José Paulo M. Soares; Cristina Ferrão [org.], *Viagem ao Brasil de Alexandre Rodrigues Ferreira*, Coleção Etnográfica, v. I e v. II, São Paulo: Kapa Editorial, 2005.
130 José Ribamar Bessa Freire, *op.cit.*

complexo e multifacetado, que envolve os interesses museológicos dos técnicos e as políticas afirmativas das sociedades indígenas[131]. A complexidade desse diálogo e a consequente dificuldade em chegar a acordos acarretam a permanência de práticas marcadas pelo distanciamento – via de regra, as coletividades indígenas não possuem o controle do discurso expositivo, assim como não exercem, nas práticas curatoriais, seus conhecimentos especializados acerca dos componentes dos acervos[132].

Os reencontros de povos indígenas com o manto emplumado, com a machadinha semilunar e com as máscaras pintadas revelaram a seus admiradores um passado de pujança cultural, conectado a identidades indígenas específicas. O impacto dos artefatos não se restringe a esses aspectos: eles são testemunhos das relações branco/índio desde a formação histórica do Estado brasileiro, no período colonial, e também na contemporaneidade. As narrativas e os rituais indígenas evocam e reinterpretam memórias complexas, mas esse processo também pode incidir sobre determinados objetos materiais. Por conseguinte, no caso do manto tupinambá, por exemplo, é possível inferir que esses mecanismos possibilitaram aos habitantes

---

131   Lúcia Hussak van Velthem, "Patrimônios culturais indígenas", *Revista do Patrimônio Histórico e Artístico Nacional*, n. 35, 2017, pp. 227-43.

132   Para discussões mais detalhadas sobre esse assunto, ver Marília Xavier Cury; Camilo de Mello Vasconcellos, "Introdução – Questões indígenas e museus", em: Marília Xavier Cury *et al.* [coord.], *Questões indígenas e museus: debates e possibilidades*, Brodowski: Acam Portinari/MAE-USP/SEC, 2012, pp. 17-9; Jean Paul Ferreira; Katia Kukawka, "Restituer le patrimoine. État des lieux et propositions pour une action concertée en Guyane", em: S. Mam Lam Fouck; S. Hidair [ed.], *La question du patrimoine en Guyane*, Matoury: Ibis Rouge Editions, 2011, pp. 123-36; Dominique Tilkin Gallois, "Patrimoines indigènes: de la culture 'autre' à la culture 'pour soi'", em: M. Thys [org.], *Índios no Brasil*, Bruxelas: Ludion/Europalia, 2011, pp. 29-46; Lúcia Hussak van Velthem, 2012, *op. cit.*

de Olivença a reconstrução e a afirmação de uma identidade indígena contemporânea, em um processo caracterizado pela antropologia como de "etnogênese"[133].

CONCLUINDO: NOVOS CAMPOS DE ATUAÇÃO MUSEAL

O museu clássico encarava a si mesmo como produtor de valores e construtor de alteridade. Assim, atribuía ao objeto etnográfico o papel de ilustrar os costumes de povos longínquos e também o de ser o meio de demonstrar os estágios de evolução das sociedades humanas. Esse paradigma mudou consideravelmente há alguns anos, quando os museus buscaram ampliar o olhar sobre o "objeto de museu". Eles passaram a deslocar o foco de sua atuação, antes estritamente direcionado para as coleções e seu valor documental, para um sentido mais amplo, conectado às relações, às práticas sociais e suas possibilidades comunicacionais e representacionais.

Por outro lado, efetivou-se uma gradual tomada de consciência por parte das sociedades indígenas de que a instituição museu e seus acervos constituem campos onde novos significados podem ser conferidos aos movimentos de preservação cultural e de afirmação de identidades. Para muitos povos indígenas, os significados referidos estão conectados ao surgimento de novas relações no gerenciamento de sua produção material e artística, assim como ao desenvolvimento de projetos de recuperação de tradições culturais próprias.

Nos dias atuais, o papel sincronizador do museu deve extrapolar o fazer museológico tradicional, relacionado com a preservação

---

133 João Pacheco de Oliveira, *op. cit.*

material dos acervos, e se abrir para as dimensões sociopolíticas dessa preservação, ampliando e fortalecendo o diálogo intercultural e contribuindo efetivamente para as demandas indígenas nessa área[134]. Paralelamente, para que as reservas técnicas dos museus se tornem importantes territórios de atuação indígena em novas conectividades, é necessário efetivar movimentos institucionais afirmativos no sentido de garantir a acessibilidade plena a suas coleções e, paralelamente, o reconhecimento dos saberes dos povos indígenas na documentação e gestão das coleções.

Essa nova perspectiva impulsionou os museus etnográficos a se adaptar aos novos tempos. Observa-se no Brasil, sobretudo nos últimos dez anos, um esforço de museólogos e antropólogos em desenvolver atividades que levem em consideração a existência concreta das culturas indígenas, sobretudo nos campos da comunicação expositiva, que passaram a integrar curadorias participativas[135]. Consequentemente, as exposições procuram estabelecer um contraponto à visão romântica do índio que é cultivada no centro urbano. Em paralelo, ao ampliar a consciência de suas responsabilidades, os museus passaram a investir na requalificação de suas reservas técnicas, visando a melhor preservação dos acervos[136]. Outro ponto nevrálgico das relações do museu com as sociedades indígenas está intimamente relacionado com a acessibilidade aos acervos

---

134 Dominique Tilkin Gallois, "O acervo etnográfico como centro de comunicação intercultural", *Ciências em Museus*, n. 1, v. 2, Belém: MPEG, 1989, pp. 137-42.

135 Este é o caso do Museu do Índio no Rio de Janeiro, do Museu Índia Vanuíre em Tupã, do Museu da Amazônia em Manaus, entre outros.

136 Como ocorreu no Museu de Arqueologia e Etnologia, no Museu do Índio, no Museu Paraense Emílio Goeldi e no Museu Nacional.

e aos documentos conservados pela instituição. Essa situação reflete, de alguma forma, o estado da arte das pesquisas em cultura material a partir de coleções etnográficas, as quais estão longe de atingir os objetivos de conhecimento que a riqueza e a variedade dos acervos brasileiros requerem.

O que está em pauta no campo da museologia é o estabelecimento de um necessário intercâmbio entre pesquisadores, colecionadores, técnicos de museus e os interlocutores indígenas, os quais devem poder acessar o que foi dito, escrito, coletado, sobre eles e entre eles[137]. Particularmente importantes são as iniciativas que visam o desenvolvimento de parcerias com os povos indígenas para a estruturação e a documentação dos itens de patrimônio musealizados e em outras ações pautadas pelo compartilhamento. Assim reapropriadas, as coleções etnográficas podem ser paulatinamente processadas sob a forma de novas conexões.

Como colocação final, ressaltemos que devem ser consideradas nas instituições museais as demandas indígenas. Está em jogo uma nova modalidade de inserção das sociedades indígenas na nação brasileira, que deve se concretizar por meio de mecanismos que garantam a autonomia e a especificidade desses povos. Os direitos territoriais não estão mais sozinhos no atual horizonte das lutas indígenas.

---

137 Lúcia Hussak van Velthem, 2017, *op. cit.*

ARTE, HISTÓRIA E MEMÓRIA:
A TRAJETÓRIA DE DUAS COLEÇÕES

Lux Boelitz Vidal

Consideramos uma excelente prática que, em certas conjunturas históricas, de mudança de paradigmas, um museu se debruce sobre as coleções mais antigas de seu acervo. Com o recuo imposto pelo tempo, sentimos, no presente, a necessidade de renovar o contato com o passado e nos permitir um olhar nostálgico, mas atento, capaz de se (re)encantar com objetos e documentos que pareciam adormecidos, meio esquecidos, apesar de bem preservados, em armários, gavetas e pastas – enfim, o que chamamos de coleções e arquivos e que constituem a principal riqueza de um museu.

Nesse sentido, a iniciativa de homenagear o trabalho etnográfico pioneiro de Harald Schultz é muito bem-vinda e oportuna. Não cheguei a conhecê-lo pessoalmente, mas ele era referência imprescindível nas aulas de etnologia e cultura material proferidas pelas professoras Thekla Hartmann e Vilma Chiara, no Museu Paulista, na década de 1970.

De minha parte, durante os longos anos de pesquisa entre os índios do Brasil, de ensino de etnologia brasileira no Departamento de Antropologia da USP e de ações mais engajadas junto aos índios com os quais mantínhamos contato mais contínuo, realizei duas coleções, as quais desde 2001 estão sob a guarda do Museu de Arqueologia e Etnologia da USP. De maneira resumida e comparativa, gostaria de recuperar a memória e a trajetória dessas coleções e de seus desdobramentos mais recentes.

A primeira coleção diz respeito aos índios Xikrin do Cateté, um povo Jê-Kayapó do Brasil central, no Pará, que se autodenomina *Mebengôkre*. A segunda refere-se aos povos indígenas do baixo Oiapoque, norte do Amapá, na fronteira com a Guiana Francesa, que agregam as etnias Karipuna, Palikur (Aruak), Galibi-Marworno e Galibi-Kali'na (Carib). São duas coleções bem diferentes sob muitos aspectos: as diferenças não residem apenas nas especificidades ambientais e culturais de cada povo, mas também nas diferentes temporalidades, já que em cada uma delas estamos diante de momentos diferentes e marcantes do desenvolvimento da antropologia e da museologia no Brasil, além do crescente protagonismo indígena.

Comecemos citando Fabiola Andréa Silva:

> Entendemos uma coleção etnográfica como um documento que pode ter muitas possibilidades de leitura. Ela é formada a partir de uma determinada visão do coletor, em um contexto complexo de interação com os produtores em momento histórico particular. Ao mesmo tempo, ela é constituída por objetos que possuem uma história e uma realidade própria, cujos significados são múltiplos[138].

Em resumo, de tempos em tempos, as coleções precisam ser ressubjetivadas, alimentadas por novos conhecimentos, diferentes perspectivas teóricas e novas maneiras de se relacionar com elas.

A coleção Xikrin não foi previamente planejada. Ela foi sendo constituída aos poucos, ao longo das décadas de 1970 e 1980. Mesmo assim, é bem representativa, com quase quatrocentas peças registradas, com ênfase na plumária e em adornos corporais, ao todo 254 peças, seguidos pelos trançados, com 35 peças[139].

A coleção não foi transferida diretamente da aldeia para o museu. Conservada durante anos em minha casa, o que permitia seu

---

138 F. A. Silva; C. Gordon, "Objetos vivos: a curadoria da Coleção Etnográfica Xikrin", em: F. A. Silva; C. Gordon [org.], 2011, *op. cit.*, p. 19.

139 Na reserva Técnica do Museu Goeldi, existe uma coleção antiga Xikrin formada por Protásio Frikel nos anos 1960. João Paulo Botelho Filho, médico da Escola Paulista de Medicina, possui uma coleção particular que em breve será doada à Universidade Federal de São Carlos.

Fonte: Catálogo A presença do invisível, Rio de Janeiro: Iepé/ Museu do Índio/ Funai, 2016

uso constante, ela participou de inúmeras exposições. A primeira foi montada na Casa do Sertanista, no Caxingui, com a curadoria de Carla Milano, da editora Nobel – como desdobramento do esforço da Comissão do IV Centenário de São Paulo –, sendo inaugurada em agosto de 1976. Em 1980, ela participou da exposição do Museu de Arte Moderna em São Paulo, com a curadoria do artista plástico Norberto Nicola, que se inspirava na plumária indígena para suas esculturas de tapeçaria. Na Oca, participou da Bienal de 1983 (e também da de 2000, na ocasião da comemoração dos 500 anos do Brasil). Também nos anos 1980, a grande exposição "Arte Plumária do Brasil" foi exposta no Itamaraty, em Brasília, no Museu Nacional de Bogotá, na Smithsonian Institution, de Washington, no Museu Antropológico da cidade do México, em Madri e na Fundação João Miró, em Barcelona (com catálogo em catalão). Em 1985, no Rio de Janeiro, algumas peças foram expostas na Funarte, na sala especial do 8º Salão Nacional de Artes Plásticas, com curadoria de Romana Maria Costa.

Como hoje é proibido comercializar artefatos de plumária ou de qualquer matéria-prima de origem animal, de repente os belos cocares e diademas depositados em museus passaram a ser muito valorizados, quase como preciosidades de um passado remoto.

Enquanto estava comigo, a coleção foi um substrato importante para as minhas aulas e conferências sobre arte indígena. O objeto de corpo presente é um apoio valioso, diretamente apreensível, em múltiplos sentidos, pelo aluno e pelo público. Parte-se da forma, do *design*, do som, como no caso de um chocalho, da matéria-prima, da técnica, da estética, para finalmente desembocar, com grande força, na dimensão simbólica.

Tomem-se como exemplo os grandes chocalhos globulares, emblema étnico dos Xikrin, ícone e prerrogativa dos jovens chefes de classe de

Chocalho dos povos indígenas do Oiapoque.

idade, os *menõrõnure*, e das lideranças. Referem-se ao centro da aldeia, onde à noite os homens se reúnem e acompanham as saídas dos caçadores para as matas. Durante certos rituais, os chocalhos são ornamentados como uma cabeça, com pinturas de urucum e penugem de urubu-rei.

Coloquemos ao lado deles o pequeno, mas poderoso, chocalho dos povos indígenas do Oiapoque. Emplumado e pintado, ele é propriedade exclusiva do xamã, sempre guardado em seu cesto, *o pagrá*, e utilizado durante as sessões de cura e no ritual do Turé para se comunicar com os seres invisíveis que o assessoram. Esses chocalhos, colocados lado a lado, apesar das semelhanças, evidenciam formas, estilos, funções e alcance simbólico bem diferentes, revelando ao mesmo tempo muitos aspectos específicos das sociedades que os produzem e utilizam.

Em 2001, a coleção foi doada ao MAE-USP. Fiquei contente e aliviada por vê-la finalmente acolhida em uma instituição onde receberia com urgência os primeiros cuidados, como higienização e acomodação adequadas.

Paralelamente, todo meu acervo visual e sonoro sobre os Xikrin está sob a guarda do Lisa (Laboratório de Imagem e Som em Antropologia, da USP), totalmente digitalizado e organizado, à espera de uma devolução bem planejada para as comunidades Xikrin do Cateté.

Em 2003, iniciou-se um novo processo de curadoria para a coleção Xikrin, como parte de um projeto de pesquisa coordenado por Fabiola Andréa Silva e financiado pela Fapesp. Em 2004, esse projeto foi ampliado e consolidado em uma parceria interinstitucional, com a participação de César Gordon, então pesquisador do Programa de Pós-Graduação em Antropologia Social do Museu Nacional da UFRJ. O trabalho de curadoria consistiu na documentação e análise dos objetos etnográficos a partir de uma perspectiva interdisciplinar

Chocalho Kayapó-Xikrin.

e em parte intercultural. As atividades contaram com a colaboração de representantes indígenas convidados. Segundo Fabíola A. Silva:

> A participação dos índios Xikrin no processo curatorial foi fundamental. Eles contribuíram com informações preciosas que ajudaram na determinação da nomenclatura Xikrin para os objetos, na identificação das matérias-primas e nos usos e significados culturais dos mesmos. Todo o processo foi documentado em vídeo e áudio. Um dos ensinamentos que ganhamos com a experiência Xikrin é lembrar que os objetos, uma vez que são resultado concreto de encadeamentos longos e complexos de relações sociais, jamais são "puros objetos", coisas objetificadas, posto que carregam e encarnam subjetividades diversas, e estas podem sempre ser vivificadas e se manifestar[140].

Um fato interessante é que, a partir dessa experiência museológica, os Xikrin entregaram ao Museu uma peça preciosa: trata-se de um potente escarificador com grandes garras de gavião real, que, segundo os índios, não poderia ser reproduzido hoje e, portanto, corria o risco de se perder para sempre.

Todo esse esforço resultou na publicação de um catálogo, *Xikrin, uma coleção etnográfica*, organizado por Fabiola A. Silva e César Gordon. O material conta com belas fotografias de Wagner Souza e Silva, que realçam a beleza das peças da coleção, além da valiosa contribuição de artigos de pesquisadores que também trabalharam entre os Xikrin. Todo esse trabalho bem planejado de pesquisa e curadoria agregou valor à coleção e ao estudo dos Jê do Brasil central.

---

140 F. A. Silva; C. Gordon, *op. cit.*, p. 21.

Escarificador Kayapó-Xikrin.

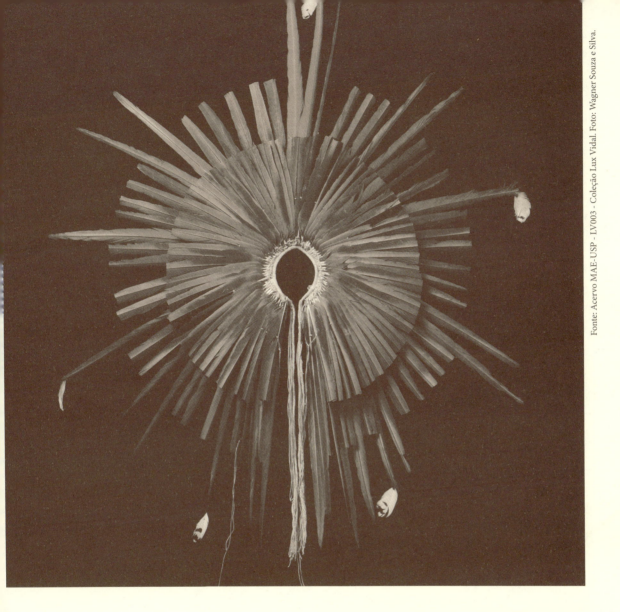

Fonte: Acervo MAE-USP - LV003 - Coleção Lux Vidal. Foto: Wagner Souza e Silva.

Nos anos 1970 e 1980, tudo isso veio ao encontro dos estudos inovadores sobre a noção de pessoa e da ênfase dada à corporalidade, que passou a ser tema central para a compreensão das sociedades ameríndias e da importância da dimensão simbólica como formadora da práxis[141]. Nesse contexto, os adornos corporais, com ênfase na plumária, além da pintura corporal, atividade tão importante entre os índios do Brasil[142], tornaram-se o foco principal de inúmeros estudos.

Diadema rotiforme para occipício Kayapó-Xikrin.

141 A. Seeger, R. da Matta, E. Viveiros de Castro, "A construção da pessoa nas sociedades indígenas brasileiras", *Boletim do Museu Nacional*, Rio de Janeiro, 1979, n. 32.
142 Vidal, L. [org.]. *Grafismo indígena*, São Paulo: Stúdio Nobel/Fapesp/Edusp, 1992.

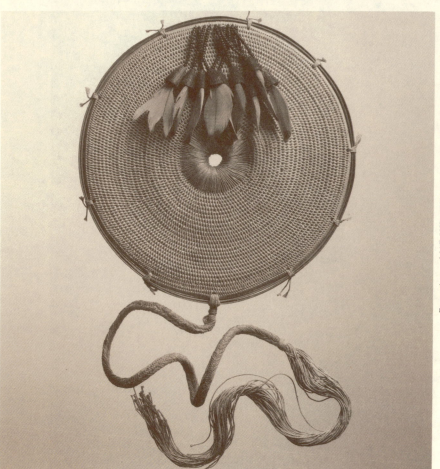

Fonte: Acervo MAE-USP - LV83 - Coleção Lux Vidal. Foto: Wagner Souza e Silva.

Os Xikrin, que não fabricam cerâmica, usavam também inúmeros objetos trançados de buriti e babaçu, muito bem representados na coleção com peças únicas e antigas, que tendem a desaparecer, sendo substituídas por bolsas e malas compradas no comércio ou por tipoias de pano.

Além do chocalho globular já mencionado, objeto emblemático para os Xikrin, a coleção possui um colar de pequenas peças de itã (madrepérola), o *ngob*, feito com sementes roubadas dos índios Asurini do Xingu, contra os quais os Xikrin guerreavam. Ao longo dos anos, esse tipo de enfeite passou por várias transformações. Nos novos exemplares, as conchas de madrepérola estão sendo substituídas por botões brancos de nácar ou por placas de metal; e as sementes, por miçangas, peças contemporâneas fabricadas com esmero e de grande beleza plástica.

Com relação a esse tema, César Gordon discute estética e ética Xikrin, bem como as ideias sobre beleza e valor:

Disco occipital Kayapó-Xikrin (suporte tecido em algodão sobre feixe de talas de palmeira, para segurar o grande cocar de penas).

Colar de plaquetas retangulares de madrepérola Kayapó-Xikrin.

[...] o Belo não se restringe à esfera da cultura material, tendo alcance sociológico e filosófico muito mais amplo. O Belo, o bom, a perfeição são valores essenciais e produzir coisas, pessoas e comunidades belas é a finalidade última da ação Xikrin no mundo que se revela tanto no plano individual como no coletivo.

Do ponto de vista museológico, na época de minha pesquisa, nos anos 1970 e 1980, o tema "cultura material" não estava em voga e a museologia andava depreciada. Os museus estavam sem condições de encomendar, financiar e receber coleções bem documentadas. Tudo estava à espera de dias melhores.

Fotos: Wagner Souza e Silva.

Paralelamente, os antropólogos não se interessavam muito pela cultura material, embora seu estudo não tenha sido totalmente abandonado[143]; apenas recentemente, os estudos de arte indígena, etnoestética e cultura material foram reintroduzidos na antropologia, agora com ênfase na dimensão imaterial e nos aspectos ligados à patrimonialização, à etnicidade e à propriedade intelectual[144]. Um novo estatuto foi atribuído aos objetos em relação à cosmologia, à construção da pessoa, ao xamanismo, ou seja, os objetos passaram a ter seu significado simbólico realçado[145]. Os responsáveis pela curadoria da coleção Xikrin concluem:

> No campo da Antropologia, o interesse renovado na história e na cultura material coloca mais uma vez em cena o debate sobre as relações entre etnografia e pesquisa documental. Ao mesmo tempo, os museus, que outrora já foram identificados e criticados como instrumentos de colonialismo ocidental, vêm sendo percebidos, cada vez mais, como locais de produção de conhecimento e um possível espaço de diálogo e interação intercultural. O trabalho de curadoria desta coleção pretendeu contribuir com o esforço atual de reincorporar as coleções etnográficas na pesquisa antropológica em geral e nos estudos de cultura material em particular[146].

Cesto bolsiforme Kayapó-Xikrin de palha de buriti (esq.).

Cesto cargueiro Kayapó-Xikrin de talas da folha de palmeira babaçu (dir.).

---

143 B. G. Ribeiro, *Dicionário do artesanato indígena*, Belo Horizonte: Itatiaia, 1988.
144 D. Gallois, *Patrimônio cultural imaterial e povos indígenas*, São Paulo: Instituto de Pesquisa e Formação Indígena (Iepé), 2006.
145 L. H. van Velthem, 2003, *op. cit.*
146 F. A. Silva; C. Gordon, *op. cit.*, p. 19.

A segunda coleção se refere aos povos indígenas do baixo Oiapoque, Amapá, na fronteira com a Guiana Francesa, um mundo totalmente diferente dos Xikrin. Trata-se de quatro povos que, apesar de possuírem muitas semelhanças, também se diferenciam entre si, especialmente nas suas manifestações artesanais, ou melhor, nos detalhes dessas manifestações. Eles eram considerados e também consideravam a si mesmos povos que possuíam uma cultura material pouco relevante, não por tradição, mas pela perda de conhecimentos ao longo de uma história pontuada de contatos contínuos e violentos com os colonizadores. São povos assumidamente misturados, como eles mesmos se definem, resultado de migrações, aldeamentos forçados, fuga e reagrupamentos. Os Karipuna e os Galibi-Marworno falam o patoá francês como língua nativa. Os Palikur falam aruak, e os Galibi-Kali'na falam carib.

O conjunto de objetos dos povos indígenas do Oiapoque é rico e diversificado e faz parte daquilo que os índios chamam "Nosso Sistema"; alguns artefatos são específicos de cada povo, outros são fabricados e utilizados em toda a região.

A coleção do MAE sobre esses povos, diferentemente do que ocorre com a coleção Xikrin, não pode ser entendida e estudada apenas em si. Ela está conectada a outras coleções também documentadas e historicamente situadas. Do ponto de vista museológico, como se diria hoje, ela está "em rede".

Comparar os processos de formação de várias coleções, em diferentes épocas, guardadas em diferentes instituições, revela muito sobre a própria história dos povos indígenas do Oiapoque, sobre a pesquisa antropológica, sobre o perfil dos museus que acolheram as peças e sobre as ações mais recentes de valorização e fortalecimento cultural. Cada coleção adquire relevância no conjunto das coleções quando as características e o valor de cada uma se revelam com relação aos das outras.

No Museu do Índio do Rio de Janeiro existe uma coleção antiga, dos anos 1940 e 1950, sobre os povos indígenas do Oiapoque, essencialmente os Palikur. São objetos valiosos recolhidos por Eurico Fernandes, antigo funcionário do Serviço de Proteção aos Índios (SPI) na região. A documentação é deficiente, e a descrição, sumária. Há peças que hoje não são mais produzidas pelos índios, ou são feitas com decoração diferente, como antigos clarinetes, os famosos turé, e objetos delicados, que serviam como convites para rituais. O acervo abriga ainda algumas belas peças de plumária e uma coleção de armas de pesca; estas até hoje não mudaram, são os mesmos artefatos confeccionados com madeira, taboca, fio de curuá e ferro batido. Essa coleção estava apenas guardada. De repente, ao ser comparada às coleções mais recentes e aproveitada com destaque em 2007, na grande exposição "A Presença do Invisível", sobre os povos do Oiapoque, no Museu do Índio, no Rio de Janeiro, ela adquiriu valor, identidade e sentido histórico, além de ter realçadas suas variações e continuidades no tempo.

Sabemos que há uma coleção Palikur na Europa, no Museu de Gotemburgo. São peças recolhidas por Curt Nimuendaju em 1924, quando pesquisava sobre eles (antes da viagem de Rondon à região e antes da abertura de um posto do SPI). A coleção é bem documentada, graças à monografia de Nimuendaju sobre esse povo (1926).

Existe também uma pequena coleção no Museu Paraense Emílio Goeldi, pouco expressiva, pouco documentada, mas com algumas cerâmicas Galibi-Kali'na do Oiapoque, trazidas pelo antropólogo Expedito Arnaud na década de 1960. Trata-se de um tipo de artesanato que os Galibi-Kali'na do Brasil não realizam mais.

Fonte: Acervo MAE-USP - Coleção Lux Vidal. Foto: Licurgo Carvalho.

Conjunto de cuias com bordas gravadas pelas mulheres Karipuna, com desenhos geométricos, Povos Indígenas do Oiapoque.

A primeira coleção mais sistemática e documentada, a do MAE-USP, foi coletada entre os Palikur, Karipuna e Galibi-Marworno na década de 1990. Os índios faziam poucos artefatos, mas usavam cuias, cujas bordas eram decoradas com desenhos geométricos, cestaria, especialmente para o tratamento da mandioca, armas de pesca, raladores e, entre os Karipuna, esculturas de mastros, de bancos e coroas de plumária para as festas do Turé, além de instrumentos musicais. Também faziam belos colares e pulseiras de ossos e dentes de animais para uso interno e para o comércio em Oiapoque e Macapá.

Essa coleção, de 270 peças, não foi planejada. Ela resultou das pesquisas de campo que se iniciaram em 1990 na região, por parte de estudantes vinculados ao Núcleo de História Indígena e do Indigenismo, sob minha orientação, pelo Departamento de Antropologia da Universidade de São Paulo. Há uma boa representação de todas as categorias artesanais, peças bem documentadas, mas a coleção é menos pretensiosa quando comparada às coleções posteriores, que se encontram em outras instituições.

Naquela época ainda não havíamos iniciado os projetos de resgate e valorização cultural, isto é, o Projeto PDPI (Projeto Demonstrativo de

Povos Indígenas – Ministério do Meio Ambiente), desenvolvido durante dois anos (2004-2005) nas aldeias da região. Precisa ficar claro que essa coleção do MAE se formou antes da coleção inaugural do Museu Indígena Kuahí em Oiapoque, em 2007, e antes da grande coleção para a exposição "A Presença do Invisível", no Museu do Índio no Rio de Janeiro.

Entretanto, a coleção do MAE é um marco histórico, tendo sido a primeira coleção a acompanhar o início das pesquisas por pesquisadores da USP entre os Povos Indígenas do Oiapoque com base em um viés teórico que valoriza a história, os processos, a cosmologia ameríndia, o xamanismo, os rituais e as manifestações estéticas e que reçonhece e considera a complexidade daquela realidade, ou seja, a heterogeneidade das manifestações culturais na região.

A coleção se insere entre aquela mais antiga, a do Museu do Índio dos anos 1940 e 1950, e as coleções seguintes, já frutos dos projetos de valorização cultural nas aldeias, das pesquisas sobre cosmologia, patrimonialização, paralelamente à formação de pesquisadores indígenas ligados ao Museu Kuahí – o Museu dos Povos Indígenas do Oiapoque, que, evidentemente, também possui uma grande coleção.

A coleção do MAE-USP incentivou os projetos posteriores de resgate e valorização cultural nas aldeias, além da construção do Museu Indígena Kuahí. Toda essa saga é contada no livro-catálogo *A presença do invisível*[147].

No MAE, tanto a coleção dos Xikrin como a dos povos indígenas do baixo Oiapoque foram feitas sem recursos. Isso faz uma grande diferença quando elas são comparadas às coleções do Museu Kuahí, do

---

147   L. Vidal, J. C. Levinho, L. D. B. Grupioni [org.], *A presença do invisível – Vida cotidiana e ritual entre os povos indígenas do Oiapoque*, Rio de Janeiro: Iepé/ Museu do Índio/ Funai, 2016.

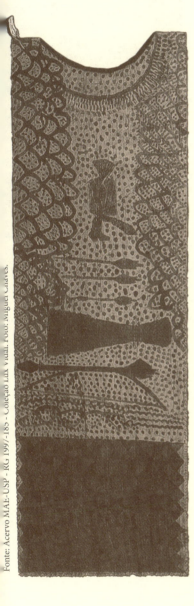

Escudo de guerra Palikur, Povos Indígenas do Oiapoque.

PDPI e do Museu do Índio, que puderam contar com recursos do Minc, do BNDES e da Funai. Enfrentávamos também o problema do transporte, não havia como trazer os grandes potes de cachiri, que já eram escassos mesmo entre eles. Eu comprava ou trocava o que era mais barato e transportável, cuias, esculturas de bancos rituais em miniatura (os verdadeiros medem mais de 2 metros e meio), cestaria, carimbos e alguma plumária. Mesmo assim, a coleção é bem representativa. Ela ficou algum tempo no bairro do Belenzinho, em São Paulo, na casa de Esther de Castro, que se responsabilizou pela organização e documentação da coleção antes que ela fosse entregue ao MAE.

Em resumo, ela reflete o início de uma pesquisa, quando ainda faltava muita informação etnográfica e antropológica sobre a região. Os índios das diferentes etnias, que nos anos 1970 haviam se mobilizado por intermédio da Associação dos Povos Indígenas do Oiapoque pela demarcação de suas terras, ainda não faziam ideia da importância da valorização de suas manifestações culturais e da importância da cultura material como expressão de uma rica cosmologia e das trocas realizadas ao longo do tempo entre essas populações de origem heterogênea – muitas vezes, os artefatos são marcadores de fronteiras e de identidades diferenciadas. Hoje, os índios estão conscientes do valor de um patrimônio cultural específico, apesar de heterogêneo, e que pode vir a desaparecer se não for renovado e fortalecido.

A coleção do MAE possui alguns destaques e nos informa sobre aspectos relevantes desses povos. Vamos a eles.

1. Há uma grande quantidade de cuias, artefato muito utilizado na região, com múltiplas funções. São 84 peças. O que interessa nesses artefatos são as marcas gravadas nas bordas e a evolução da

decoração ao longo do tempo, passando do geométrico, abstrato, ao figurativo, com mudanças nas formas (especialmente para a comercialização). Hoje, alguns homens também decoram as cuias, mas de maneira diferenciada da decoração realizada pelas mulheres.

2. Possui um escudo de guerra interessante, com decoração rica, apesar de quase imperceptível, que informa como se guerreava em tempos remotos.

3. Uma borduna, única no seu formato.

4. Flautas de osso decoradas, usadas durante as expedições guerreiras entre os Palikur e os Galibi na região das Guianas, nos séculos XVII e XVIII.

5. Colares e pulseiras, muitos de uso masculino, feitos com pequenos ossos de cobra e dentes de macaco, matéria-prima hoje proibida e em desuso.

6. Cestaria, bolsas, tipitis, peneiras, cestos cargueiros, todos eles objetos ligados ao processamento da mandioca, atividade muito importante na região[148], e lindas colheres de madeira, uma especialidade na região de origem crioula.

7. Poucas armas de pesca (devido à dificuldade de transporte). A pesca também é uma atividade muito importante em uma região formada por rios e savana alagada.

8. Pequenos maracás, com enfeite de penas recortadas, muito usadas pelos pajés.

9. Esculturas, em miniatura, de bancos maiores, representando aves e jacarés

Fonte: Acervo MAE-USP - 1997/147 - Coleção Lux Vidal. Foto: Miguel Chaves.

Borduna de guerra Palikur, Povos Indígenas do Oiapoque.

---

148   L. Vidal [coord.], *A roça e o Kahbe – produção e comercialização da farinha de mandioca. Oficina de Formação de Pesquisadores Indígenas*, São Paulo: Oiapoque, Iepé/Museu Kuahí, 2011.

Fonte: Catálogo *A presença do invisível*. Rio de Janeiro: Iepé/ Museu do Índio/ Funai, 2016. Foto: Sérgio Zacchi.

10. Um rolo de casca de tawari (uma árvore pajé) para enrolar o fumo, o qual, em situações rituais, propicia o contato com os sobrenaturais.

11. Plumária – três grandes chapéus chamados *plimaj,* típicos da região, e delicadas coroas de penugem de várias cores.

12. Um ralador, cujos dentes de ferro incrustrados na madeira são provenientes de restos de grandes panelas trazidas para a Guiana pelos colonizadores na época da escravidão.

13. Carimbos Palikur para pintura facial.

14. Um instrumento musical feito com o casco do tracajá acoplado a um conjunto de pequenas flautas de pã.

15. Clarinetes de bambu, os *turé.*

Essa coleção, apesar de menos expressiva do que aquelas formadas posteriormente, revela um momento, uma etapa importante e digna de registro. Ela é um elo, um testemunho do desenvolvimento da antropologia e de ações práticas na região do baixo Oiapoque, assim como do interesse do MAE em acolher uma coleção essencialmente relacionada a pesquisas inovadoras. Do ponto de vista subjetivo, por tudo o que representa de lembranças e descobertas, ela possui um grande valor afetivo e se situa em um sistema aberto e contínuo de interpretação e interlocução.

Para encerrar, gostaria de voltar um pouco ao tema arte como maneira de ser no mundo e esboçar uma pequena comparação, muito pontual, entre os Kayapó Xikrin de minha primeira pesquisa e os Povos Aruak e Carib do Oiapoque.

Cesto Palikur do pajé, feito com fibras de arumã e desenhos marchetados, pakará, Povos Indígenas do Oiapoque.

145

Fonte: Catálogo *A presença do invisível*. Rio de Janeiro: Iepé/ Museu do Índio/ Funai, 2016. Fotos: Sérgio Zacchi.

146

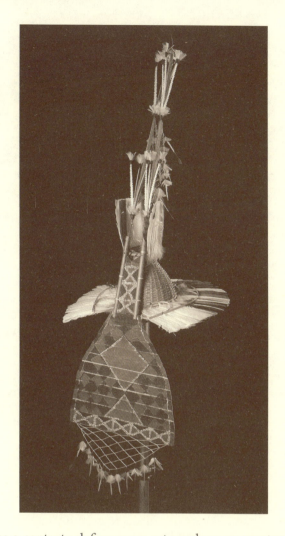

Banco Palikur do pajé, representando o beija-flor, Povos Indígenas do Oiapoque. Artista: Sr. Wet. (p. 146, acima)

Clarinetes turé de bambu, Povos Indígenas do Oiapoque. (p. 146, abaixo)

Acima, chapéu cerimonial, plimaj, *Povos Indígenas do Oiapoque.*

O que o contexto define como arte pode se apresentar sob diferentes formas. Entre os povos indígenas do Oiapoque, a identidade se manifesta pelo xamanismo e o Turé, e este é ligado ao ciclo das curas. Sabemos que, nas sociedades ameríndias, a arte e os conhecimentos que a acompanham vêm de fora da sociedade. Os donos das artes são os invisíveis, que se manifestam por meio dos sonhos dos xamãs. A arte e a estética obedecem às normas de fabricação e uso estabelecidas por esses seres invisíveis. Consequentemente, a importância do objeto na cosmologia indígena aumenta seu valor cultural para muito além da sua materialidade. Trata-se de objetos com agência e capacidade de transformação (a exemplo do banco do jacaré, cuja boca é amarrada com cipó durante o ritual do Turé para conter qualquer atitude agressiva). Para entender e captar todos os significados e sentidos de um artefato e de manifestações artísticas, de embelezamento, como as pinturas ou as marcas, é preciso conhecer muito bem a sociedade em que foram produzidos.

No Oiapoque, a doença é um elemento fundamental para colocar o universo em marcha. O xamã está sempre negociando com um outro mundo, paralelo, constituído de entidades que precisam ser seduzidas por meio de técnicas simbólicas. Em suas viagens oníricas, os xamãs se relacionam com um conjunto de *karuanãs* (bichos, entidades, encantados, invisíveis) que são seus assessores, seus amigos, ajudam no diagnóstico das doenças e protegem um xamã das agressões de outros xamãs e *karuanãs* inimigos. Para agradecer seus amigos *karuanãs* (*zami*, na língua patoá), o pajé realiza um Turé, cerimônia em que convida esses invisíveis a vir ao *laku*, o pátio cercado, lugar sagrado, para se juntar aos índios e festejar, se alegrar e beber caxiri. No seu mundo, esses seres são como nós, possuem individualidade, e durante o Turé o pajé os descreve ao público, um por um, por meio do canto. No final do ritual, esses seres são reconduzidos ao seu *habitat*, por exemplo, a sucuriju para o rio e a jiboia para o mato.

Para os Xikrin, por sua vez, a constituição da sociedade humana depende também do exterior. Segundo os mitos, coisas originalmen-

Cerimônia Xikrin.

te possuídas por não humanos, como o fogo do jaguar, as plantas cultivadas das estrelas, o milho, os nomes e rituais, os ornamentos e prerrogativas, foram trazidos por um xamã que foi viver entre os peixes no fundo da água. Mas, uma vez feita a aquisição, os Xikrin evitam as relações com esses seres do outro mundo (a corda pela qual desceram do céu é cortada, os canibais são afastados). O jaguar, após doar o fogo, come cru!!! A estrela que trouxe os produtos agrícolas é pintada na aldeia, torna-se mulher, e fica por aqui mesmo. Não sabemos nada sobre como esses seres vivem no seu *habitat*, apenas sabemos que possuem bens desejados pelos Xikrin. Entretanto, o que os xamãs trazem do contato com esses outros seres é em seguida repartido entre os diferentes segmentos da aldeia. Os *kukrà-djà* (bens culturais trazidos de fora) se tornam propriedade particular das diferentes casas, que pertencem às mulheres, e, uma vez adquiridos, transformam-se em uma herança, em patrimônio dessas casas.

Os Xikrin não fabricam objetos animados como os povos do Oiapoque, com exceção de algumas máscaras. Eles mesmos se transformam em seres outros; o próprio corpo é fabricado, tornando-se um corpo-objeto, um artefato, exibindo um visual exuberante. Durante as cerimônias, eles cantam sua própria transformação em outros seres, como a onça ou o beija-flor; eles mesmos encarnam a alteridade. Apropriam-se dos conhecimentos de seres do lado de fora, relegando esta parte do cosmos a uma área depredada e reafirmando, a cada cerimônia, a oposição natureza/cultura. Eles não reconhecem a subjetividade do outro, como gente, mas apenas a força dos objetos dos quais se apropriam. Não convidam esses outros seres a participar de suas festas e se alegrar com eles. E, como não têm voz, esses seres não têm ponto de vista. Entre os Xikrin, são eles próprios que ocupam a cena durante os rituais e, no final, eles apenas se despedem, também deles mesmos, passando urucum na cabeça para marcar a transição dos momentos rituais para a vida cotidiana.

Entre os povos do Oiapoque, durante o Turé, os seres dos outros mundos são convidados e festejados, são eles que ocupam a cena. Os grandes chapéus usados pelos homens na ocasião, com longas penas, servem para atrair e acomodar os visitantes *karuanã*. No final do ritual, ao reconduzir os invisíveis a seu *habitat*, eles esperam que estes tenham gostado da festa, que tenham ficado felizes e que continuem amigos do xamã que realizou o Turé. Evidentemente, nesse caso a oposição natureza/cultura não se aplica à cosmovisão desses povos.

Em resumo, os Kaiapó Xikrin e os povos do Oiapoque se diferenciam em vários pontos, a exemplo da maneira de tratar os invisíveis, que são a fonte dos conhecimentos, o que define o estilo, a marca de cada povo. A arte entre os Xikrin, tão espetacularmente exposta, está relacionada ao empoderamento do belo no próprio corpo dos participantes e a como repartem os bens obtidos entre os segmentos de suas belas aldeias circulares. Os povos do Oiapoque também possuem uma arte altamente elaborada, mediada pelas narrativas dos xamãs e caracterizada pela grande capacidade dos artesãos em esculpir bancos, maracás e clarinetes. Esses artefatos se apresentam como "objetos-pessoa" nos rituais, o que suscitou o interesse renovado pela cultura material na região devido ao novo estatuto teórico dos objetos e aos estudos sobre agência e perspectivismo.

Finalizamos ressaltando a importância desse protagonismo assumido por esses povos, um protagonismo mais recente, já que, segundo suas próprias palavras, eles haviam sido um pouco esquecidos tanto pelo poder público como pela antropologia.

PERIGOSOS FESTEIROS:
AS MÁSCARAS TICUNA SESSENTA ANOS APÓS HARALD SCHULTZ

Edson Matarezio

os Tukuna [...] associam estreitamente a música com as máscaras de entrecasca batida, que desempenham um grande papel em suas festas; eles levaram essa arte a um grau muito elevado[149].

INTRODUÇÃO

Como bem notou Harald Schultz, a iniciação à vida adulta é a "festa mais importante na vida de uma mulher [Ticuna]"[150]. Nas comunidades em que se faz a Festa da Moça Nova – em geral, as aldeias Ticuna[151] sem grande influência de missões evangélicas –, esse continua a ser o principal ritual. Após menstruar pela primeira vez, a moça deve permanecer reclusa. A festa marca, portanto, a saída da moça da reclusão (*aure*). A celebração dura cerca de três dias, começando na sexta-feira e terminando no domingo. Ao longo da festa, são encadeados diversos pequenos rituais, formando uma sequência complexa[152].

A chegada dos mascarados é um dos momentos mais esperados e animados do ritual. Para que seja uma festa com muitos mascarados – o que eleva o prestígio dos donos do ritual e a animação dos con-

---

149   Claude Lévi-Strauss, *Do mel às cinzas*, São Paulo: Cosac & Naify, 2004 [1967], pp. 342-3.
150   Harald Schultz, *Hombu: Indian Life in the Brazilian Jungle*, New York: The Macmillan Company, 1962, p. 6.
151   Os Ticuna, de língua isolada, estão localizados principalmente nos municípios do alto rio Solimões (AM), tríplice fronteira entre Brasil, Peru e Colômbia. No Brasil, são o povo indígena mais populoso, ultrapassando os 53 mil indivíduos (Siasi/Sesai, 2014).
152   Para uma etnografia detalhada da Festa da Moça Nova, ver Edson Matarezio, "Trompetas Ticuna de la Fiesta de la Moça Nova", em: Bernd Brabec de Mori; Matthias Lewy; Miguel A. García [org.], *Mundos audibles de América. Cosmologías y prácticas sonoras de los pueblos indígenas* (Estudios Indiana 8), Berlin: Iberoamerikanisches Institut/Gebr. Mann Verlag, 2015a.

vidados –, os preparativos, tanto da comunidade anfitriã quanto das comunidades convidadas, podem começar meses antes do dia da festa.

OS TURURIS DE SCHULTZ

Como o leitor pode acompanhar nos capítulos deste livro que tratam mais detidamente da trajetória de Harald Schultz, entre os anos de 1942 e 1965 ele coletou intensamente materiais que hoje formam parte do acervo do MAE-USP. No presente capítulo, procuramos contribuir para uma ampliação da investigação científica sobre a vasta coleção de máscaras coletadas por Schultz no alto rio Solimões, seu processo de fabricação, os materiais utilizados e, principalmente, a relação dessas peças com alguns aspectos da cultura Ticuna.

Aluno e assistente de Herbert Baldus no Museu Paulista, Schultz também foi aluno de Curt Nimuendaju, que escreveu uma monografia pioneira sobre os Ticuna[153]. Em 1956, onze anos depois da última expedição de Nimuendaju aos Ticuna (1945), Schultz chegava a terras Ticuna para a coleta de material etnográfico, retornando em 1958 e em 1960.

Em 1959, as imagens feitas por Harald Schultz da Festa da Moça Nova já circulavam o mundo nas páginas da reportagem "Tukuna maidens come of age", da *National Geographic Magazine*[154]. Nesse relato jornalístico, mas principalmente em seu livro de 1962, *Hombu: Indian Life in the Brazilian Jungle*, uma miscelânea de fotografias de

---

153 Cf. Curt Nimuendaju, "The Tukuna", *American Archeology*, Berkeley/Los Angeles: University of California Press, 1952.
154 Harald Schultz, "Tukuna maidens come of age", *National Geographic Magazine*, 116, 1959, pp. 628-49.

diversos povos sul-ameríndios[155], Schultz comenta aspectos variados da vida desses povos. Com suas habilidades de fotógrafo, a cultura material e ritual dos Ticuna é colocada em primeiro plano. As fotografias de Schultz mostram momentos-chave do ritual, como a pintura dos corpos das moças com jenipapo[156] ou o arrancamento dos cabelos[157], o ápice da festa, mas também peças e seu uso cotidiano, como os colares esculpidos em caroço de tucumã.

Os materiais de que são feitas as máscaras Ticuna são examinados em detalhes, e os comentários do autor sobre essas peças vão além de uma simples descrição dos materiais e do processo de fabricação. Ao comentar uma fotografia de uma máscara de onça em ação em uma Festa de Moça Nova[158], por exemplo, Schultz menciona que a onça, com seus dentes manchados de sangue, representa um "espírito canibal"[159]. Provavelmente se trate da temida onça mítica canibal Torama[160]. Ao mesmo tempo, diz o autor, o comportamento do mascarado "é representado pelos Tukuna de uma maneira muito humorada"[161]. A reação aos mascarados nas festas, em geral, é esta, uma mistura de medo e comicidade. Muitos mascarados são a presentificação dos "bichos" (*ngo'ogü*), os seres mais perigosos do cos-

---

155 Mantenho aqui a grafia dos etnônimos usada pelo autor: Crahó, Javahé e Carajá, Makú--Guariba, Umutina, Cashináua, Suyá, Urukú e Tucuna.

156 Harald Schultz, 1962, *op. cit.*, foto 66.

157 *Ibid.*, foto 67.

158 *Ibid.*, foto 63.

159 *Ibid.*, p. 21.

160 Cf. Lucinda S. Firmino; Jussara G. Gruber, *Ore i nucümaügüü: Histórias Antigas*, v. 1, Coleção Eware, Benjamin Constant: Organização Geral dos Professores Ticunas Bilíngues – OGPTB, 2010.

161 Harald Schultz, 1962, *op. cit.*, p. 21.

mos, e suas performances nas festas arrancam gritos e gargalhadas da audiência. Muito provavelmente, podemos concluir aqui o mesmo que Clastres afirmou para a pergunta título de seu artigo "De que riem os índios?", ou seja, "uma paixão dos índios, a obsessão secreta de rir daquilo que se teme"[162]. Mas, em vez da função catártica que os mitos assumem para os índios Chulupi, referidos por Clastres, esta função seria desempenhada ritualmente pelos mascarados Ticuna. Na verdade, o papel cômico desempenhado pelos mascarados significa que eles são extremamente temidos.

OS MASCARADOS

Os Ticuna possuem uma grande variedade de máscaras rituais. Muitas dessas máscaras são conhecidas de longa data, figurando em museus pelo mundo e em gravuras de cronistas[164]. Uma delas é a personagem Mawü, a mãe das árvores e da mata. Schultz, em comentário a uma fotografia de Mawü, apresenta-o como "uma árvore da floresta"[165]. Quando está dançando na festa, esse mascarado vai soprando um apito feito de talo de folha de mamoeiro. Na barra da máscara de tururi, ficam pen-

---

162 Pierre Clastres, "De que riem os índios?", em: *A sociedade contra o Estado. Pesquisas de antropologia política*, São Paulo: Cosac & Naify, 2003, p. 162.

163 Lucinda S. Firmino, Jussara G. Gruber, 2010, *op. cit.*

164 Por exemplo, a gravura de Spix e Martius do "Préstito festivo dos Tecunas"; J. B. V., Spix; C. F. Ph. Martius, *Viagem pelo Brasil 1817-1820*, São Paulo: Edusp, v. 3, 1981[1831], p. 192. O desenho que consta no livro do inglês Henry Walter Bates, *Um naturalista no rio Amazonas* (São Paulo: Editora Itatiaia/Edusp, 1979, p. 293), publicado pela primeira vez em 1863, mostra algumas máscaras sendo utilizadas no que se considera atualmente uma Festa da Moça Nova.

165 Harald Schultz, 1962, *op. cit.*, p. 24.

Mascarados Mawü dançando com a moça nova, desenho de Adélia Luis Bitencourt.[162]

durados caroços de avaí (*aru*), a mesma semente que está no bastão de ritmo. O professor Ticuna Ondino Casemiro[166], cantor de Festa de Moça Nova e grande conhecedor do ritual, me contou que antigamente o dono da festa amarrava um cipó grosso na cumeeira da casa. O mascarado puxava e corria, e em seguida se pendurava no cipó para testar a resistência da casa. O Mawü entra na festa junto com o Õma, o pai do vento.

Mawü também é considerada a mãe da planta macambo[167]. Alguns versos da canção do Mawü remetem à fruta dessa árvore. Vejamos um trecho:

> *Pa aïyu aïyu pa Mawü*
> "Querido, querido, Mawü"[168]
> *Tchamarütawai üücamacü'üntchao'otchi'ü*
> "Porque é amargo, eu também não gosto"
> (...)
> *Oegacü yaocuti yatchiguricacu'ütchigu'üncuri*
> "Não serve para nada, somente a cotia vai te comer"
> *Pa aïyu aïyu pa Mawü*
> "Querido, querido, Mawü"
> *Yeayi'ï iyaureru icacuricacu'üntchigu'üncuri*
> "Somente aquele gafanhoto e o papagaio vão te comer"

---

166 Ondino mora na comunidade de Nossa Senhora de Nazaré, município de São Paulo de Olivença. Faço trabalho de campo nessa comunidade e mantenho um diálogo com ele desde 2012.

167 Nimuendaju identifica a planta do Mawü como "araparirana" (*Macrolobium multijugum*).

168 De acordo com a professora Ticuna Hilda Tomás do Carmo, que me ajudou a traduzir a canção, a palavra *aïyu* é usada para chamar o mascarado e agradá-lo. Não se chama uma pessoa assim. Essa palavra também aparece nas letras de canções de outros mascarados, como o Õma e o To'ü.

> *Pa aĩyu aĩyu pa Mawü*
> "Querido, querido, Mawü"
> *Guayayima wawüta yaopüya yanguünricacu'üntchigu'üncuri*
> "Só aquela queixada lá vai te comer"
> *Pa aĩyu aĩyu pa Mawü*
> "Querido, querido, Mawü"

Essas frases fazem referência à fruta homônima do mascarado Mawü. A fruta é considerada bem amarga e venenosa, intragável. É interessante notar que a mãe da mata é representada justamente por uma fruta intragável. Ondino me explicou que essa fruta já foi comestível um dia. "Ipi[169], depois que foi embora, colocou o veneno (*gure*) na fruta Mawü para ninguém comer mais. A fruta ficou amarga e venenosa, hoje ninguém come ela. Antigamente era igual castanha"[170]. Além da canção dizer que não gosta da fruta, ela enumera outros animais que a comem. De certa forma, o mascarado é desdenhado por ser dono de uma fruta que as pessoas não comem, mas, ao mesmo tempo, Mawü é tratado por "*aĩyu*", uma palavra que designa um mascarado querido. Isso pode ser uma estratégia para evitar a vingança de Mawü.

Mawü se apresenta na festa junto com Õma, o "pai do vento" (*buanecünatü*). Eles costumam aparecer depois das seis horas da

---

169 Um dos gêmeos da mitologia Ticuna, irmão de Yoi. Este último é o herói cultural. Ipi é o irmão enganador, trickster, atrapalhado.

170 Também há referências a isso em Nimuendaju: "Mawü, a árvore araparyrana [*Macrolobium multijugum*]. (Pl. 18, b.) Os frutos desta árvore têm um odor e antigamente tinham um sabor agradável, mas perdeu porque o herói cultural Ipi deixou-os cair no curare antes de deixar a terra" (Curt Nimuendaju, 1952, *op. cit.*, p. 83).

manhã ou depois que foi passado o suco de jenipapo na moça nova. O dono da festa segura nas costas de Mawü e do Õma para dançarem juntos. A canção do Õma é entoada quando se está puxando a máscara dele na festa. O mascarado é segurado pelo tururi das costas. Ele tem um pênis enorme que serve para derrubar as árvores, as casas, como se fosse um vendaval. Nimuendaju comenta a performance do mascarado Õma na festa e o modo como ele investe com seu pênis contra as pessoas:

> Especialmente quando a hora se aproxima para entregar a máscara, Õma ataca os espectadores com seu falo, especialmente os homens, já que as mulheres logo fogem, e tenta derrubá-los durante a perseguição. Se ele se volta contra as mulheres, pode acontecer de uma mais decidida, em meio à hilaridade geral, aproveitar e segurá-lo pelo falo[171].

Ondino comenta que a moça nova dança com esse mascarado, mas deve tomar cuidado. "A moça está no terreiro da casa de festa quando o Õma chega. Ele dança com ela enquanto ela segura no tururi nas costas do mascarado. Ela segura ele, mas tem que permanecer sempre nas suas costas, ele não pode ficar de frente para ela. O pênis dele é perigoso para ela". Notemos que a potência do mascarado é relacionada com seu pênis. Ou seja, o vento que derruba casas e árvores é o próprio pênis de Õma. Presenciei cenas muito parecidas com essa descrita por Ondino em festas nas comunidades de Santa Clara, Vendaval e Nova Esperança[172]. A moça e a mãe dela seguravam a parte de trás da máscara do To'ü (macaco caiarara). Esse mascarado

---

171 Curt Nimuendaju, 1952, *op. cit.*, p. 82.
172 Todas do município de São Paulo de Olivença (AM), Brasil.

também segura seu pênis na frente, o que é perigoso para a moça nova. O que parece acontecer nesse momento da festa é uma espécie de disputa pelo acesso sexual à moça. Seres não humanos visitam a festa para tentar roubar a moça ou forçá-la a ter relações sexuais com eles. O efeito, contudo, é bastante cômico. A dança com os mascarados é um dos momentos mais esperados e animados da festa.

Dessa maneira, os mascarados, mesmo representando uma ameaça às pessoas da festa, especialmente às moças novas, são extremamente engraçados. A interpretação de Schultz sobre os mascarados também vai nesse sentido. Apesar de a máscara Mawü representar "a encarnação de todos os espíritos malignos da floresta [...], ela está lá para aumentar o divertimento da festa e para entreter os convidados"[173].

Presenciei cenas em que a gargalhada era geral com a entrada dos mascarados To'ü nas Festas de Moça Nova das comunidades de Santa Clara, Vendaval e Nova Esperança. Os mascarados To'ü chegaram masturbando um pênis de madeira e batendo nele com um bastão que tinha um chocalho na ponta. Ficavam saltando sem parar, correndo atrás das pessoas, a gritaria era geral. Dizem que a intenção deles é pegar a moça nova, então algumas pessoas seguram os macacos pelo rabo para que eles não peguem ninguém na festa. Mas os mascarados não se dão por vencidos com facilidade. Muitas vezes se soltam e correm atrás de alguém, que sai correndo ao som das gargalhadas e dos gritos.

Os mascarados têm prioridade, junto com os "copeiros", no recebimento do moqueado que é distribuído aos convidados da festa. Nimuendaju[174] identificou dois mascarados macacos, o que meus cola-

---

173 Harald Schultz, *op. cit.*, p. 24.
174 Curt Nimuendaju, *op. cit.*, p. 83.

boradores confirmaram, o To'ü, macaco caiarara (*Cebus albifrons*), e o Taicüré, macaco-prego (*Cebus fatuellus*). Os dois são máscaras muito parecidas e são os mascarados mais comuns nas festas. Na canção do To'ü, o cantor enumera as frutas que este macaco gosta de comer:

Aĩyu aĩyu pa Toü
"Querido, querido Toü"
Rü cumaena cuacureyu i ene aru irumüyu i cunawaeũ
"Você quer banana amassada do periquitinho (ene), é o que você quer"
Pa Toü riyu pa Toü
"Toü, Toü"
Aĩyu aĩyu pa Toü
"Querido, querido Toü"
Rü cumaena i cowapua rü ngoruũ quiĩ, pa Toü riyu pa Toü
"Você come cowapua, Toü, querido Toü"[175]
Rü cumaena rü türüne aru daĩgüruüü quiʼĩ pa Toü riyũ pa Toü
"Você é quebrador de castanha de macaco (türüne), Toü, querido Toü"[176]

Atualmente, esse mascarado é o mais frequente nas festas. Das festas das quais participei, a quase totalidade das máscaras era de To'ü. Essa predominância se destaca na própria referência aos mascarados de forma geral, que muitas vezes são chamados de *to'ügü*, plural de *to'ü*. Contudo, existem outros mascarados que podem aparecer no ritual, muitos deles bastante raros. Apenas para mencionar alguns, Nu-

---

175 Cowapua é um fruto do igapó, apreciado pelo macaco. Parece taquari.
176 Canção gravada, transcrita e traduzida com a profa. Ticuna Hilda Tomás do Carmo.

Mascarados chegando à Festa de Moça Nova de Nova Esperança.

tchi'i e Popü são seres que saíram da montanha junto com o Tchürüne, de quem falarei adiante. Batü é um mascarado que toca bastão de ritmo (*aru*) e vive no cipoal. A existência da máscara do Yureu[177] deixa claro que existem mascarados que também são "bichos" (*ngo'o*) – nesse caso, o mais perigoso de todos os "bichos" para a moça nova. Na mesma festa, portanto, chegam para participar "imortais" (*ü'üne*), "mortais" (*yunatü*) e "bichos" (*ngo'o*). O mascarado Yewae, a cobra-grande, também pode aparecer. No mito do "homem que matou suas esposas" (*Namatü daícü*)[178] são referidas, além da máscara da aranha (*pawü*), outras duas máscaras, a do boto Tchoreruma e do Yotchiruma.

OS TURURIS E AS TINTAS

A matéria-prima principal utilizada para a confecção dessas máscaras são as entrecascas de árvore, chamadas tururi, das quais existem diversos tipos. No Peru e na Colômbia, essa entrecasca é chamada *llanchama*[179]. De acordo com o *Dicionário Houaiss*, tururi é uma pa-

---

177 Jean-Pierre Goulard, "La sur-face du masque: perpétuation et métamorphose chez les Tikuna", em: J-P Goulard, D. Karadimas [ed.], *Visages des Dieux, Masques des Hommes, Regards d'Amazonie*, Paris: CNRS-Éditions, 2011, p. 139.
178 Cf. Lucinda S. Firmino, Jussara G. Gruber, 2010, *op. cit.*, v. 2.
179 Jean-Pierre Goulard, 2011, *op. cit.*, p. 131.

lavra de origem tupi. Entre os Ticuna, ela é largamente utilizada para se referir à entrecasca da árvore da qual se fazem as máscaras e os adornos da festa. Atualmente, muitos artesãos e artistas plásticos Ticuna utilizam o tururi para fazer pinturas.

São usados diversos tipos de tururi para se fazer máscaras. O tururi *onecü*, tirado da árvore *onecütchi*, é o branquinho, usado para fazer a máscara do Mawü. Tem também o "tururi vermelho" (*nawüri*), "tururi cará" (*tchunatchi*), "tururi de cachimbomba" (*pota*), tiruri *tchounã*. O tururi *amakü* recebe esse nome, que é um termo de parentesco, porque a árvore desse tururi fica abraçada a outra árvore. Por isso, ele se chama *amacü* (cunhado), termo que pode ser traduzido como "tem mulher". Nimuendaju indica que os tururis são "certas espécies de fícus"[180] ou de *couratari*[181]. A fibra de que são feitos a franja da barra (*tchacü*) e os "cabelos" de muitos mascarados, chamada matá-matá vermelho (*türabüne*), é identificada por Nimuendaju como *Eschweilera sp*. Podemos ver na imagem a seguir a retirada da casca do matá-matá com uma estaca batida na árvore.

O final do mito do Tchürüne[182] narra sua saída de dentro da montanha Decüãpü, batendo no instrumento de casco de tracajá (*tori*), junto com sua "turma" – estes levam ainda os trompetes de bambu (*coĩri*) e o bastão de ritmo (*aru*). Muitos motivos pictóricos das máscaras também

---

180 Curt Nimuendaju, *op. cit.*, p. 81.

181 *Ibid.*, p. 147.

182 Jussara Gomes Gruber, Instrumentos musicais Ticuna, apostila manuscrita. Publicado também no volume organizado por Antonio Alexandre Bispo: "Die Musikkulturen der Indianer Brasiliens – II", em: *Musices Aptatio -1996/97-Jahrbuch*, Roma: Consociatio Intemationalis Musicae Sacrae, 1999, p. 23.

Foto: Edson Matarezio.

Retirando a fibra do matá-matá.

se originam nessa narrativa. Após a morte dos "bichos" (*ngoʾogü*) que estavam dentro da montanha, por asfixia com fumaça apimentada, "[o]s Tuḳuna contemplaram os corpos com cuidado, observando todos os detalhes, e depois copiaram os *ngoʾo* em seus trajes"[183].

A pintura é o que dá sentido às máscaras. Um informante diz a Goulard: "quando não tem pintura, ela [a máscara] não serve para nada"[184]. Entre os muitos motivos pintados nos trajes, alguns deles são sonhados pelos xamãs. Ẽʾẽ é a figura de algum "bicho" que vive na montanha e que é desenhada na máscara. Os pajés sonham com ele antes da festa e o desenham – o bicho pode ser surubim, sucuriju, cobra-grande etc.

Um motivo pictórico bastante presente nas máscaras são os artrópodes. Esses animais são relacionados à imortalidade, assim como as cobras, pelo fato de trocarem de pele. "[O] escorpião *tuchinawe*, a centopeia *epechi* e outros invertebrados, [...] [s]ua presença nas máscaras significa compartilhar um mesmo estado com a menina, sem-

---

183 Curt Nimuendaju, *op. cit.*, p. 81. Cf. Maria Isabel Cardozo da Silva Bueno, *Sobre encantamento e terror: imagens das relações entre humanos e sobrenaturais numa comunidade Ticuna (Alto Solimões, Amazonas, Brasil)*, Tese (doutorado) – PPGSA-UFRJ. Rio de Janeiro: 2014, pp. 88-92; e Jean-Pierre Goulard, "Le costume-masque", *Bulletin Société Suisse des Américanistes*, Genève, v. 64-5, 2001, p. 77.
184 Jean-Pierre Goulard, 2011, *op. cit.*, p. 134.

pre mantida em isolamento e estão em um processo metamórfico"[185]. Ao renovar a pele, eles rejuvenescem, começam um novo ciclo de vida, como acontece com a moça na festa.

Nimuendaju e Schultz descrevem alguns pigmentos naturais usados pelos Ticuna para pintar suas máscaras. Em algumas comunidades, como Nossa Senhora de Nazaré, as pessoas fazem questão de usar nas máscaras apenas pigmentos tirados da natureza. Alguns desses pigmentos são bem conhecidos, como o vermelho do urucum (*Bixa orellana*), cujas sementes do interior do fruto são maceradas e transformadas em pasta, que é misturada em água para virar uma tinta líquida. O amarelo do açafrão (*dẽpaü*, *Curcuma sp.*) é obtido esfregando a raiz direto no tururi, como um giz de cera.

A cor preta-arroxeada é obtida pela maceração ou cozimento dos frutos de uma planta arbustiva chamada *naĩcü*. Na região, esta é popularmente conhecida como pacova ou pacová (*Renealmia petasites*). Sobre ela, Schultz comenta o seguinte: "O azul é obtido a partir do fruto de uma planta arbustiva [*suffrutescent*] nativa que eles chamam de *naĩcü*. A cor em primeiro lugar é azul-preto profundo, que muda rapidamente para azul, vermelho-azul, azul brilhante e, em seguida, desaparece completamente!"[186]. Ao ver os Ticuna pintando suas máscaras com a tintura de *naĩcü*, não notei essa mudança de cor do pigmento. A cor se manteve preta-arroxeada por dias, na mesma cor do fruto. Esse mesmo pigmento é usado para tingir de preto as fibras torcidas do tucum usadas para trançar as redes. Curiosamente, essa alteração da cor descrita por Schultz é exatamente o que acontece com

---

185 *Ibid.*, p. 144.
186 Harald Schultz, 1962, *op. cit.*, p. 28.

o pigmento que resulta na cor azul. Para obter a cor azul, os Ticuna maceram as folhas verdes de um arbusto (*bure*). O resultado imediato é um liquido verde[187]. Quando este é passado nas máscaras, especialmente as de tururi mais claro, aos poucos o pigmento vai se tornando azulado. De acordo com Schultz, a tinta de cor verde "é a clorofila da folha de palmeira de pupunha triturada"[188]. Quando acompanhei o preparo de tinta verde, os Ticuna usaram as folhas maceradas de uma planta que me traduziram como "boldo", já que as mesmas folhas são usadas como remédio para o fígado.

A CONSTRUÇÃO DA MÁSCARA

Goulard resume dois mitos de origem das máscaras Ticuna. No primeiro deles, em um ritual de iniciação no qual falta carne animal, um caçador sai para caçar. Depois de matar muitos pássaros, ele encontra muitos mascarados imortais (*ü'üne*), que o ensinam a fabricar as máscaras[189]. Como os mortais (*yunatü*) agora conhecem a arte da fabricação das máscaras, a caça não é mais praticada durante os rituais, o que contrariaria "a presença dos seres sobrenaturais" na festa[190].

Na mitologia também estão presentes máscaras que saem prontas das árvores. No mito do "homem que matou as esposas dele" (*Namatü daíꞌcü*)[191], o personagem que vingará a morte de suas irmãs prepara as máscaras que levará para a festa de seu cunhado

---

187 As cores verde e azul são referidas por um único termo em Ticuna, "nayau".
188 *Ibid.*, p. 28.
189 Jean-Pierre Goulard, 2011, *op. cit.*, p. 131.
190 *Ibid.*, p. 133.
191 Cf. Lucinda S. Firmino; Jussara G. Gruber, 2010, *op. cit.*, v. 2.

inimigo apenas flechando a árvore de tururi. No momento em que ele flechava a árvore, imediatamente caía a máscara de tururi pronta. Enquanto traduzíamos essa história, Hilda comentou que "este tururi que o herói flecha é um tipo encantado. O nome deste tururi é *tüeruma*. Ele vira couro de onça. A onça *yowarune* que é a dona da árvore do *tüeruma*. Velho conta que quando a gente flecha esta árvore já cai pronta a máscara que queremos". De acordo com *O livro das árvores* dos Ticuna, os galhos dessa árvore crescem para a esquerda e para a direita. As folhas que caem no chão pela direita se transformam em onças, as que caem pela esquerda se transformam em gaviões. Há aqui, portanto, uma divisão que remete de algum modo à divisão das metades exogâmicas dos Ticuna. De um lado temos onças, um animal "sem pena", e de outro, gaviões, "com pena"[192]. O livro também informa que a árvore fornece máscaras de todos os tipos: "Yewae, O'ma, Mawü, To'ü e todas as outras. Quando alguém queria uma máscara para usar na festa, atirava uma flechinha com a zarabatana bem no tronco da árvore. Depois fazia o seu pedido. Na mesma hora a máscara aparecia, já pintada por si mesma, com desenhos de todo tipo, bonitos e coloridos"[193].

Lévi-Strauss, baseando-se nos dados da monografia de Nimuendaju sobre os Ticuna, aponta o tururi que se desprende magicamente da árvore quando ela é flechada como indicativo de que a casca da árvore é "caçada", como um animal:

---

192 A organização social Ticuna divide as pessoas em clãs, que se agrupam em duas metades exogâmicas não nominadas, mas que costumam ser glosadas como "com penas" (clãs de pássaros) e "sem penas" (animais e plantas).

193 Jussara Gomes Gruber [org.], *O livro das árvores*, Benjamin Constant: Organização Geral dos Professores Ticuna Bilíngues, 1998, p. 42.

(...) a casca, matéria-prima da roupa, também pertence a uma categoria excepcional em seu gênero, já que foi obtida através de um meio mágico: "caçada", em vez de arrancada da árvore, apresenta-se imediatamente sob a forma de tiras compridas, não sendo necessário desprendê-la laboriosamente do tronco[194].

A entrecasca da árvore usada na confecção das máscaras pode ser terminologicamente relacionada com a "pele", humana ou animal, e com a própria máscara. Assim nos explica Goulard: "A máscara é nomeada *chamü*, termo que designa a pele, humana, animal, ou a casca da árvore. O *chamü* é a expressão física e visível de todo o existente [*duügü*]"[195]. Assim, devemos relativizar a afirmação de Nimuendaju quando ele diz que "os trajes Tukuna não estão relacionados com os instrumentos musicais cerimoniais". Se, por um lado, os instrumentos não são considerados máscaras, como acontece entre alguns povos sul-ameríndios[196], por outro lado, máscaras e instrumentos se relacionam por possuírem uma "pele" (*tchamü*) vegetal comum. Mas, acima de tudo, ambos são a presentificação nos rituais dos perigosos

---

194   O autor se refere aqui ao mito M304, "A família que se transformou em jaguares", Claude Lévi-Strauss, 2004 [1967], *op. cit.*, pp. 341-2; Curt Nimuendaju, *op. cit.*, pp. 147-8. As referências do trecho citado são de Claude Lévi-Strauss, *op. cit.*, p. 343; Curt Nimuendaju, *op. cit.*, p. 81.
195   Jean-Pierre Goulard, 2011, *op. cit.* p. 134.
196   Vejamos o exemplo dos Waujá, povo de língua arawak habitante do Parque Indígena do Xingu. As flautas kawoká são as máscaras dos seres kawoká. Cf. A. T. C. Piedade, "From musical poetics to deep language: the ritual of the Wauja Sacred Flutes", em: Jonathan D. Hill; Jean Pierre Chaumeil [org.], *Burst of Breath: New Research on Indigenous Rutual Flutes in Lowland South America*, Lincoln: University of Nebraska Press, 2011, p. 244. As kawoká são consideradas um tipo de "apapaatai, um ente sobrenatural perigoso, aliás, o mais perigoso". *Idem, O canto do kawoká: música, cosmologia e filosofia entre os Wauja do Alto Xingu*, Tese (doutorado) – Universidade Federal de Santa Catarina. Florianópolis: 2004, p. 30.

Fotos: Edson Matarezio

Examinando o tururi, 2017 (p. 168, acima).

Bastão de buriti usado para aplicar a tinta na máscara, 2017 (p. 168, abaixo).

Acima, carimbo de madeira Tukuna em forma de borboleta e flor, feito pelo índio Hermano, coletado por Harald Schultz e Herbert Baldus em 1958.

"bichos" (*ngo'ogü*). A voz (*ga*) dos grandes trompetes – o *to'cü* e o *iburi* – que tocam para as moças são a voz desses "bichos"[197].

Os comentários que ouvi de alguns Ticuna sobre o mito em que se obtinham máscaras apenas flechando a árvore do *tüeruma* relatam que, "antigamente", no tempo do mito, era mais fácil se obterem as máscaras. Hoje é necessário muito trabalho para fazê-las. Acompanhei o processo de fabricação de uma série de máscaras que foram feitas para uma Festa de Moça Nova realizada na comunidade de Nova Esperança[198]. Para se acompanhar um processo desse, deve-se permanecer nas comunidades convidadas. Estas levarão as máscaras para que sejam trocadas por bebida e carne moqueada. Segundo o colaborador de Valenzuela, o número de mascarados será limitado pela quantidade de carne moqueada que o "dono da Festa" tem para oferecer. O próprio dono convidará uma quantidade de mascarados condizente com a quantidade de moqueado que possui[199]. Todo mascarado receberá sua parte da caça e dos peixes defumados, além de beber muito pajauaru e seu caldo.

De acordo com Goulard, que pesquisou grupos Ticuna habitantes do Peru e da Colômbia, a fabricação dos trajes é um trabalho

---

197 Edson Matarezio, *IBURI Trompete dos Ticuna*, Filme documentário, São Paulo de Olivença (AM), São Paulo (SP), Lisa-USP, Fapesp, DVD, NTSC, 14 min., cor, som, 2014. Disponível em: <www.vimeo.com/lisausp/iburi>. Acesso em: 2 abr. 2019; Idem, 2015a, *op. cit.*; Idem, *A Festa da Moça Nova – Ritual de iniciação feminina dos índios Ticuna*, Tese (doutorado) – USP. São Paulo: 2015b, pp. 320-8. Disponível em: <https://goo.gl/1aWBpH>. Acesso em: 2 abr. 2019.
198 Comunidade próxima à boca do rio Jandiatuba, cidade de São Paulo de Olivença, Amazonas, Brasil.
199 Hugo Ramos Valenzuela, *El Ritual Tikuna de la pelazón en la Comunidad de Arara, sur del trapecio amazónico. Una Experiencia Etnográfica*. Tesis de maestría en Estudios Amazónicos/Universidad Nacional De Colombia, Sede Amazonía, 2010, p. 129.

exclusivamente masculino[200]. No Brasil, acompanhei muitas mulheres que se dedicavam a fazer máscaras nas vésperas das festas. Mas o uso delas por mulheres é bastante reduzido. Na estimativa de Nimuendaju, são "cerca de 90 por cento dos trajes para homens, 7 por cento para meninos entre oito e quinze anos de idade, e os 3 por cento restantes para meninas e mulheres jovens"[201]. Apesar de ajudar a confeccioná-las para seus filhos, maridos e parentes mais próximos, são poucas as mulheres que se apresentam vestidas de máscaras nos rituais. E nunca usam as máscaras que portam os pênis dos seres das máscaras.

Para se finalizar uma máscara não muito elaborada, despende-se cerca de uma semana de trabalho, com mais de uma pessoa ajudando. As máscaras que exigem muito trabalho precisam de mais tempo e mais pessoas para ajudar. O mais demorado é a retirada da entrecasca dos troncos trazidos da floresta. Para se bater um tururi não muito grande, tira-se o tronco da árvore pela manhã e bate-se até o fim da tarde. Depois o tururi tem de ser lavado no rio e colocado para secar. Esse processo pode ser acelerado nos fornos de torrar farinha, mas, em geral, são deixados por um dia no sol quente. Para a máscara, o tururi deve estar completamente seco, para não estragar as fibras, mofar ou apodrecer.

A entrecasca é batida para descolar do tronco. Trata-se de um processo delicado: não se pode bater muito forte, para que as fibras se rompam uniformemente, não surjam buracos, e para que o tururi fique parecido com um tecido. A parte mais externa da casca

---

200 Jean-Pierre Goulard, 2011, *op. cit.*, p. 140.
201 Curt Nimuendaju, *op. cit.*, p. 80.

Passando tinta de pacová no carimbo de buriti, 2017.

da árvore é raspada com o terçado e começam as batidas suaves no tronco, com um cacete de madeira. Aos poucos, a entrecasca vai se soltando do tronco, até que se possa puxá-la inteira. O tururi é virado pelo avesso e continuam a bater nele, para que estique, fique mais maleável e leve. Conforme as batidas vão rompendo as fibras da entrecasca, o tamanho do tururi vai aumentando. A imagens que apresento dos Ticuna retirando o tururi e fabricando as máscaras são muito próximas das registradas por Schultz nos anos 1950.

A aplicação da tinta pode ser feita com um bastão de talos de buriti (*Mauritia flexuosa*) ou com o cabo de uma colher, por exemplo, para fazer traços mais finos.

Pode-se também utilizar os carimbos para reproduzir desenhos e grafismos nas máscaras. Esses carimbos foram abundantemente coletados por Schultz.

Atualmente, os materiais e as técnicas de pintura podem ser substituídos por tecido, tintas industriais, pincéis etc. No entanto, isso faz com que o valor da máscara no momento da troca pelo moqueado e pela bebida fermentada caia bastante. Ou seja, o mascarado recebe menos moqueado e bebida por ela. Isso acaba sendo um incentivo para que se usem os materiais e as técnicas mais tradicionais.

As máscaras coletadas, as imagens e os pequenos textos registrados por Schultz são um tesouro salvaguardado pelo Museu de Arqueologia e Etnologia (MAE-USP). Dessa forma, gerações de Ticuna poderão ver como seus antepassados faziam as máscaras e outros objetos. Quando tive a oportunidade de lhes mostrar algumas fotografias das máscaras do MAE-USP, senti certo saudosismo da parte de alguns deles, que disseram que antigamente as máscaras eram mais abundantes, mais bem elaboradas e variadas. Mas também havia reações de orgulho, como: "também sei fazer esse tipo de máscara, esse tipo de desenho" ou "conheço quem sabe fazer isso". A cultura das máscaras Ticuna continua bem viva e valorizada em muitas comunidades. As experiências que tive mostraram que, quando apresentadas aos Ticuna, as imagens das peças reavivam esse gosto pelas máscaras rituais e pela Festa da Moça Nova.

COMO FAZER UM FILME ETNOGRÁFICO PARA A ENCICLOPÉDIA CINEMATOGRÁFICA?: AS COLABORAÇÕES ENTRE VILMA CHIARA E HARALD SCHULTZ[202]

Maria Julia Fernandes Vicentin

Muito se discute a respeito das coleções etnológicas em museus antropológicos, como é o caso do MAE-USP – e neste momento, sobretudo, da Coleção Harald Schultz. Quando refletimos sobre essas coleções, sabemos que é imprescindível analisar as trajetórias e motivações dos "coletores" em campo. Isso porque, na medida em que se compreende que uma coleção pode revelar aspectos da intencionalidade e da identidade de quem coletou, ela também revela o contexto histórico em que foi formada e, posteriormente, conservada institucionalmente[203].

Não tão distante da discussão sobre a materialidade dos objetos, estão as imagens etnográficas e o campo da antropologia visual. Falar sobre fotografias e filmes, ou materialidade visual, é falar também sobre imagens "coletadas", ou, utilizando o vocabulário das ciências visuais, "imagens capturadas".

Conforme são feitas as escolhas a respeito de quais objetos serão intencionalmente ou não coletados pelos etnólogos, adiciona-se o fato de que no âmbito das imagens não são somente "documentados" aspectos culturais privilegiados pelo autor: imagens são também editadas, recortadas e, portanto, são manipuladas as escolhas da realidade a ser apresentada – e, consequentemente, representada.

---

202   Agradeço a minha orientadora, Sylvia Caiuby Novaes, que, além de ser minha mestra no campo das reflexões imagéticas, foi também quem sugeriu o título deste artigo, escrito em 2018 especialmente para este livro. Cabe ressaltar que algumas das perspectivas apontadas aqui se transformaram nesses últimos anos de pesquisa com o acervo. Atualmente, sigo como mestranda e redijo uma dissertação mais completa e atualizada sobre o assunto.

203   Fabíola A. Silva, César Gordon [org.], "Objetos vivos de uma coleção etnográfica: A curadoria da coleção etnográfica Xikrin-Kayapó no Museu de Arqueologia e Etnologia da Universidade de São Paulo", *Revista do Museu de Arqueologia e Etnologia*, São Paulo, suplemento 7, 2008, p. 43.

Este artigo se debruça sobre a imagem – não somente coletada ou capturada[204], mas em uma perspectiva contemporânea –, e sobre a construção imagética de Harald Schultz e Vilma Chiara a respeito dos povos indígenas, analisada a partir do material fílmico da Enciclopédia Cinematográfica (EC) do Instituto do Filme Científico de Göttingen (IWF). Compreender essas imagens etnográficas engloba não somente o objetivo científico, a qualidade da comunicação do conhecimento que pretende ser transmitido por meio do material fotográfico e fílmico, ou seja, a informação que a ação elencada nas imagens nos ensina. Esse processo envolve especialmente a compreensão da linguagem fílmica desenvolvida a partir da captura de imagens, da edição destas, além de outros aparatos que possam vir a fazer parte da produção (no caso da EC, as ementas explicativas que acompanham os filmes etnográficos mudos, por exemplo). Ou seja, questões que nos aproximam mais dos "modos de coleta" das imagens e das motivações que estavam por trás dessa prática. Afinal, o filme tem uma dupla natureza: ele é registro e linguagem[205].

Portanto, a questão "Como fazer um filme etnográfico para a Enciclopédia Cinematográfica do IWF?" se torna central para a análise da linguagem do material visual produzido pelo casal de etnólogos entre os anos de 1944 e 1965. Tal indagação nos possibilita extrapolar abordagens focadas somente no objetivo científico das imagens, cuja fórmula é a autenticidade da imagem enquanto documento, para pensar,

---

204 Noções mais próximas de uma ideia positivista da imagem que serão melhor apuradas no decorrer do artigo.

205 Sylvia Caiuby Novaes, "El filme etnográfico: autoría, autenticidad y recepción", *Revista Chilena de Antropología Visual*, v. 15, 2010, p. 3. Disponível em: <http://www.antropologiavisual.cl/index_15.htm>. Acesso em: 19 dez. 2019.

em seguida, em temas como a recepção e apropriação dessas imagens por outros agentes, senão pelos próprios produtores/destinatários desse importante projeto visual do Instituto do Filme Científico.

A ENCICLOPÉDIA CINEMATOGRÁFICA DO INSTITUTO DO FILME CIENTÍFICO DE GÖTTINGEN

No início dos anos de 1950, o IWF estava prestes a sair da sombra de seu antecessor, o Reichsanstalt für Film und Bild in Wissenschaft und Untericht (RWU)[206], uma instituição do pós-guerra em que encontramos as raízes dos filmes educacionais para universitários na Alemanha[207]. Em 1954, o departamento é renomeado como Institut für den Wissenschaftlichen Film (Instituto do Filme Científico) e, em 1952, é fundada a coleção da *Enciclopédia Cinematográfica*. Wolf Gottward[208], um dos idealizadores da EC e principal editor dos filmes de Harald Schultz e Vilma Chiara, assim descreve algumas ideias conceituais do projeto:

> A enciclopédia de filmes é destinada a objetivos científicos. Sua tarefa é a de oferecer trabalho de pesquisa e ensino científico. A enciclopédia de filmes é um arquivo geral de filmes científicos, em que filmes individuais são arquivados de maneira sistemática e um sistema específico de organização é permitido. O filme da enciclopédia é tão planejado que contém um ótimo grau de realidade.

---

206 Instituição do Regime Nazista (Terceiro *Reich*) para cinema e imagem em ciência e ensino.
207 Rolf Hussmann, "Uma abordagem científica do cinema etnográfico: Peter Fuchs e a antropologia visual alemã", *Cadernos de Antropologia e Imagem*, Rio de Janeiro, v. 21, n. 2, 2005, pp. 45-59.
208 Wolf Gottward (1972; 1987) a*pud* Rolf Husmann, *op. cit.*, p. 49.

Para que fosse alcançado esse alto grau de realidade e de objetiva-ção científica, não era permitido manipular as cenas, reorganizando a cronologia, ou adicionar elementos que desviassem a atenção, como comentários ou música, por exemplo.

Apesar de o projeto da EC dispor de uma variedade de temas científicos como biologia, medicina, desde o início a etnologia e o filme etnográfico se tornaram os principais campos de atividades do instituto[209]. Como resultado desse destaque na pesquisa etnológica, quase todos os filmes da EC lidam com cultura material, produção de comida, dança, ou partes visíveis de rituais, incluindo a explicação mais profunda na publicação escrita, e não no filme, o qual deveria ser mudo e sem comentários[210].

O FILME ETNOGRÁFICO DE ARQUIVO

Diante das regras declaradas do projeto da EC durante o período de produção dos filmes por parte de Schultz e Chiara, era essencial que os filmes científicos tivessem um "ótimo grau de realidade", ou seja, um ótimo grau de verdade.

Sabemos que o *status* de documento na fotografia e no cinema foi adquirido devido a uma crença na imagem como prova. Alguns autores, como Rouillé[211], discutem a respeito de uma cisão conceitual entre documento e arte. Rouillé propõe que, nessa acepção da ima-gem como documento, a fotografia ou o filme são afastados de uma

---

209 Beate Engelbrecht, "Moving Images. Visual Anthropology at the Institute for Scientific Film in Germany", *Revista de dialectología y tradiciones populares*, v. LIII, n. 2, 1998.

210 Rolf Hussmann, *op. cit.*, p. 50.

211 André Rouillé, *A fotografia entre documento e arte contemporânea*, São Paulo: Senac, 2009.

ideia de arte, da dimensão poética e da subjetividade no processo de representação do outro.

Por isso, a onisciência da câmera e, consequentemente, a invisibilidade de quem filma faziam parte do conceito cinematográfico da época, e Schultz e Chiara compartilhavam também desses pressupostos. Era uma ideia da câmera como prótese do olho que "documenta" a realidade e, portanto, a verdade.

> O negócio era o seguinte, do jeito que a gente fazia o filme, não deveria cortar e colar. Ele tinha que ser autêntico do começo ao fim. Porque isso de cortar e colar, você constrói uma outra [narrativa], trabalha esse filme. E nós não... era autenticamente, uma cena depois da outra, coordenada pela confecção do objeto. E nós concordávamos com a regra. Era uma documentação autêntica. Porque você pode reconstruir, pegar os pedaços do filme, mas eles [IWF] não queriam que a gente pegasse pedaços de filme nem que a gente fizesse pedaços de filme. Então nós tínhamos que filmar uma coisa depois da outra. É por isso que eu, diretora de cena, amenizava essa rigidez. Fazia com que as pessoas ficassem menos rígidas e trabalhassem prestando atenção no que estavam fazendo, e não prestando atenção em quem estava fotografando[212].

A partir da reflexão acerca dos conceitos do filme científico, documental, etnológico, compartilho de um termo desenvolvido por Costa[213] a respeito da produção visual por parte de etnólogos portu-

---

212 Vilma Chiara, entrevista concedida em: 12 maio 2018, em Curitiba-PR.

213 Catarina Alves Costa, *Camponeses do cinema: a representação da cultura popular no cinema português entre 1960 e 1970*, Lisboa: Universidade Nova de Lisboa, 2012.

gueses para o projeto da EC em Portugal. Nesse caso, a partir da filmagem de temáticas campesinas e de pesca por parte dos etnólogos, Costa[214] pensa tal produção como "filmes etnográficos de arquivo", pois, para ela, esses são "registros visuais" que se cruzam diretamente com a etnologia como campo disciplinar.

Vale lembrar que, na época de atuação de Schultz e Chiara em campo, a disciplina antropológica ainda estava se consolidando nas instituições de ensino e no país. Diante disso, a produção científica e suas ideias metodológicas eram relevantes para a disciplina, pois existia uma intensa busca de afirmação dessa área de conhecimento antropológico. Esse contexto provavelmente refletiu também nos modos de produção das imagens por parte do casal de etnólogos.

Por exemplo, no campo imagético da Comissão Rondon, anteriormente ao trabalho de Schultz neste órgão, Tacca[215] analisa como a produção visual da instituição tinha um viés propagandista a respeito da "civilização" dos povos "selvagens". As fotografias e filmes produzidos eram antes parte de uma estratégia de *marketing* favorável à construção de uma imagética do sertão e dos povos indígenas no Brasil para as populações citadinas que uma documentação que privilegiasse os saberes locais de cada grupo indígena.

Como uma continuidade da Comissão Rondon e com uma metodologia detalhada de indexação das imagens, a Seção de Estudos do SPI, criada no começo da década de 1940, produziu impressionante acervo de

---

214 *Ibid.*, p. 135.
215 Fernando Tacca, *A imagética da Comissão Rondon – etnografias fílmicas estratégicas*, Campinas: Papirus, 2001.

aproximadamente dez mil negativos de grupos étnicos. Harald Schultz e Heinz Foerthmann foram seus principais fotógrafos, e a produção pode ser classificada como umas das primeiras frentes da fotografia moderna no Brasil, no campo da documentação. Festas, cerimônias, rituais e cultura material são os temas da documentação de caráter etnográfico. [...] Identificamos uma necessidade de compreender visualmente esses povos pela ampla produção fotográfica das características diversas das culturas indígenas. Ainda pouco estudado, esse acervo de imagens desloca a questão indígena dos campos anteriores, do exótico ou da afirmação da territorialidade nacional, para um lugar de estudo e compreensão mais ampla da existência da diversidade étnica no Brasil[216].

É pela perspectiva de uma estrita proposta de estudo científico dos grupos indígenas no Brasil que podemos situar a produção imagética de Schultz e Chiara. No limite, podemos exceder tal conclusão para pensar também a respeito dos objetos coletados pelo casal durante as expedições do Museu Paulista, sobretudo quando Chiara declara[217] que os temas de filmagem escolhidos para os filmes da EC estavam ligados às coleções que seriam formadas para a instituição.

Dessa maneira, há uma centralidade do trabalho científico do casal que coloca em diálogo áreas distintas do campo etnológico: a materialidade dos objetos e o registro de seus processos produtivos. São, enfim, informações científicas que atuam na comunicação entre o objeto coletado e suas imagens em movimento no próprio contexto original.

---

216 *Idem*, "O índio na fotografia brasileira: incursões sobre a imagem e o meio", *História, Ciências, Saúde – Manguinhos*, Rio de Janeiro, v. 18, n. 1, jan.-mar. 2011, p. 212.
217 Entrevista concedida em 12 maio 2018, em Curitiba-PR.

Via de regra, é o uso documental da fotografia e da filmagem que mais interessa à maioria dos antropólogos que delas fazem uso até hoje. Afinal, são recursos estratégicos que se aliam também ao caderno de campo, permitindo registrar o que dificilmente conseguimos descrever em palavras, seja pela densidade visual daquilo que registramos, seja por seu aspecto mais sensível e emocional[218].

AS COLABORAÇÕES DE HARALD SCHULTZ E VILMA CHIARA PARA O PROJETO DA EC

Uma das instruções para a realização do filme etnográfico e científico alemão era que, "para filmar a realidade de forma mais profunda, o antropólogo deve conhecer muito bem a cultura e as pessoas que serão filmadas"[219]. Dispondo de extensa trajetória como etnólogo e fotógrafo de povos indígenas no Brasil[220], certamente em razão de seu trabalho na Seção de Estudos (SE) do Serviço de Proteção aos Índios (SPI) e posteriormente na condição de etnólogo e fotógrafo do Museu Paulista (MP-USP), Harald Schultz foi convidado a colaborar com a EC logo no início do projeto da coleção de filmes científicos.

Vilma Chiara, também colaboradora dessa produção, comenta que a paixão de Schultz em relação à fotografia era visceral. Ele vivia com a câmera junto ao corpo, quase como um terceiro olho. Contu-

---

218 Sylvia Caiuby Novaes, "A construção de imagens na pesquisa de campo em antropologia", *Iluminuras*, Porto Alegre, v. 13, n. 31, jul.-dez. 2012, p. 13.

219 Rolf Hussmann, *op. cit.*, p. 51.

220 Para mais informações a respeito das experiências de Schultz como fotógrafo etnográfico, ver Aline M. Batistella, *op. cit.*; Sandra M. C. T. L. Campos, 1996, *op. cit.*; *Idem*, "Por uma antropologia do olhar: a coleção Harald Schultz no Museu de Arqueologia e Etnologia", *Cadernos de Antropologia e Imagem*, Rio de Janeiro: 1999, v. 8, n. 1, pp. 145-60.

do, ocasionalmente, tal atividade gerava conflitos e desaprovações em seu ambiente de trabalho.

> Às vezes o Baldus era muito sacana, porque ele dizia para mim: "fala pro Haroldo largar a máquina fotográfica, porque isso só atrapalha". Eu, quieta. Porque eu sabia que o Baldus tinha ciúmes. Era através das fotografias do Haroldo que ele tinha publicações na *National Geographic*. Ele tinha muita abertura, por causa das fotografias. E o Baldus tinha ciúmes, pode? [...] Disse assim para o Haroldo: "enquanto você anda com essa máquina no pescoço você está prejudicando suas pesquisas". Você vê que é um tempo que você nem imagina que existe... Fotografar não era antropologia. Fotografar atrapalhava a pesquisa[221].

O casal se relacionava de modo passional com as imagens e, para além disso, acreditava nelas como meio científico para um fazer etnográfico. E, como afirma Chiara, o que faziam com a fotografia e as filmagens era pesquisa. Contudo, como toda pesquisa, é necessário que haja método na utilização dos instrumentos visuais, o que não estava distante das reflexões teóricas do casal.

> O Haroldo fotografava de tal maneira que reproduzia uma cena depois da outra. Você tem o objeto sendo feito, que é muito importante. Começando pelo índio andando na estrada e catando folha pra fazer cesto. Primeiro catar folha, depois botar folha assim, depois trançar assim etc. [...] A gente discutia muito, organizava antes os objetos que eram traduzíveis em documentação cinematográfica.

---

221 Vilma Chiara, entrevista concedida em 12 maio 2018, em Curitiba-PR.

Tinham que ser ideias concretas, como a gente iria filmar um pensamento? Então você precisava filmar a confecção disso, daquilo etc. Eles [IWF] queriam sem áudio. E o áudio perturba mesmo. Pra que áudio? O áudio perturba. As informações que eram relevantes sobre o artesanato, eu anotava. Eu acrescentava no texto, as informações obtidas durante a filmagem, durante essa operação. O Haroldo estava mais preocupado na informação visual e eu na informação etnográfica. Porque era eu que perguntava, que ia, que era xereta[222].

Além disso, Chiara conta que o acesso a vários vídeos e dados etnográficos coletados pelo casal só foi possível devido à sua presença feminina na aldeia. Segundo ela, enquanto Schultz se encarregava de suas pesquisas com interlocutores homens, ela se debruçava no trabalho das mulheres – algo até hoje bem recorrente na prática de pesquisa etnográfica.

Não era tão simples chegar e dizer para eles que queríamos fazer um filme, a gente fazia pesquisa. Fazia pesquisa no diário, e eu tinha como um método de pesquisa ficar com as mulheres, trabalhando com elas. [...] Era eu que fazia isso do universo feminino, tomando banho com as índias, me desenhavam. Eu fazia de tal maneira que a

Fotogramas de filmes etnográficos de arquivo do ano de 1962, referentes ao grupo Rikbaktsá, intitulados como "trançando um cesto para carregar".

---

222 *Ibid.*

Fonte: Acervo MAE-USP - Enciclopédia Cinematográfica - A000050 (1962).

183

gente não impunha a minha presença, mas eu oferecia ajuda com a minha presença. O que elas faziam, eu fazia também. Eu era tolerada, amiga. Quando eu ia embora, elas choravam: "ah, mas você vai embora". Essa era a minha contribuição como mulher, atuando na aquisição de dados etnográficos feitos entre as mulheres. Porque quando um homem chegava lá, elas não faziam para um homem ver[223].

Além de ajudar Schultz a filmar ações relacionadas às práticas do gênero feminino na aldeia devido à relação que conseguia estabelecer com as mulheres, Chiara foi assistente de produção/direção nas filmagens do marido. Cuidava da iluminação das cenas e também atuava no "relaxamento" e na "naturalidade" dos trabalhos indígenas frente à câmera, outro método utilizado pelo casal para a realização dos filmes etnográficos em campo.

O Haroldo precisava, por exemplo, quando o índio estava fazendo isso aqui (mostra um movimento de trançado). Ficava a sombra [no objeto], no escuro. Eu jogava a luz com os refletores. Eu era diretora de cena. Eu iluminava o que ele estava fotografando com reflexos dourados e prateados feitos com um guarda-chuva de combus [sic] ou placas, dependendo dos objetos. O que acontecia é que, quando eles sabiam que estavam sendo fotografados, ficavam "duros". Aí eu precisava "distrair" eles. Ele era o diretor de cena e eu era aquela mulher que "ficava por trás". [...] Os indígenas ficavam incomodados quando a gente filmava, ficavam querendo fazer a coisa para alguém que está olhando. Sabe essa ideia de quando

---

223 *Ibid.*

você está fazendo uma coisa e alguém está observando, então você fica preso a essa ideia de que alguém está te criticando. Então, o meu papel era distraí-los com perguntas, coisas, que não tinham nada a ver. Aí eles relaxavam e eu ficava falando, assim, conversando, jogando luz, enquanto isso o Haroldo filmava[224].

Aqui assinalamos que a busca pelo "relaxamento" e a "naturalidade" dos corpos indígenas frente às câmeras era algo fundamental da prática de registro de imagens, dessa "documentação" visual que buscava uma autenticidade, uma verdade da imagem, sobre a qual Chiara discorre em seu relato. É possível relacionar essa prática com o cinema-verdade de Vertov[225], a máquina filmadora como uma presença discreta, uma "mosca na parede" que observa a realidade acontecer. Para isso, é necessário que os corpos ajam de forma natural diante da câmera, para que a imagem se aproxime ao máximo da realidade e, consequentemente, como na acepção já aludida, de uma "verdade científica".

Tal metodologia de filmagem foi compartilhada por muitos pesquisadores etnólogos que operavam os instrumentos de filmagem e fotografia, como é o caso de Margaret Mead e Gregory Bateson, considerados percursores da antropologia visual e desse tipo de metodologia da "câmera invisível". O casal de antropólogos pesquisou em Bali, na década de 1940, e procurou analisar a infância, a socialização, o desenvolvimento da criança e de sua personalidade, utilizando a fotografia

---

224 *Ibid.*

225 Vertov é um cineasta conhecido como precursor da prática documental no cinema, o chamado cinema-direto. Ele denominou esse tipo de cinema como "cine-olho", enquanto Jean Rouch e Edgar Morin, cineastas posteriores a Vertov, intitularam esse tipo de produção cinematográfica como "cinema-verdade".

como uma "metodologia de precisão e integridade"[226]. É nesse contexto que localizamos os filmes da Enciclopédia Cinematográfica, cujo objetivo de obter a naturalidade dos corpos frente à câmera e a invisibilidade de quem filma é detectado a partir das técnicas específicas de filmagem e de pesquisa com os indígenas, como relatou Chiara.

São muitos, e riquíssimos, os relatos de Chiara para a reflexão sobre os modos de execução dos filmes etnográficos para a EC por parte do casal. Gostaria de comentar brevemente a relação entre os etnólogos, os indígenas e as câmeras, relação que julgo ser central para os objetivos deste artigo.

RELAÇÕES DOCUMENTADAS, ALTERIDADE INVESTIGADA

Assim como uma coleção de objetos revela intencionalidades e identidades sobre o coletor, o que o documento cinematográfico revela é a relação construída entre os realizadores e os sujeitos filmados. Portanto, os filmes etnográficos não falam somente sobre o outro; falam do *encontro* com o outro. O que está em jogo é o engajamento do etnólogo com a cultura diferente[227].

É eminente durante a visualização dos filmes a frequência dos mesmos personagens entre as imagens relacionadas ao grupo. Isso aponta para a possibilidade de um envolvimento mais profundo estabelecido entre os etnólogos com algumas pessoas específicas da aldeia pesquisada. Chiara confirma esse dado quando comenta que tais

---

226 Edwards *apud* Sylvia Caiuby Novaes, 2012, *op. cit.*, p. 13.
227 MacDougall *apud* Sylvia Caiuby Novaes, "Imagem, magia e imaginação: desafios ao texto antropológico", *Mana*. São Paulo, v. 14, n. 2, 2008, p. 470.

indígenas "eram as pessoas com quem nós tínhamos mais relação, eram informantes".

Realizar filmes etnográficos, como já mencionado, decorre necessariamente de uma imersão em campo e de uma relação de confiança com os sujeitos de pesquisa. No caso de Schultz e Chiara, com alguns grupos foi um curto período em campo, e com outros, como os Krahô, uma longa e intensa relação de aliança. Dessa maneira, o casal foi, inclusive, nomeado "embaixadores Krahô", entregando-se ambos a ritos de passagens e outras cerimônias para que fosse firmado o vínculo com o grupo[228]. Como resultado dessa profunda relação, podemos contabilizar vinte filmes etnográficos a respeito de diversos aspectos culturais dos Krahô. É o maior número de filmes etnográficos de arquivo referente aos grupos com quem pesquisaram.

As imagens gravadas que integram o acervo de museus devem ser objeto da mesma preocupação existente com relação às coleções de objetos de cultura material. Grupioni afirma:

> Os objetos guardados em museus não são apenas "patrimônio da nação", eles são patrimônio de povos específicos, produzidos por pessoas, cujos descentes ainda estão vivos e para os quais essas produções poderiam ter novos e insuspeitados sentidos. É na condição de patrimônios étnicos que eles podem ser postos à disposição desses povos indígenas e é com este *status* que eles interessam a estes povos. Pensar na possibilidade da gestão compartilhada destes acervos, envolvendo representantes das comunidades indígenas

---

228   Aline M. Batistella, *op. cit.*; Vilma Chiara, entrevista concedida em 12 maio 2018, em Curitiba-PR.

e museus guardiães, pode abrir novas possibilidades de diálogo e cooperação neste campo de relações[229].

Ao situar o material visual de Schultz e Chiara também como um acervo salvaguardado por um museu, é relevante que se estenda esse tipo de discussão a respeito dos objetos etnográficos para o âmbito das imagens etnográficas. Assim, é preciso não somente apresentar uma devolutiva para os respectivos grupos filmados em relação ao material visual documentado pelos etnólogos – sabemos que muitos dos grupos desconhecem tais filmagens (possivelmente as primeiras sobre suas culturas) –, mas, sobretudo, ouvir o ponto de vista nativo a respeito desse acervo. Afinal, além de as imagens serem registro sobre suas culturas e, portanto, patrimônio do grupo, elas são imagens de seus antepassados.

Essas imagens têm um potencial de ativação da memória, seja a memória do próprio grupo, seja a relativa aos pesquisadores estrangeiros, como recordam os Kaxinawá em seu livro *A história dos Caxinauás contada por eles mesmos*. Na terceira parte do livro, onde é narrado o encontro com os "nauás verdadeiros"[230], podemos encontrar um importante relato a respeito do "Alemão que viveu com os Caxinauás", Harald Schultz.

A visita do alemão aos caxinauás foi assim. Os caxinauás viram um alemão alto, de cabelo ruivo. Chamaram-no de *Yaix Buxka*, "cabeça

---

229 Luís Donisete B. Grupioni, "Os museus etnográficos, os povos indígenas e a antropologia: reflexões sobre a trajetória de um campo de relações". *Revista do Museu de Arqueologia e Etnologia*, São Paulo, Suplemento 7, 2008, p. 30.
230 Os brancos.

de tatu". Os caxinauás deram-lhe um nome, um apelido. Ele parecia com um parente caxinauá falecido cujo apelido era Yaix Buxka. Ele tinha uma câmera. Os caxinauás estavam fazendo a festa do Buna Waa quando ele chegou e tirou foto. Também tirou fotos de como pescavam, de como faziam seus artesanatos e de como as mulheres cozinhavam. Ele tirava foto de tudo o que faziam: arrancar macaxeira, tecer rede com desenho, preparar o algodão, pintar o corpo com jenipapo. Viveu um tempo com eles. Parece que vivia assim, trabalhando muito bem com aquela família caxinauá dele. [...] Quando estava próximo de sua viagem de retorno, ao anoitecer, Yaix Buxka reuniu todos e pegou um livro grande que havia trazido. Mostrou a todos e leu. Ele continha a vida dos caxinauás, o mito da queixada, da Nete Bekum, tinha todos os mitos. Todos se cercaram dele, que lia o livro. Ele suava muito. Os caixauás que viam o livro diziam: "É como nossa língua: Quem será que lhe ensinou 'a origem da nossa família?' O alemão deve ser uma pessoa da nossa família que se separou e agora voltou para ficar conosco. Assim vamos ser generosos com ele, sem temor, e tê-lo como alguém dos nossos"[231].

COMENTÁRIO FINAL

Se o presente capítulo teve como foco a reflexão sobre a construção imagética de Schultz e Chiara a respeito dos povos indígenas para o IWF, não podemos deixar de considerar também as reflexões indígenas acerca do trabalho do casal de etnólogos nas aldeias. Uma

---

231 Eliane Camargo; Diego Villar [org.], *A história dos Caxinauás por eles mesmos*. São Paulo: Edições Sesc, 2013, p. 187.

imagem antes coletada ou capturada pelos etnólogos a respeito desses grupos engloba também a potência da recordação do ato por parte de alguns indígenas, ainda que estes não tenham visto anteriormente a si mesmos ou seus antepassados nas imagens captadas pelos etnólogos, como é o caso dos Kaxinawá e dos outros nove grupos representados nos filmes da EC. Por isso, as relações entre os indígenas e os etnólogos, além de serem registradas nos filmes e fotografias, possuem no campo imagético uma potência que certamente deveria ser investigada.

Buscar compreender as interlocuções entre instituições museais, antropólogos e povos indígenas exige seriedade de escuta e atenção às demandas entre essas partes. Devem ser reconhecidos, sobretudo por parte da comunidade científica, não somente uma das principais coleções de objetos indígenas já coletadas no Brasil, a Coleção Harald Schultz, mas também a diligência desses precursores da antropologia visual no país, Harald Schultz e Vilma Chiara.

A HISTÓRIA DO MUSEU WORIKG E DO GRUPO CULTURAL KAINGANG DA TERRA INDÍGENA VANUÍRE[231]

Dirce Jorge Lipu Pereira e Susilene Elias de Melo

PARTE I: A NETA, A VÓ E A APRENDIZAGEM NA TRADIÇÃO

Susilene – Comecei a aprendê as coisa com a minha vó [Jandira Umbelino], o meu pai e minha mãe se separaram e a gente foi morá ca vó. A vó que ensinava a fazê a comida, a falá no idioma. Ela pedia água, feijão, faca, tudo na língua Kaingang, fui crescendo e aprendendo. E foi me ensinando como fazê o alimento. Ela falava: "Fia, você precisa aprendê a fazê a comida Kaingang, eu não sei, a vó já tá ficando veia, daqui uns tempo, cês não vão tê eu mais, eu não vô ficá pra raiz, eu não sô semente." Eu tinha dois irmão, a Lucilene e o Vanderlei, eles era mais novo, num consiguia ainda ralá a mandioca, a torcê. Enquanto eu ralava mandioca, a vó tava lavando ropa no tanque, eu sentava e ficava prestando atenção nela. Ela ficava quetinha cantando, lavando e esfregando a ropa e cantando. Cantava e cantava no idioma, eu largava tudo que tava fazendo e chegava bem quetinha: "O, vó, que cê tá cantando?" E falava: "Tô cantando pra chovê, tá muito seco. Oia como que tá seco. E daqui uns dia, tão seco que tá, vai faltá água pra nóis". Naquele tempo, num tinha caixa de água como hoje. E ela cantava, eu falava: "Vó, ensina eu a cantá." Aí falava: "Esse é um cântico sagrado, eu não vô ensiná. Otro dia a vó ensina. Vai lá mexê com o *kanheree*. Cê largô o *kanheree*, por que não acabô de mexê com o *kanheree*?" Eu sentava lá e ralava a mandioca. E assim ia passando. Aí, ela ensinava como pedi a água: "Quero *goj-kuthia*." Aí, eu sabia que ela queria água gelada. Pedia

---

232 Depoimentos gravados na TI Vanuíre no Museu Worikg. Transcrição de Giovana Pereira Langoni. Revisão autorizada para publicação. Escrita Kaingang: José da Silva Barbosa de Campos.

nohá kupri. E eu falava: "Que é *nohá kupri*, vó?" E ela: "É faca de branco! Eu já falei, cêis não pode esquecê. *Nohá kupri!*" Eu ia lá correndo, trazia pra ela. E fui ficando mais mocinha, a gente foi crescendo, tava sabendo mais da alimentação, eu gostava muito de mexê cum o *jami*, eu gosto do *jami* cum peixe, que é o *kofárá*. Ela me ensinô todo o processo de como fazê o *jami*. Quando me ensinô, ela fazia socado no pilão. O vô [Antônio Jorge] plantava roça, hoje, a gente fala fundo de quintal, de primeiro, plantava roça de arroz, de milho preto e batata doce. E as coisa foi melhorando, comprô o moinho de moê. Só que a vó não deixava a gente mexê, tinha medo de nóis moê os dedo. E falava: "A hora que eu tivé moendo, vão colocando dentro do moinho e eu vô moendo e vai colocando de poco, pra num quebrá, a gente tem que tomá cuidado, é caro e é difícil achá na cidade, se quebrá, a gente vai ficá sem comê o *jami*, agora num tem a madera certa pra podê fazê o pilão."

O início do Grupo Cultural Kaingang

Susilene – Quando eu peguei os meus 15, 16 ano, a gente falava pra vó: "O, vó, por que nóis num monta um grupo?" Ela falava: "Minha fia, é difícil isso aí, primeiro, vocêis têm que apegá na cumida, cêis têm que plantá, cêis têm que aprendê aqui, porque a escola de vocêis é aqui!" Os tempo foi passando, foi onde a minha mãe, a Dirce [Jorge Lipu Pereira], mais o Zeca [José da Silva Barbosa de Campos], a gente começô a conversá cum ele. Eu tinha bastante primo, só dois deles que se interessô em montá esse grupo e a gente sempre ia atrás do Zeca, ele era mais novo, conversava mais, ria mais, então, a gente ia atrás dele: "Ô Zeca, nóis podia montá um grupo. Nóis podia dançá.

Zeca, cê num vai lá ensiná nóis a dançá?" Ele falava: "Tal dia eu vô!" Quando dava o horário, nóis ia buscá ele na casa dele. Chegava lá: "Vamô, Zeca!" Zeca: "Vamô!" Ele cantava, nóis ficava em círculo, nóis ria dele, porque num sabia o que ele tava cantando, falando. "Zeca, num dá pra traduzi no português?" E ele: "Não! Primero, vocês vão aprendê cantá assim." O Zeca primero ensinô a gente a cantá e depois os passo. Se errava, o Zeca falava: "Vorta tudo! Todo mundo tem que dançá certinho." E assim foi passando. E vinha a vó, tava a minha mãe, o tio Pelé, aí tinha as minhas prima, o meu primo Valdemir, que hoje mora em Minas Gerais, Terra Krenak. E ele sempre falava, a vó também falava pra nóis: "Vocêis precisa tê cultura, porque se num tivé cultura, qual será o futuro de vocêis?" E aí foi passando e o Zeca junto ca gente. Eu lembro como hoje, a gente foi convidado pra festa de 500 ano [do Descobrimento do Brasil]. A gente num acreditava que nóis ia lá pra apresentá, fazê a abertura da festa. Cheguemô lá, todo mundo se arrumô, a primera apresentação nossa foi na festa. Apresentamo, todo mundo olhava pra gente e falava assim: "O que cês vão cantá hoje?" Nóis falava: "Hoje, nóis vamô dançá a dança da chuva." E perguntavam: "Cês vão dançá a dança da chuva, será que vai chovê?" Um olhava pra cara do otro: "Nóis têm certeza que vai chovê!" Aí, acabemo de fazê nossa apresentação, veio otro grupo, entrô, feiz a apresentação deles, quando acabemo, viremo as costas e fomo pra dentro, pro coquetel do Museu [Índia Vanuíre]. "Óia a chuva!". E que chuva! Aí, um olhava pro otro, falava: "Nossa, óia os índio feiz chovê. Os Kaingang feiz chovê!" Lá, a gente foi se fortalecendo mais, a gente acreditô que era possível aquilo. Que a gente ia apresentá mais e aprendê mais e assim foi passando.

A vó sempre colocava na nossa cabeça que a nossa raiz é aqui dentro da aldeia: "Vocêis num pode deixá de falá o idioma, de fazê a cumida, de cantá! Principalmente cantá, é o que encanta as pessoa." E sempre falava isso. "Fia, ocêis nunca para de cantá, onde você tivé! Se você se enrolá, se tá nervosa, você canta! Canta que tudo passa." Foi aí que aprendi com ela. Então, foi a vó, foi o Zeca que ensinô a gente a fazê a ropa, mais foi a vó. Tinha hora que ela sentava na máquina de costura e ficava pensando "Como que eu vô fazê a ropa?" Eu lembro a primera ropa que ela fez e falô: "A ropa do Kaingang é essa aqui, cê tá vendo? É a ropa de taboa, essa que é a ropa Kaingang." Aí: "É difícil fazê?" "Não é difícil. Eu fiz essa aqui rapidinho." Quem feiz todas as ropa do grupo foi a vó. Nóis fomo busca a taboa, rasguemo, desfiamo, e ela foi fazendo as ropa. Feiz a ropa de homem e das mulher. E quem falô pra nóis qual era a pintura foi o Zeca. Então, a gente ia atrás dele: "Qual vai sê a pintura?" E ele: "Calma, que vai chegá o dia e eu vô falá qual que vai sê a pintura."

A gente foi aprendendo com a vó, ela sempre incentivando nóis, mesmo quando tava doente. Ela pegava o cachimbo dela, pegava o *kêtó* e vinha atrás de nóis. Se faltava um dançante, ela perguntava: "Por que fulano não veio? Eu já falei que têm que ficá firme na cultura, índio sem cultura num é nada." E foi passando, eu tive meus filho, hoje, o que eu passo pra eles foi o que eu aprendi ca minha vó: a comê a comida Kaingang, a vivê da cultura. Ensino o artesanato, eu não fazia artesanato, eu aprendi o artesanato ca minha mãe e o

Susilene Elias de Melo, à esquerda, com os criadores do Grupo Cultural Kaingang, José da Silva Barbosa de Campos e Dirce Jorge Lipu Pereira, 2018.

Crianças do Grupo Cultural Kaingang preparadas para a Noite Cultural, Ana Carolina Jorge, à esquerda, Kauê Lucas de Melo Deodato e Paloma Jorge – pintura facial feminina e masculina, 2018.

Márcio. É o que a minha mãe falava: "Índio, pra sê completo, tem que falá, dançá e andá com o seu artesanato, tem que produzi o seu artesanato. Esse é o índio completo!" Então, os meus filho, as criança que tá no grupo ca gente, é o que a gente passa: "Vocêis vão estudá fora, vocêis vão aprendê, o que a gente qué, que vocêis estuda muito, mais que vocêis aprenda aqui com a gente a falá o idioma Kaingang, cantá, dançá, porque é daqui, da nossa terra, do nosso espaço, que vocêis têm que tirá o seu sustento", eu não quero vê o meu filho trabalhando de empregado prus outro, foi o que a vó me ensinô: "Eu num quero vê vocêis de boia fria, se você sabe fazê o artesanato, pra que cê vai trabaiá de boia fria no sol quente? Você tem que tirá sustento do artesanato que faiz, que produzem." Ela sempre passô isso pra mim, a importância que eu vejo de passá pros meus filho, eu pego firme cum eles, assim como a minha vó pegava cumigo, como minha mãe pega, como o Márcio fala pra mim que se a gente não levá a sério a cultura, pode acabá, e num é o que a gente qué. Muitos falava: "O Kaingang não existe. O Kaingang acabô." O Kaingang não acabô. Eu tô aqui. Eu sô uma índia completa do jeito que a minha vó queria. A minha vó se foi, mais foi feliz, contente, porque eu sô uma índia completa. Quando a gente faiz a nossa Noite Cultural e a gente senta cas criança, dança em volta da fogueira, é pra refortalecê eles, o que eu tô passando pra eles, eu quero que, no futuro, eles passe pros filho e neto, assim como a minha vó passô, como a minha bisavô passô e como a minha mãe passô pra mim.

Fotos: Acervo Museu Worikg/Itauany Larissa de Melo Marcolino.

195

Quando eu tô aqui dentro da cabana [do Museu Worikg], que eu recebo as visita que vêm de fora, os aluno, é pra mostrá pra eles que a minha cultura tá bem viva, que a minha cultura ela é fortalecida, ela é forte. E eu mostro pra eles que não só eu, tô com 36 anos, eu tenho a minha mãe, tava a minha vó, mais tem as criança também. As nossas criança é o nosso amanhã e eles aprendendo, eles vivendo a cultura, eles tando aqui dentro, aprendendo junto ca gente, são as criança que vão falá por nóis lá no futuro. É isso.

Museu Worikg – Objetos do acervo

Susilene – Eu vô falá um poquinho da ropa de dança da minha vó, a saia, o bustiê, a tornozelera. Esse aqui é o instrumento de dança dela, o *jawé* pra nóis e chocalho pra vocêis, os não índio. A tornozelera, essa foi a primeira que ela feiz. Todas as minina do grupo dançava cum a tornozelera no pé, conforme cê ia dançando, ia batendo o pé no chão, cê ia cum o chucaio e a tornozelera nu pé.

A vó falava que era mais som, quando a pessoa ficava olhando, ele não ia olhá pra você, ia olhá pro seu pé. Cê sabe por quê? As pessoa num presta tanta atenção nu batido do seu chucaio, presta atenção no seu pé. É, a importância da hora que tá todos dançando no mesmo tempo, no mesmo batido do pé, as pessoa presta mais atenção no pé, ela sempre falava isso. "Errô, para. Num é vergonha nenhuma, mais pega e entra no ritmo certo." Ela sempre falava, o ritmo certo.

A gente falava muito do *kiki*: "Vó, nóis qué tomá *kiki*." Um dia falô: "*kiki* não é pra criança *kiki* é pra gente adulta." "Mais vó, nóis qué sabê o que é, do que é feito, vó?" Ela falava: "Isso daí é segredo Kaingang." "Ah, então tá bom." Mas ela ficô com dó: "Eu vô fazê,

Roupa de dança de Jandira Umbelino: bustiê de piteira, tornozeleira presa na saia de taboa e chocalho. Acervo do Museu Worikg, 2018.

Foto: Acervo Museu Worikg/Itauany Larissa de Melo marcolino.

uma que vocêis qué sabê o que é o *kiki* e otra que eu vô fazê procêis aprendê. Mais só vai aprendê cumigo quem tá cumigo." E quem ficava o tempo todo com ela, era eu, eu que ficava ca vó. E foi onde ela feiz o *kiki*, ela colocô lá na garrafa, tudo certinho, fez todo o processo, eu ajudei, mais que ela fez lá depois, aonde que ela colocô, eu num sei, porque ela não me contô, é segredo Kaingang. Passô uns mêis, ela chego com um bornal. Ela sempre andava com um bornalzinho assim do lado, que era o cachimbo, o fósforo, que é o *pi*, o fumo dela, ela veio, percebi que tava com uma garrafa. "Vó, que cê tá trazendo dentro da garrafa?" Ela: "Num tô trazendo nada, é só as coisa que eu uso." Fizemo a roda, a mãe tava ali junto dançando. E ela pegô: "Hoje cês vão dançá a dança do *kiki*?" "Nóis vai. Nóis faiz o *kiki* também." Quando nóis fomo dançá a dança do *kiki*, a vó foi lá dentro, pegô um caneco, tirô a garrafa do bornal e falô pra nóis: "Hoje, chegô o dia de vocêis tomá o *kiki*, vocêis tão preparado." E óia que nóis dancemo, nóis dancemo. Óia que nóis pedimo. E ela falava: "Tudo tem sua hora certa". Nóis dançamo, ia cada um passando, ela ia colocando um poquinho e era a pessoa, de idade, que a gente queria que servisse o *kiki* pra nóis, e foi minha vó. Cada um dançando, todo mundo tomô o *kiki*. Ela falô: "Que vocêis acharam do *kiki*?" "Ah, vó, o *kiki* é bom. Quero tomá de novo." "Já falei pra vocêis, que tudo tem sua hora certa. Vocêis tomaram o *kiki* hoje, agora vocêis só vão tomá o dia que eu achá que tão de novo preparados pra tomá o *kiki*." Então, nada era do jeito que a gente queria. Foi isso que ela ensinou pra gente: Tudo tem seu tempo. Lá pra trás, 15 ou 16 ano, na minha cabeça, eu era só um membro do grupo, mas eu num sô só membro do grupo, eu sô uma guerrera, eu sou Kaingang, eu sou líder. Mas, para isso, eu tive que aprendê. Se eu não tivesse aprendido, se eu não tivesse escutado os conselho que a vó tinha falado pra mim, hoje eu num seria uma grande líder, porque eu me considero uma grande líder. Eu defendo o meu povo e meu grupo aonde eu tivé. Eu posso tá sozinha, se alguém falô Kaingang eu: "Opa! Pera aí. Cê num tem permissão pra falá dos Kaingang." Mas eu tenho. Eu posso falá do meu povo, porque eu conheço a minha história, eu conheço a história da minha vó, conheço as minhas raiz. Quando ela ensinô a gente a rasgá e desfiá a taboa, ela foi montando, devagarzinho, e tudo ela fazia cantando, sempre cantando! "Vó, mais por que cê canta tanto?" Ela falava: "Eu num canto pra mim, eu canto pros encantado". Sempre ela tava cantando pros encantado. E o chucaio, ela sempre falava pra nóis: "Um Kaingang tem sempre que tá acompanhado do seu chucaio e do seu *ka*, que é o seu pau de chuva. Aonde cê tivé, fia, cê nunca deixe o seu chucaio." E eu tenho um chucaio que fica aqui e otro na minha casa. Eu tenho um *ka* aqui e otro na minha casa. O pau de chuva que a minha mãe me deu tem mais de 10 ano, tá perfeito, intacto.

"Cada dançante tem que tê cuidado com as suas veste." A da vó, tá até hoje assim, ela tinha muito cuidado com as ropa dela. Aí, ela deixô bem amarradinha, ela colocô num pano e amarrô tudo certinho, bem amarradinho e colocô dentro de um bornal. A vó se foi e a gente abriu no ano passado. Pra mim foi uma emoção muito grande, não imaginei que a saia da vó ia tá desse jeito. Pra ela, num fazia muita saia, ela trocava a nossa, ora a gente tava mais gordinho ou tava mais magrinho. Mais, a dela, ela num gostava de fica trocando, porque é uma *kujã* [pajé], *kujã* num vai trocando, não. Pra trocá, tem que tá acabada e a vó não gostava de trocá. O bustiê foi feito de pitera, eu não sei falá, não é bem no brejo que dá, tem um espinho na ponta, tinha que tomá cuidado. Quando a gente ia cortá, a vó ou a mãe ia com nóis, cada um tinha que carregá a sua, ninguém carregava a de ninguém. "Ah, vai fazê saia? Cê sabe o total de coisa que vai?" Então, ela fala assim: "Leva úma ou um poco a mais, que é pra fazê o bustiê e a saia, se não der, você vai tê que ir lá buscá pra desfiá mais." A gente batia, pegava um pauzinho e tof... tof... descia o coro na pitera. Lavava, pegava a fibra e colocava num arame e ali deixava, quem fazia a ropa era a vó, a nossa parte era de tirá a fibra e a dela era de fazê, já deixá pronto, no jeito.

A primera ropa nossa que foi feita, a primera dança que a gente apresentô no Museu [Índia Vanuíre] foi feita de taboa, a saia, o bustiê, e ele era trançado. Ela feiz tipo sutiãnzinho, e a alça, ela trançô. Ela passô um pedaço de pano de algodão pra podê dá a laçada pra amarrá. Mais foi toda ela feita de taboa. Essa já é a segunda ropa. A saia dela, ela proveitô, tava boa, mais ela fez o bustiê, como num tinha mais taboa, ela feiz de pitera. Pode vê que a da vó tá perfeita. A minha foi feita de pitera, a saia e o bustiê, o dela não, ela preservou: "De vocêis acabô má rápido, então vocêis vai dançá ca saia de pitera, eu vô continuá ca minha." Então, eu acredito que deve tê, sim, deiz ano essa saia da vó, o bustiê um pouquinho menos.

A tornozelera era ela que fazia e a mãe. Ela sentava e a mãe, era otra que canta, as duas sentava ali e perdia hora. Quando elas num ficava de dia, ficava de noite. Pegava a agulha e fazia a tornozelera. Pra nóis foi novidade quando elas chegô cum a sacolinha: "Tá aqui a tornozelera, vocêis têm que dançá com tornozelera, é o barulho, o toque que você batê o chucaio é o que você batê o pé." Isso daí vai dá um som mais forte no movimento eeee, ela falava, quando você vai tum, tum, tum… é força, isso daí é que impressionava as pessoa.

Quando você vai batendo, cê batê de quarqué jeito, cê num vai tirá o som, mais se você batê o pé firme e batê o chucaio firme, conforme cê batia era o som do pé, que batia no chão, e da tornozelera. Isso que falava: "Não, todos têm que dançá..." E se um aparecesse sem tornozelera... [Risos] A vó prende aqui pra num perdê, todo lugar que ia, já tava preso na ropa. Ela falô que num tinha problema dela esquecê, todas que fô dançá: "Se vocêis aprendê o que eu tô passando, como guardá a ropa, a pussera, ninguém vai esquecê nada." E assim era ca tornozelera, ca ropa dela, o chucaio dela, ca pintura.

Nóis jovem não tinha o hábito de carregá pintura. Quem carregava era a vó. Aí, ela falava: "Até sei que cêis vêm procurá. Cêis qué? Tá qui, ó." E ela entregava a pintura. "Tá prontinha." É, o jenipapo e nóis pintava cum *gôré* também, é a argila, o barro preto. Ela falava: "Cêis qué *gôré*?" E dava pra nóis, feitinho, ou jenipapo. "O jenipapo cêis sabe que num vai saí, o *gôré* sai e faiz bem até pra pele." Aí, "Nóis qué pintá no *gôré*, vó." Aí, ela dava. "Ah, não. Kaingang tem que pintá cum jenipapo, pra demorá mais." Aí, fazia pintura, depois nóis ia entregá pra ela. Então, quem carregava a pintura era a vó. E no dia que eu abri, mais a mãe, pra tirá as ropa, a latinha de pintura tava lá.

Esse daqui, o chucaio é feito de cabaça, madera e tem semente. Eu acredito que é olho de pombo que tem dentro, dá um som mais alto no chucaio. É uma madera só que atravessa, tem que ficá bem firme, porque cê bate cum força pra dá o som.

E tem a ropa do vô [Antônio Jorge], que é a saia, porque os homens dança de saia, e o instrumento de dança é o chucalho.

A vó já se foi, Deus levô, mais deixô todo os ensinamento dela pra gente.

PARTE II: A BISNETA, A NETA E A FILHA, A BISAVÓ, A AVÓ E A MÃE – A APRENDIZAGEM NA TRADIÇÃO "DE GERAÇÃO EM GERAÇÃO"

Dirce – Meu nome é Dirce Jorge, no idioma é *Inh-nã*. Sou Kaingang. Lidero o Grupo da Cultura Kaingang [da TI Vanuíre].

Eu tô aqui, agora, sentada, pra contá a história da minha bisavó Worikg. A minha mãe [Jandira Umbelino], quando era pequena, a minha bisavó Worikg, ela tinha medo de ensiná o idioma, por causa dos massacre que aconteceu com o povo Kaingang. Num pudia tá falando o idioma. Tinha que conversá no português, que foi ensinado. Então, todo mundo sabia o que ela tava falando. E o que aconteceu? A Worikg conversava no idioma só com pessoa da idade dela, mais velho. Mas criança, netos, ela num ensinava, ela só conversava mais com os filho, dentro de casa. Má cum neto, tinha medo, e falava: "Não, eu não vô falá." O porquê, pela opressão que teve, pelo massacre. Ela tinha medo de acabá o povo Kaingang, com tudo que aconteceu, ficô poco Kaingang no estado de São Paulo. E minha mãe falava: "Vó Worikg, eu quero aprendê!" E ela: "Não! Senão, cê vai morrê."

Como não tinha água encanada, hoje tem, de primeiro não tinha, a gente lavava a ropa no córgo, buscava água na mina, de latinha. A Worikg ia busca água na mina. E a minha mãe, por muito pequeninha, tinha 5 ano pra 6 ano, gostava andá atrás. Quando ela pegava a latinha, ela ia atrás. Quando a minha bisa sentia o pisado que vinha alguém, ela parava e olhava pra trás. Então, ela escondia no meio do mato, pra podê chegá, aproximá devagarzinho. Com o quebrado do gaio, a minha bisa escutava e parava. Ela ia cantando.

202

Então, o cântico Worikg que a minha mãe sempre falava: "Ahhhh eu vou ensiná pra vocêis o cântico da minha vó, a Worikg, que eu peguei, mais q'a minha vó num queria que eu aprendesse, ela tinha medo." Ela tinha medo de ensiná e cum medo dus não índio querê matá, num pudia mais falá no idioma, queria mesmo acabá com o povo Kaingang. Tirando o idioma, você sabe, tira a identidade do povo. E a minha mãe ia cantando jawé. Cantava o jawé, ia por tráis, devagarzinho. Quando ela pircibia, parava, a mãe baxava no mato e ficava escondidinha. E ela oiava pru lado, oiava pru otro, num via. Tudo coisa que ela ia fazê, ela ia cantando. Ela pegava latinha, buscá água, cantando. Aí foi que a minha mãe começô aprendê. A minha mãe começô cantá também, quando escutô, ela queria batê na minha mãe, e falô: "Num pode! Cê num pode. Num pode!" E a minha mãe corria dela. Ela queria que minha mãe esquecesse aquilo cum medo. Num é que ela era uma pessoa ruim, mas ela tava protegendo a minha mãe.

Falô pra mim: "Eu aprendi o que eu sei, ma eu aprendi tudo escundido." A minha mãe também gostava andá cum uma Kaingang antiga, a finada Gojo-vê.[233] A finada Gojo-vê gostava andá cá mãe. Ela chamava a minha mãe e elas ia pro *Kojój*, pra colhê jaracatiá, marmelo! Pegava aquela cesta, queles balainho, ela fazia, ia buscá as fruta e a mãe ia cum ela, e falava: "Gojo-vê, me ensina a falá na nossa língua." A Gojo-vê já num tinha tanto medo igual tinha os otro, então: "Você, eu vô ensiná." Tanto que ela gostava da minha mãe, e começo a ensiná. E a minha mãe gostava andá cum ela. A minha mãe

---

233 Goiovê, como é conhecida, é corruptela de Gojo-vê, como lembra José da Silva Barbosa de Campos.

foi crescendo, ficando mocinha, mais aprendendo o idioma cum a Gojo-vê, que quis passá pra minha mãe o que sabia. E a minha mãe começô a aprendê as coisa também com a Gojo-vê. E ca minha bisa, ela aprendeu escondido. Mais com a Gojo-vê elas ia buscá jaracatiá e marmelo, mais cum ela ensinandu, e falava: "Eu vô! Mais você me ensina a falá?" "Eu ensinu!" Então, elas ia conversando no idioma.

Como ela tinha um pauzinho, gostava andá c'aquele pauzinho, ela pegava, falava: "Kofa, pera aí, vô pegá seu pauzinho pra nóis i conversando." Aí, ela andava mais devagar, senão minha mãe tinha que andá currendo atráis, ela andava muito rápido. Foi assim que elas ia pro *Kojój*.

Como minha mãe ficô muito próximo da Gojo-vê, eu fiquei próxima da minha mãe. A história da minha mãe... ela contô pra mim que a Worikg foi a pessoa que todos que vive aqui tem sangue Worikg. É difícil de você conversá cum uma pessoa que num é Worikg.

A Worikg, muitos filhos, ela num teve. A Worikg teve a Clarice, a minha vó, Maria da Conceição, Kutu, teve 4 filhos! E foi o suficiente pra enchê essa aldeia. Só as mulheres que teve, o único homi que ela teve foi embora pro Mato Grosso, mataram ele lá. Então, cum os filho da Worikg e com os neto, os neto foi casando e foi tendo... foi crescendo o sangue Worikg. A minha mãe teve nóis. Os filho das otras começô a tê filhos também, aí, foi crescendo. Essa aldeia Vanuíre é Worikg, tem mais é o sangue da Worikg.

E o que eu falo, que a gente foi trabalhando na cultura, minha mãe ensinando e falando sobre as história dela. A gente, hoje, tem o nosso espaço da cultura, a gente trabalha dentro da cultura indígena. E ela sempre pedia que a gente passasse sempre pras criança, pra podê i pegando amor e sabendo quem é Worikg. Eu tenho muito orgulho da minha bisa Worikg, porque, vó da minha mãe Jandira, é a mulher fundadora do Vanuíre. Ninguém sabe da história Worikg. Às veis, é até triste, as pessoa num conta a história dela. Quem é a Worikg? Uma grande guerrera, uma pessoa que lutô bastante.

Como tem a Worikg, tem a Kajinhiri[234][Maria Cecília de Campos]. A Kajinhiri também é uma mulher muito guerrera que a gente conheceu. Junta Kajinhiri, a Ena [Luisa de Campos], Kajinhiri criô o neto [Zeca] mais a filha [Ena]. O Zeca cresceu dentro da cultura, aprendendo o costume, mexê com cerâmica. E ela nunca deixô de passá tudo aquilo pra ele. O Zeca é um grande ceramista. E sabe tudo da cultura. Ele é uma pessoa que respeita, que entra na mata que respeita a natureza, pra coisa pra fazê artesanato. É eu e o Zeca aqui dentro dessa aldeia, que conhece a cultura Kaingang. É uma luta muito grande, que vai fazê 21 ano. E eu falo e eu falo memo, deu muita alegria de tê conhecido a finada Kajinhiri e fico triste por não ter conhecido a minha bisavó Worikg. E a Kajinhiri é uma mulher guerrera, ela lutô e sempre falô que a cerâmica que a gente faiz é dos Kaingang, os Kaingang não pode esquecê, sempre na frente é a cerâmica. Em tudo que a gente fazê, cerâmica tá em primero lugar. Que ela falava, é o *Kukrõ* que a gente fazia pra colocá o *jami* dentro, onde guarda os alimento. E aonde faiz o alimento, então você não pode esquecê que é a panela cerâmica, o *Kukrõ*. Hoje, eu luto pra podê tá fazendo um projeto pra tá trazendo a argila boa pra tá ensinando essas criança a trabalhá na cerâmica, é uma coisa que não pode esquecê. O que ela passô, os Kaingang não pode vivê sem

---

234 Candire, como é conhecida, é corruptela de *Kajinhiri* ou *Kãnhir*, como lembra José da Silva Barbosa de Campos, Zeca, neto de *Kajinhiri*.

a cerâmica, sem o *Kukrõ*! Onde tem um Kaingang, tem *Kukrõ*. O *Kukrõ*, o pilão, o *kapéng* que a gente usava. Eu já tô nessa luta pra tê a argila boa pra tá fazendo os *Kukrõ*. Aqui na aldeia num cabô, mais é muito areosa, se você faiz um *Kukrõ* grande, estrala. Então, a gente qué pra tá usando. É um orgulho da gente fazê e podê colocá alimento dentro dela. Num é só fazê pra deixá numa partilera. Se você faiz uma cerâmica e num pode colocá um alimento, água ou coisa moiada dentro, então, aquilo num é um *Kukrõ*, aquilo pra gente fazê só pra uma exposição, um *Kukrõ*, só pra exposição, sem utilidade. A gente qué pra gente usá! "Essa nóis fizemo! Esse *Kukrõ*, que tá cum o alimento dentro, nóis fizemo." Teria um grande orgulho se o nosso povo vivia de argila e fazia sua própria panela, por que não? Por que num pode fazê? É um sonho, mais pode sê realizado. É um sonho que a gente qué passá pras criança. Quem é o povo Kaingang? O que o povo Kaingang fazia? Fazia cerâmica, cesto. Fazia um monte de coisa. É pra podê tê continuação do nosso povo. O importante do povo Kaingang é o *Kukrõ* e o milho, a identidade nossa. Isso que nóis num podemo perdê. E, agora, nóis tamos aqui, minha mãe já num tá no meio de nóis, o que ela passo pra mim, a gente guarda, passá também pras criança. Estou sempre conversando cum eles, tentando colocá na cabecinha deles que sem isso vai dexá de existi o povo Kaingang. Sem idioma, sem *Kukrõ*, sem milho roxo, num existe Kaingang. Tem que tê! Tudo de cultura, num pode perdê nada. Tem coisas que a gente num faiz, porque num conheceu, foi perdido, o medo deles de passá pro filho. O que restô foi o *Kukrõ*, o milho, o cântico que ela [Jandira] pegô escondido. Que num foi nem a bisavó que quis ensiná, ela que teve que sigui [a Worikg], que tinha que fica vigiando, o que a bisavó tava fazendo, pra aprendê. Não foi a bisavó que deu porque quis, ela pegô, sentia necessidade para o futuro do nosso povo. É igual a *Kajinhiri* falava: "Nem que ficá cinco Kaingang, é Kaingang, terra nossa!" Só que tem que tá dentro da cultura, lutá! Kaingang não tem força sem cultura! Hoje, eu vejo que é verdade isso. Aqui no estado de São Paulo é poco Kaingang, pode fazê contagem. E o poco que tem, é bem poquinho que tá dentro da cultura e o resto fora da cultura. Triste, eu tenho medo de um dia o nosso povo dexá de existi, tem Kaingang que acha que num precisa de cultura, essa é a minha preocupação. É isso que a gente vem trabaiando, por causa de Kajinhiri, Worikg, Jandira, a Gojo-vê, Maria Parané, que tem o *kuru kothia* no Museu [Índia Vanuíre].

Nessas guerrera que a gente tem que pensá, a gente tem que lutá como elas lutaram. Canuto [*Conechu*], que buscava argila com a Kajinhiri, a gente deve tudo a eles. Eles também lutaram, sofreram bastante, mais lutô. Se vê que num foi muito, foi poco, mais conseguiu passá pra nóis, que hoje nóis tamo passando pra otras criança. De geração em geração. Eu tenho muito orgulho de tê colocado a cultura e tá 21 anos trabalhando. E quero que Deus me abençoa pra lutá muito, fazê muito mais pela cultura, pelo povo Kaingang, pra que tenha mais resistência, tendo cultura, tem como lutá, como buscá, como fazê projeto. Se num tá dentro da cultura, quem vai conhecê o povo Kaingang? Quem vai tá interessado se num tem nada pra mostrá, se num tem cultura? Todo mundo tem curiosidade de vê os indígena cantando, falando o idioma, vendo uma comida típica. Nóis, Kaingang, era muito fechado. Quando vinha pessoa de fora, se tivesse cumendo, o cachorro latia, ocê curria guardá o prato, o *fóg*, branco, não podia conhece a nossa cumida. O apelido da vó era *Kutu* e o nome Maria da Conceição. "Corre, *fóg* vem vindo, esconde. Num pode vê." É! Medo que tirasse. A gente tava cum vontade de cumê, mais num pudia, tinha que escondê o prato. Hoje, não. Eu conversei cum a minha mãe: "Mãe, mais aquele tempo acabô, aquelas coisa. Hoje a gente tem pessoas não índia, que qué ajuda a gente. Se não mostrá o que nóis têm, como é que eles vai ajudá?" Ela ficava pensando e falô: "Então você vai mostrá o *jami*?" O *jami* é muito sagrado dentro da aldeia. O *jami*, ninguém via, ninguém colocava a mão. Se ela tava fazendo, eu, filha, num pudia nem colocá a mão na vasilha. Se ela tava lá mexendo o *jami*, eu ficava olhando, pra mim aprendê, num pudia colocá mão na cumida que ela tava fazendo. Por isso que muitas veis, quando chega pessoa, eu falo "Não, não mexe na minha cozinha!" A cozinha, pode dexá que eu tomo conta. A minha mãe, quando tava fazendo, nóis tava ali vendo como que ela fazia o *jami*, o beiju, o suco de coco, tudo cumida típica, nóis tava olhando, pra gente aprendê. Nóis ia, colhia, deixava lavado, até mesmo socá, a gente socava. "Socá cêis pode socá." Depois ela tirava, colocava numa panelona e punha no fogo. Eu ficava só de longe: "Eu quero aprendê!" Ela mixia lá o panelão e eu oiando, num saía da cuzinha. A minha vó fazia o *jami* também. Fazia o *jami* enrolado, na folha do *tútó*, na cinza. Tudo a gente via, mais num pudia colocá a mão! Quando era pra pegá direto da panela, ela colocava nos caneco, a gente ia tomá. E o *jami*, ela partia o *jami*, quebrava o *jami*, na mão e dava pra gente. É isso que eu passo pras criança. Nunca dexá ninguém pô a mão no alimento que você tá fazendo. É sagrado! Então, não pode colocá otra mão. Ela se preparô pra fazê aquela cumida. É esse respeito que a gente aprendeu.

Eu tenho muito orgulho de tê aprendido cá minha mãe, cá minha vó. E a gente chegô a todo esse trabalho, que a gente tá fazendo. E foi uma luta danada.

Depois, eu conheci o Márcio, trouxe ele pra mãe conhecê: "Mais cê vai casá cum Tereno?" Ela ficô meio assim, mais aceitando que era um indígena. E eu falei pra ele como era a minha vida, como que é o meu trabalho, que eu tava dentro da cultura, faço artesanato, a gente colocava no Museu [Índia Vanuíre] pra vendê. E casamo! E foi a festa de casamento, fizemo tudo certinho. A gente ficô Kaingang cum Terena, parcero. Ele é uma pessoa muito parcero cumigo, cum o trabalho. Nóis dois trabalha pela nossa cultura. Tudo que a gente vai fazê, buscá material no mato, ele vai e ele ajuda. E eu posso falá que a minha luta, de primeiro, eu tava cum a minha mãe, a minha mãe parcerona. Depois, arrumei um grande parcero, que mi ajuda em tudo que eu preciso, tá sempre mi ajudando. Todo serviço que eu vô fazê, ele tá sempre do meu lado. Se é pra buscá material, ele fala: "Não, pode dexá que eu vô buscá. Você escói e eu trago." Parcero. Tudo que eu faço tem a mão dele, e tudo que ele faiz tem a minha mão. Um inicia o trabalho, otro termina, ele faiz o começo e eu termino, enfeitá, ele tece e eu enfeito. Então, tudo tem as quatro mão, que é as duas minha, as duas dele.

Marcio[235] – Eu nasci no estado de São Paulo, aldeia Araribá. Faz 10 ano que eu tô casado com a Dirce. Ela foi pra lá trabaiá, colhê laranja, conheci ela, aquela época eu colhia laranja. A Lucilene morava na aldeia Araribá, a fia dela. Eu perguntei se ela era sortera ou casada. Ela falô: "Márcio, eu sô sortera." Aí, falei: "Tô precisando de uma parcera, você tá precisando de um parcero?" Ela falô: "Ô tô." Falei: "Então, vai sê agora." A gente namorô uma semana, a gente casô na lei indígena. Aí, depois foi num cartório de Arco-Íris, município daqui da aldeia [Vanuíre].

---

235 Marcio Lipu Pereira Jorge, Terena nascido na aldeia Kopenoti, TI Araribá, Avaí, SP.

Pensei que eu ia morá na aldeia Araribá. Só que ela falô: "Márcio, eu mexo cum cultura, vai sê difícil eu ficá aqui. Eu sou um líder de lá. Se você me quisé, cê segue tráis de mim." Foi aí que eu cheguei té aldeia Vanuíre. Eu não fazia artesanato e ela falô: "Márcio, cê qué prendê fazê artesanato?" E falei: "Num sei se vai tê paciência, tem que tê muita paciência." É que nem você pega o nenê beeeeem novinho, tem que pegá com cuidado, quele bebê acabô de nascê, o artesanato é desse jeito. Eu gradeço que a paciência, Deus me ajudô. Hoje eu aprendi mais artesanato. Esse cocar, também, que tá na minha cabeça, a pena de ema veio de Mato Grosso do Sul. Essa pena é muito sagrada, dos pajé dos Terena, tem a pajé Ingracia, da aldeia Ekeruá. É muito importante pros Terena, pra tirá as coisa ruim, que tem pessoas que tá ruim de corpo, vai té o pajé, a pajé vai tá conversando cum as pessoa. Esse cocar eu aprendi com o David da aldeia Ekeruá, meu primo. O David falô: "Márcio, cê tráiz pena, eu te ensino". Foi, peguei, prendi umas meia horinha. Hoje, eu tô na dança Kaingang. A Dirce me falô assim: "Márcio, cê qué entrá?"

Eu vô explicá [antes] na aldeia Araribá, como entrei na dança do bate pau: "Vô entrá nessa parte aí." A liderança, que é o cacique, que puxa a dança. Aí, os cacique feiz runião e disse: "Cê vai entrá? Mais cê tem que entrá cum amor à dança." Num sei se tinha 10 ou 9 ou 11 ano, eu entrei na dança e eu peguei no amor. Eu gradeço que os cabeça feiz runião ca gente. Pra entrá na cultura, cê tem que pegá cum amor. Então, eu tenho pego, minha veia aqui, sô Terena, eu peguei no amor essa cultura.

Eu falei pra Dirce, eu vi eles dançando aqui: "Posso entrá na [dança] de vocêis?" Falô: "Pode, Márcio, ce quisé, pode." Hoje, eu tô cum ela, nessa cultura, a gente trabaia junto. E quando eu quero dançá, eu ligo na aldeia Eɉeruá ou Kopenoti, [TI] Araribá, quando eles vêm no festival do Museu [Índia Vanuíre], aí vem um parcero pra mim dançá junto, se você ama a cultura, cê vai tá levando ela. Na aldeia Vanuíre, os artesanato que prendi, que ela me ensinô no começo. Até vem mais na cabeça pra gente fazê, que nem tem o filtro do sonho. Tirá o cipó da mata, tem aí tráis da minha casa. E tem esse apito que eu faço também. Vô até mostrá como esse apito funciona. [*Márcio toca*] Aí, se imita o bichinho, cê vê o passarinho cantando, cê vai imitá, isso aqui é um brinquedo. Eu falo cas criança, porque a gente tá de passagera. A gente que faz o artesanato, você sabe o que vai ensiná pras criança. Se você tem cultura, cê num pode dexá o artesanato fora. Então, isso aí que é o portante, a cultura, a dança e o idioma, cê num pode dexá perde. Isso aí que a Dirce passa pras criança Kaingang, é isso que eu ia falá.

A cabana, o Museu Worikg

Marcio – A cabana [do Museu Worikg], eu vô explicá bem no começo. Como que eu morava na aldeia Araribá, eu vi o meu tio Ferrinho, do Mato Grosso do Sul, que é cunhado da minha mãe, ele morô naquele telhado de sapé, mais era quadrado, barro era parede. Aí, veio sonho na minha cabeça, conversei cas liderança, Dirce, Susilene e Lucilene: "Se, eu num sei, se vai sê aprovado o que eu falá procêis, então, é..." Essa cabana aqui, onde eu tô sentado, e o sapé, e a forma do estilo dos Terena que é pra fazê. A Dirce falô: "Márcio, nóis teve cabana igual, só que era maior a cabana deles". Eles poiaram, concordaram, a gente tamo nesse trabalho junto. A parede seria sapé, mais têm poco na aldeia. Nóis sentemo, num vô decidi sozinho, sem eles falá comigo. Eu perguntei que eles achava, podia entrá o material bambu, eles turizô: "É bonito." A gente trabaiô fazendo as parede de bambu, eles concordou, são líder da dança, a gente respeita os líder da dança. Como eu num sô líder, eu respeito essa parte, autorização dos cabeça. É a mesma coisa dos Terena, a gente respeita essa parte. O sagrado também. É cabana sagrada eu sonhei. Eu conversei ca Susi, cus líder da dança também. Aí, falô: "É bonito, Márcio, seu sonho". Aí, nóis fizemo trabaio conjunto, meu serviço foi aprovado. Os líder também, eles respeita, se você falá, se concordá, eles vão tá te poiando, a gente trabaia junto.

Desse jeito [a cabana] pareceu no meu sonho. Antes desse sonho, eu peguei o livro que taí, dentro de casa, guardado. Esse sonho, eu mostrei pra eles, pra Susi e pra Dirce. Aí a Susi falô: "Ixi, Márcio, ripiei." A Dirce falô, é a cabana sagrada. É sagrado. O sagrado, os pajé vão turizá quem é que pode entrá lá dentro. Aí, si vim um pessoal de fora [visitantes do Museu Worikg], que num conhecê, a Dirce vai tá explicando, a Susi, essa parte aí. Num vai sê eu, vai sê otra pessoa que entende máis que vão explicá pro pessoal de fora, que tá chegando. É o Museu Worikg, colocá as peça dos Kaingang aqui dentro. Eu prendi a frecha, ticido, eu vô fazê pra ponhá aqui dentro. Como que a gente agradece os encantado, a Deus, nosso pai, eles abre a minha mente, eu vô tá colaborando cum eles também. É isso que eu aprendi. Que nem: flauta, eu faço também, pra colocá no [Museu] Worikg, o cocar. É isso, sô Terena, tô junto cum eles. E eu sempre vô tá lutando, até onde Deus dá saúde pra mim. Os artesanato que falei, passamo pras criança. Então, o dia que eu se fô... [*Márcio emociona-se e começa a chorar*]

Dirce – Deixa. [sobre a filmagem] Eu penso tem que vê o sentimento dele.

Marcio – A gente é passagero, só Deus que sabe, que nem a Dirce falô, na luta dela. As criança, eles tá vendo ali, crescendo, um caminho pra eles. É isso que eu tenho pra dizê.

Dirce Jorge Lipu Pereira – O Museu Worikg pra nóis é um grande orgulho, é o coração da aldeia, dentro do Museu Worikg vai tá toda a história da aldeia Vanuíre. Todas as pessoa que vim tá conhecendo, mesmo de dentro da aldeia, vindo aqui, até mesmo otros povos, dentro do Museu Worikg, eles vão tá conhecendo a história da aldeia Vanuíre e história de Worikg. Que é uma mulher, grande guerrera, que é a Worikg. E é por isso que a gente em caminhos que a gente levô, nada é fácil pra gente, esse ano completa 21 ano, pra nóis chegá até aonde nóis estamo, não imaginava que nóis ia tê o Museu Worikg dentro da nossa aldeia e contando a história da nossa grande guerrera Worikg, Kaingang. Tem pessoas que colocam, na cabeça, que é locura, mais o Museu Worikg é o coração. Todos achava que a escola indígena seria muito importante dentro da aldeia e hoje é o museu, o museu é a história. No museu tá a história de todo que viveu na aldeia, das mulheres guerrera, Worikg, Kajinhiri, Gojo-vê, Parané, Jandira, tem a Ena, o único homi, o Canuto, o filho do Jacri.

O Museu Worikg é o coração que tá batendo forte dentro da aldeia. A gente tem que trabaiá firme mesmo, trazendo tudo pra dentro dele, todas as história, pras nossas criança que tão participando da cultura, otros que tão nascendo e otros que se interessá, Kaingang, pra sabê da história da aldeia Vanuíre. E se nóis não tivé o Museu Worikg dentro da nossa aldeia, nóis vamo perdendo a história, tudo que nóis temos, nossa história guardada na nossa memória, nosso coração, então, quando a gente morre, vai ca gente. Não vai ficá lá no museu do não indígena. Por isso mesmo que nóis queremos e temos o nosso Museu Worikg, que a nossa história vai ficá. Ela é e vai ficá dentro da aldeia, num vai ficá fora. Que nem muitos vieram, tiraram, levaram os nossos Kukrõ, levô as nossas peça pra fora e tá im otros museu. Então, tendo o nosso museu, a nossa história vai ficá aqui dentro da nossa aldeia. Ela não precisa i lá fora. As pessoa, pra sabê a história, vai tê que vim até a aldeia, conhecê a aldeia e conhecê a história Kaingang. É isso que eu sempre tive na cabeça. Muitos achava: "Ela tá ficando doida." Eu comecei conhecê tudo quando comecei a entrá no museu, eu comecei a oiá, falá: "Má tudo sagrado!" É sagrado? Ele vai ficá dentro da aldeia, nossa história. Por que nóis têm que levá nossa história fora? Igual tá a Vanuíre enterrado em Tupã? É sagrado! Por isso que eu tô falando, que nossa história tem que continuá, num tem que saí nada pra fora, ela tem que continuá dentro da aldeia. Por isso que eu lutei tanto pra tê o Museu Worikg e a homenage pra uma grande mulher guerrera. E hoje, os netos têm que tê um grande orgulho dela. E o Canuto é filho de Jakri, do grande guerrero. Lutô até o final. Ele tem que sê lembrado! Por isso que foi a minha luta, pra construí o Museu Worikg, pra que a gente possa tá contando essa história. Conto pra minha filha, para os meus neto, pros meus sobrinho, pra eles sabê quem foi que brigô, quem foi que lutô aqui nessa terra. Se hoje nóis têm ela, porque teve alguém que lutô.

O Márcio, Tereno, tem um grande orgulho de saí no nosso grupo Kaingang, ele é o flautista, onde a gente tá, tá tocando a flauta dele. Ele foi adotado para o nosso grupo, foi bem recebido pelos nossos encantado Kaingang que deram a sabedoria pra ele. Hoje, ele teci, faiz cabana, faiz tudo as coisa perfeita, porque ele foi uma pessoa escolhida pra tá no meio de nóis, ele é uma pessoa que luta pela cultura, ama a cultura. Então, eles ensinaram ele. Por quê? Por que será que ele aprendeu? Por que será que o encantado escolheu o Márcio, Terena, pra eles ensiná? Porque nóis não temos Kaingang que se interessa pela cultura, pelos artefato Kaingang. Então, como ele já tava dentro da cultura do povo dele, adotaram ele e deu sabedoria pra ele, pra ele fazê tudo as coisa, porque ele faiz cum amor. Ele achava que ele num tinha paciência, eu falava: "Márcio, mais você vai aprendê. Eu tenho paciência, mais você também vai tê, porque você também é um grande guerrero! Você tem a sua cultura. Só uma coisa que você num sabe fazê são os artesanato! Mais você vai aprendê." Pelo passado, tinha pessoas pra ensiná, e continua ensinando, como ele falô do sonho da cabana sagrada, ele sonhô, pra construí a cabana sagrada. Os encantado é que começô a ensiná, a falá cum ele, no sonho dele, pra construí. Então, ele é um grande parcero da gente prá construção de cabana, pra tudo. E pra nóis a construção da cabana é muito importante, porque é pra gente tá fazendo o nosso ritual. E a gente leva as criança também, que a gente canta dentro da cabana, tudo.

Museu Worikg – a coleção e o perfil da colecionadora Jandira Umbelino

Dirce Jorge Lipu Pereira – Mesmo a minha mãe, a Jandira, não conhecendo o Museu, ela guardô muitas peças dela, guardô televisão. A primeira televisão que entrô dentro da aldeia, que meu pai comprô, era a bateria. Ela guardô e num queria que ninguém mexesse pra num quebrá. Ela guardava, mais num sabia o que era o Museu. Ela já foi na dança, fazê presentação no Museu [Índia Vanuíre], mas num sabia que tava guardando tudo aquilo que seria usado no Museu Worikg. É uma coisa que a gente fica até orgulhoso cum tudo as peça dela. Ela foi embora, mais dexô as coisa dela guardada pra gente pôr no Museu, pra fica na exposição, pras pessoa vê. Ela também fez essas panelinha cerâmica, que é os *Kukrõ*. Conforme ela ia pegando a argila, ia falando pra mim: "É assim, Dirce, que a gente faiz, é assim." Ela fazia o copinho, panelinha, eu ia vendo, até mesmo ajudava ela a alisá as cerâmica, queimá. O pilão, os disco antigo, Trio Parada Dura. Ela gostava, os disco de sanfona, ficava dançando dentro de casa. Só de vê a alegria dela, falava: "Dirce, coloca o disco pra rodá. Vamo dançá?". Eu ficava dando risada e, depois, eu cabava fazendo o gosto dela e dançava. Era muito gostoso. Ela contava as história, e, depois, pedia pra ligá a sonata, pra gente tá dançando, o meu pai ficava só olhando. E ela: "Vem, Tonho [Antonio Jorge], dançá!" Ele ficava dando risada pra ela. A minha mãe tinha o cilindro, ela fazia pão caseiro, o moinho. É muita coisa que dá pra fazê, uma exposição muito bonita cas coisa dela. Tem uma fotografia dela, quando ela tirô cum meu pai, eles jovem, uns 30 e pocos ano.

É muita coisa que ela guardô! E hoje eu fico até feliz de vê, de ponhá a mão nas peça dela e tê muito cuidado, tenho até medo. Até a telinha que tinha pra colori a image, que era preta e branca, tem. Era tudo, muito perfeito. Ela colocô dentru dum saco de algodão, amarrô e depois colocô dentro de um saco plástico e amarrô. Que ela falô: "Isso aqui não é pra estragá, Dirce!" Nóis temo muito cuidado cum as peça dela, a gente guarda, pra expôr, é peça antiga, num tem mais. É só a pessoa vendo as peça dela pra fala: "Nossa! Ela já tinha o museu dela!" Mas ela num sabia. Ela já tinha o museuzinho dela, já, montado! Só que ela num sabia que era museu.

Quando cheguei falá: "Mãe, nóis vamo montá um museu e o nome do museu nóis vai colocá de Worikg." Ela ficô muito feliz: "Worikg é a minha vó, que bom que vai fazê um museu cum nome da minha vó, eu num vô aguentá muito pra vê esse museu, mais eu tô muito feliz de sabê que vocêis tá homenageando a minha vó."

Depois que passô quase dois anos que ela morreu, foi em [fevereiro de] 2016, em [dia 9 de] novembro de 2017, que a gente feiz a festa dos 20 ano do Grupo de cultura Kaingang que tava na minha mão. Eu e a minha filha foi lá e buscô todas as peças, pra podê expô no Museu Worikg, [na cabana sagrada] que o Márcio construiu. Dueu? Dueu muito de vê aquelas peça exposta, moinho de café, lampião, bastante coisa. Quando expuis as peça, fiquei feliz, mais também me dueu, eu queria, naquele momento, que ela tivesse em carne, porque em espírito ela tava, pra vê tudo aquilo, aquele acontecimento. Eu fico feliz demais.

Às vezes vem a fraqueza, eu paro um poco, depois eu falô: "Não!" Eu preciso caminhá, a minha mãe, quantos anos guardô aquelas peças pra sê mostrada? Ela tava guardando pro Museu Worikg, ela dexô peças pra gente, pra num falá: "Aqui num tem peças." Tem as peças dela!

Eu trabaiava e ia nu Museu [Índia Vanuíre] e eu fazia as coisa, levava no Museu. Num saía du Museu. E a minha mãe guardava peças. É grandioso isso. É um orgulho imenso de tá falando, porque é a única pessoa que num jogava nada. Única pessoa que falava: "Eu num preciso, num vô usá mais, mais só que vai ficá guardado, que ninguém vai pô a mão. Ninguém vai mexê."

É igual a ropa [de dança], ela num gostava ficá fazendo a ropa, era muito bem guardada. Ela feiz um bornal muito grande e amarrava a ropa bem amarradinha e falava pra mim: "A minha ropa, eu num preciso moiá! Porque a minha ropa tá perfeita. Ela tá muito bem guardada." Hoje, eu falo: "Guarda bem a ropa de vocêis, amarra, pra num estragá." Ela colocava a ropa do meu pai, a ropa dela, o chucaio, tudo no embornalzão. Quando faleceu, foi difícil de mexê, mais falei: "Se eu dexá daquele jeito, vai estragá mesmo." Tudo história que aconteceu, é a força que tenho pra mim continuá o meu trabalho. Que Deus me dê muita saúde, o que a minha mãe feiz, pra mim fazê muito mais pela cultura. Porque a cultura da gente é tudo.

E também a máquina de custura, eu perguntava pra ela: "Mãe, quem te ensinô a custurá?" "Eu aprendi sozinha". "Nossa, como que a senhora aprendeu sozinha?" Pensa numa pessoa inteligente. Ela fazia ropa, calcinha, vestido da gente, as ropa pros meus irmão, uniforme, quando a gente ia pra escola, *shorts*, pros minino, camisa pro meu pai, calça, tudo ela fazia. Ela comprava pano e ela dava conta do recado, fazia mesmo! Pegava a maquininha dela, que tá aí pra pô na exposição. A gente ficava todo feliz cum a ropa, fazia mochila, pra gente tá carregando. Ela ajudava meu pai, às veis, na roça. E ela criava galinha, porco, tinha tempo pra tudo. Além de ajudá o meu pai cum oito filho, ela ainda dava conta da cumida típica pra gente. Fora também que o meu pai foi buscá a minha tia [Juvelina Jorge] e os meus primo, na terra Krenak [Resplendor, MG], aí veio morá tudo dentro da casa da minha mãe! E tinha que dá conta de tudo. A minha irmã Mariza, que era mais grande, e tinha as minha prima, que, às veis, ajudava ela a fazê as coisa. Nóis tinha que tá ajudando. O meu pai fazia saco de farinha, criava porco, matava, colocava tudo dentro da lata, colocava carne separada e gordura cum os torresmo pra tá fritando, pra podê tá fazendo a cumida. E ela plantava bastante fejão

Foto: Acervo Museu Worikg/Itauany Larissa de Melo Marcolino.

A líder Susilene Elias de Melo pinta as garras da onça no rosto da jovem Kaingang Itauany Larissa de Melo Marcolino, 2018.

de corda, fava, abóbora, mandioca, tudo que cê pensa de cumida típica, plantava. É milho, batata doce, três diversidade de batata, que era a batata amarela, a batata roxa e daquela batata cor de abóbora. A minha mãe, nossa, a minha mãe eu não sei nem o que dizê, tenho uma alegria imensa de falá dela, ela lutô e ainda lutô pra ajudá a criá os filho. A gente tem que senti muito orgulho e tem que trabalhá.

E como ela falô pro Márcio: "Eu num vô pode mais, você vai fazê essa continuação pra mim." Deu o milho na mão de um Tereno, ela confiava nele, e falô: "Você vai plantá. Num dexa perdê essa semente, essa semente num pode sê perdida". Ele disse: "Não, pó dexá que eu vô cuidá!" E falô: "Dirce, você não pode pará!" Então, é isso que eu tenho pra dizê pra todos: a história das guerrera aqui de Vanuíre.

A onça, o símbolo do Museu Worikg

Dirce Jorge Lipu Pereira – A gente fala muito da onça, a pintura que foi feito, no nosso rosto é o símbolo da onça. O símbolo da onça é demarcação, cada um demarcando o seu território. É a onça. Então, demarca o seu território, aonde ela passa, ela passa a unha na árvore. Por isso que a gente usa o símbolo da onça, por isso que o nosso rosto é pintado com risco, assim e assim, é o símbolo da onça, é como se fosse a garra da onça, marcando seu território. Por isso que a gente usa esse símbolo. Que é como se fosse, que ela vai lá, ela marca seu território... É a pintura, nóis tamo marcando. O museu também, demarcando território. Depois quando fô, vai sê uma imensa alegria da gente tá colocando o símbolo da onça, no nosso Museu Worikg, junto ca Worikg. A onça junto ca Worikg. É muito, muito lindo. É isso que a gente tem, muita história, muito trabalho. A gente tá contente cus trabaio e cas vitória. Na cultura cum o Museu Worikg, a história da nossa aldeia Vanuíre. Então, nóis vamo continuá na luta.

Mulher guerrera sempre na luta.

GUARANI NHANDEWA: REVIVENDO AS MEMÓRIAS DO PASSADO

Claudino Marcolino, Cledinilson Alves Marcolino, Cleonice Marcolino dos Santos, Creiles Marcolino da Silva Nunes, Gleidson Alves Marcolino, Gleyser Alves Marcolino, Samuel de Oliveira Honório, Tiago de Oliveira e Vanderson Lourenço

Este texto foi organizado com os depoimentos de Guarani Nhandewa[236], homens e mulheres de diferentes idades, cacique, diretora escolar e professores, estudantes universitários e técnica de enfermagem, todos vivendo na aldeia Nimuendaju, Terra Indígena Araribá, município de Avaí, São Paulo.

O texto se inicia com dois depoimentos: o primeiro, sobre a chegada de Maria Luciana; o segundo, de Claudino Marcolino, sobre a história dos Guarani Nhandewa na Terra Indígena Araribá e na aldeia Nimuendaju.

HISTÓRIA

Maria Luciana Kunhã Nimbokytywydju chegou aqui por volta de 1911. Quando ela chegou aqui tinha mais de 13 anos. Veio de Itaporanga e junto com ela veio 250 "famílias" de índios Guarani. Eles trouxeram o chefe branco Kurt Unkel (alemão), estrangeiro. Quando ele chegou aqui foi batizado pelo nosso povo, foi então nomeado em Nhandewa, e assim seu nome ficou Kurt Unkel Nimuendaju. Kunhã Nimbokytywydju quando chegou aqui, já existia outro povo indígena, os Kaingang. Nesta terra foi colocado o nome de

---

236 Depoimentos gravados no Museu de Arqueologia e Etnologia da Universidade de São Paulo – MAE-USP em 2017, durante requalificação de coleções formadas por Herbert Baldus e Egon Schaden, 1947, na TI Araribá, Avaí, SP, parte do projeto para a exposição e educação *Resistência Já! Fortalecimento e União das Culturas Indígenas – Kaingang, Guarani Nhandewa e Terena*, sob coordenação da profa. dra. Marília Xavier Cury, de Carla Gibertoni Carneiro, Maurício André da Silva, Viviane Wermelinger Guimarães, Ana Carolina Delgado Vieira, Célia Maria Cristina Demartini e Francisca Ainda Barboza Figols. Transcrição: Gabriela Faria Basotti, Joseane Pereira da Silva, Thaiane Cristina Pereira Rosa, Henrique da Silva Soares de Albuquerque e Vinicius Marchezini Brahemcha. As transcrições foram aprovadas para publicação em 11 jun. 2018.

Araribá. Três anos após chegar aqui, Kunhã Nimbokytywydju casou-se com Marcolino Honório.

Então diz que em 1915, e depois em 1918, aqui a gripe espanhola entrou muito e acabou com os parentes que chegaram primeiro. E ela ficou sozinha com seu marido, e então recomeçou com seus filhos:

Manoel Marcolino Honório – *Awá Gwyrapiadju;*

Francisco Marcolino Honório – *Awá Popygwá;*

Leocadio Marcolino Honório – *Awá Pyrydju;*

Orestes Marcolino Honório – *Awá Werawydju*[237].

Há uma parte da família dos Marcolino que sempre esteve na Terra Indígena Araribá, na atual "aldeia Nimuendaju": são os parentes do lado de Dona Maria Laura Rocha, mãe de Dona Adelaide Rocha. Em seu relato no texto "História de quando morávamos na beira do Rio Batalha", Claudino comenta:

Hoje é dia dois de março de 2017. Meu nome é Claudino Marcolino, Awá Djatsaá dju, nasci no ano de 1968. Hoje vou contar a história de quando morávamos na beira do rio Batalha. Nós éramos em doze famílias: Leocádio, Manoel, Francisco, Horéstes, Bertolino, Claudemir, Agostinho, Lauro, Valdecir, Alício, João Benedito e Edvaldo. Quando nós morávamos na beira do rio Batalha nós vivíamos bem, comíamos peixe e caça, nós tomávamos banho todo dia no Batalha, naquele tempo tinha vários rezadores, avó Mariquinha, avó Pipoca, tio Mané, Calaí e

237 Depoimento de Patrícia Marcolino Honório, *Kunhã Potyá*. Linguistas – Claudemir Marcolino Honório, *Awá Rokawydju*; Adelaide Rocha, *Kunhã Nimboawydju*, Magnólia Alves Marcolino, *Kunhã Nimuendaju*; Maria Aparecida Alves, *Kunhã Nimoakwā*.

Claudemir. Quando os rezadores rezavam de madrugada, Nhanderu mostrava para eles algumas coisas, e eles tinham que avisar as famílias que precisariam se juntar na Casa Grande para avisar o que Deus tinha revelado para eles, assim nós ficávamos três ou quatro dias reunidos na Casa Grande e também quando era tempo que não chovia nós pegávamos uma vasilha e nós íamos buscar água no rio Batalha e nós dávamos banho na Cruz, assim não demorava muito tempo e começava a chover. Assim era nosso costume toda vez que não chovia. E também nós jogávamos bola até a noite e depois de jogar bola à noite nós íamos nadar no rio Batalha. Quando faltavam alimentos, nós íamos pescar peixe e também íamos caçar tatu, capivara para comermos. Assim era nossa vida. E vivíamos felizes na beira do rio Batalha. Hoje todos eles não estão mais entre nós, meus pais, meus tios e meus irmãos, mas ficou uma história do nosso Povo Tupi-Guarani, e assim hoje temos a Aldeia Nimuendaju, fruto desse Povo Guerreiro.

OBJETOS DOS ANTIGOS – FUSO, NOVELO DE FIO DE ALGODÃO, A REDE

Vários dos objetos Guarani Nhandewa que estão sob a guarda do MAE-USP foram coletados na TI Araribá em 1947, por Egon Schaden e Herbert Baldus, acompanhados por Harald Schultz[238]. Na transcrição a seguir, mencionam-se alguns deles.

Claudino – Esse do barbante ali, esse minha vó [Maria Laura Rocha] fazia, eu vi ela fazer. O do barbante, de transformar o algodão em barbante. Ela fazia pra mim.

---

238 Em expedição realizada entre os dias 15 e 21 de fevereiro.

Cleonice – Pra mim também fazia.

Claudino – Primeiro não tinha barbante industrializado. É dessa forma que os índios faziam, eu vi ainda eles fazer.

Cleonice – Eu lembro também, da rede.

Claudino – Isso. Que ela colocava aquilo ali pra ir enrolando o barbante, tirando o algodão e enrolando ali, pra formar esse rolo aqui que é o barbante pra fazer a rede[239].

Vanderson – Se vocês tivesse a oportunidade, vocês conseguiria reproduzir certinho?

Claudino – Não lembro não, mas acho que sim!

Creiles – Ô, Claudino. Tinha um tipo de tear pra fazer ou não, era manual mesmo?

Claudino – Fazia na perna.

Cleonice – É tipo no dedão do pé que colocava, e ia enrolando. Era minha avó. Era criança, pequenininha eu sou até hoje [*risos*]! 6, 7 anos, por aí.

Marília – O uso da rede na aldeia acabou?

Todos – Não [*risos*]! Pra fazer? Pra usar a gente compra.

Marília – Onde vocês compram a rede?

Creiles – [*risos*] De camelô na cidade, em Ibitinga, eu mesmo tenho duas, adoro rede. Tirar um cochilo depois do almoço.

Marília – Todo mundo tem rede em casa?

[*Todos confirmam com a cabeça*]

Creiles – Então, a rede eu introduzi ela já com minha mãe [Adelaide Rocha], porque minha mãe sempre gostou de rede. Ela passou

---

239 Referências aos objetos da p. 227, adiante (fuso com algodão e novelo de fios de algodão).

isso pra gente e a minha filha, pra deixar ela calma quando ela chorava demais com cólica, eu colocava ela na rede. Teve duas vezes cólica só, graças a Deus. Eu ponhava e ela ficava calma. Ela já cresceu gostando de rede. E todas as crianças são dessa forma, e você acaba introduzindo dentro da rede e elas ficam calma.

Cleonice – Todas as crianças, na verdade, já crescem com a rede, desde quando nascer, pra acalmar, como ela falou, já punha na rede e crescem assim.

Creiles – É o berço das crianças indígenas, o berço é o do não indígena, a rede é o berço das nossas.

Vanderson – Quando não tem rede na casa, o pai e a mãe faz de lençol, mas tem que ter a rede.

Marília – A rede antiga, vocês ainda lembram da casa da vó ou da bisavó?

Cleonice – Eu lembro da minha vó [Maria Laura Rocha] fazendo mesmo.

Marília – A rede?

Cleonice – Isso.

Creiles – Eu lembro da minha mãe tentando fazer a rede, uma vez, quando ela foi ensinar a gente fazer, eu lembro dela tentando, ela deu início, mas não conseguiu continuar. Já porque era ensinado tudo manual, então, tinha que continuar tudo já pegando do barbante, então, ficava mais difícil, ela até iniciou pra ensinar.

Claudino – A minha vó fazia rede até de pesca, pra pescar, não comprava na cidade, ela fazia, de *nylon*.

Cleonice – A vó, ela enroscava o barbante lá no dedão do pé dela e ela ia fazendo [a rede] manual. De um pé só. Agora a mãe [Adelaide Rocha] já tentou com o tear.

Creiles – Na verdade era os bambuzinhos que ela amarrava o barbante e fazia um tear ali, vamos dizer assim, só para tentar mesmo, não foi um tear feito bonitinho, mas ela foi amarrando de barbante, só que ela não conseguiu dar continuidade à rede. Ela iniciou. Acho que ficou muito difícil pra fazer e ela não conseguiu terminar.

Marília – Será que o método do dedo era o mais antigo?

Creiles – É, mais antigo.

Cleonice – Eu só queria fazer uma correção. Eu falei que eu vi minha vó fazer em três dias a rede, mas eu vou mais pelo meu irmão, que é o pai do Gleyser, ele falou que ele morou com ela, então ele presenciou isso. Então ela demoraria quase um mês pra fazer essa rede.

Creiles – O que minha mãe [Adelaide Rocha] fazia era muita trança com barbante, inclusive ela começou a fazer um *kangwaá* (cocar ou penacho), dessa forma que a Cleonice, minha irmã, está falando, com o dedão do pé e vai trançando. Então, ela fazia trança com 4, 8, 12 e 16, uma trança enorme com o barbante, até aprendi com ela, mas acabei esquecendo, é muito difícil. Eu acompanhei todo o processo com o Gleidson na época, mas é muito difícil se fazer manual sem o tear. O costume é o manual mesmo, porque usava um outro tipo de coisa pra fazer, ela não conseguiu dar continuidade com o tear que ela inventou. Fez de doze né, Gleidson?

Gleidson – Que a gente pediu pra fazer, doze barbantes.

Creiles – Ela iniciou um de dezesseis barbantes também, mas ela não conseguiu mais, ela só fez um pedaço. Se eu não me engano eu ainda tenho guardado em casa.

Marília – Tinham diversos tamanhos de rede?

Cleonice – Ela fazia diversos tipos de redes.

Fonte: Acervo MAE-USP - RG 3270, RG 2549 (1947). Fotos: Ader Gotardo.

Fuso com algodão e novelo de fios de algodão dos Guarani. Coletados por Herbert Baldus, 1947.

Creiles – Essa é de criança[240], ó.

Gleidson – Inclusive de solteiro e de casado.

Cleonice – Aham, de solteiro e de casado também, casal. Eu lembro que minha vó contava que no tempo que deu a gripe espanhola não tinha nem caixão e aí eles construíram essa rede pra poder colocar.

Creiles – Eu estou comentando aqui pro Vanderson, que assim é uma coisa que o trançado, não é tão difícil, igual a gente trança a saia da dança, a questão legal é tudo feito manual mesmo, desde o primeiro processo até o último. A gente não teve a oportunidade de aprender fazer, que nem os nossos antepassados.

OBJETOS DOS ANTIGOS – CESTO

Alguns dos objetos Guarani Nhandewa sob a guarda do MAE-USP têm tamanho reduzido, por isso se supõe que fossem objetos infantis ou brinquedos. A transcrição a seguir traz depoimentos sobre alguns desses objetos, sobre infância e outras lembranças.

Gleidson – O índio na verdade não tem brinquedo mesmo, agora que está existindo, tudo o que ele fazia, inclusive as crianças, era relacionado, hoje a gente fala artesanato, com a atividade cultural direta. Então, aqui [cesto][241] na verdade podia ser, por exemplo, pra peixe pequeno, porque antes no [rio] Batalha tinha peixe grande, peixe pequeno, frutos, depende do que a criança está acompanhando o

---

240 A rede de algodão (RG 2547) coletada por Egon Schaden em 1947, na TI Araribá, não foi identificada como Guarani Nhandewa pelos indígenas durante a requalificação das coleções. Conforme Documento 16, deu entrada no Museu Paulista "rede de dormir, de algodão, feita a mão" coletada por Herbert Baldus, 1947, na TI Araribá. A peça não foi localizada.

241 Ver cesto na p. 231.

mais velho a fazer, então serviria para esse tipo de coisa. Ali seria a representação [do pilão][242], que serviria como brinquedinho também, mas, pra quem, por exemplo, mexe com tempero também serviria. Na verdade, brinquedo, brinquedo mesmo não existia, já era objeto da cultura mesmo, sem ser brinquedo, porque o indígena na verdade nunca teve brinquedo. Meu pai faz muito desse cesto, assim também, Claudinho também tem bastante conhecimento sobre isso.

Eu quando saía da pescaria a gente costuma falar, o indígena, *fiera* (suporte de galho para carregar peixe), que é um galhinho com uma forquilha no lado onde você encaixa na guelra do peixe e sai na boca dele e encaixa o peixe ali. Assim, são as artimanhas que os indígenas têm de criar coisas e esses objetos está relacionado ao trabalho do indígena mesmo.

Marília – Você que está perto da cestinha dá uma olhada dentro dela, por favor, vê se tem algum vestígio de alguma coisa que ficou [do passado].

Gleidson e outros juntos – Tem pena, pena de passarinho.

Claudino – Isso na verdade é um borneozinho [bornal ou sacola de pano ou fibras][243].

Cleonice – Servia para carregar várias coisas, carregar peixe, frutas, passarinho.

Claudino – Também para carregar o estilingue.

Vanderson – A gente pode dizer que tudo que as crianças faziam era a reprodução mirim da vida adulta.

Creiles – É uma forma deles brincarem, aprendendo brincando.

---

242   Ver pilão na p. 233.
243   Ver cesto na p. 231.

Marília – Essa cesta talvez tenha sido um objeto para guardar pena, poderia ser isso?

Creiles – Não, eu acho que está mais pra esse fim de carregar.

Gleidson, você lembra de um tipo desse do *Txeramõi* [pajé; referem-se ao Guaíra], tipo borneozinho que ele carregava, que carregava *petỹngwá* [*Claudino concorda*]. Ele era desse aí de cestaria, não sei se vocês lembram, quando ele passou lá, ele tinha aquele do *mbyku* [raposa], mas também tinha esse de cesto, aonde ele carregava só o *petỹngwá* dele dentro, igual esse daí trabalhado de trançado.

Petỹngwá é o cachimbo e o *mbyku* que eu falei é de raposa, que tem uma bolsinha de raposa. E tinha uma dessas que ele carregava do lado, onde ele punha só um *puku ma* [comprido[244], no caso, um cachimbo comprido], não sei se vocês recordam, mas ele tinha um desses quando ele passou lá [Aldeia Nimuendaju].

Marília – O que me chamou a minha atenção foi a presença de penas dentro, talvez que a pena tivesse sido guardada.

Vanderson – A questão do brinquedo, minha vó conta que antigamente [para] os meninos pequenininhos o pai fazia tipo um arco pra eles caçar, treinar a pontaria em borboleta. Depois, quando estavam um pouquinho mais grande, já podia fazer o *gwyrapápiá* [bodoque ou flecha para passarinho], que é um arco pra matar passarinho, é quase igual um arco e flecha só que a ponta dele era feita ou colocava um pedaço de barro na ponta, pra não espetar o passarinho, só mesmo pra atordoá-lo. Assim ia evoluindo o tipo de arco do menino conforme ele crescia. E a minha vó também conta que uma vez ela estava perto, não sei se da vó ou da mãe, e daí a vó dela ficou muito incomodada com as crianças que não estavam

---

244 Segundo Tiago de Oliveira, os Nhandewa gostam de apelidar e abreviar as denominações.

Fonte: Acervo MAE-USP - RG 1152 (1947). Fotos: Ader Gotardo.

Cachimbo. Confeccionado por Gleidson Alves Marcolino, 2018.

Cesto Guarani Apapokuva coletado por Herbert Baldus.

fazendo nada, e falou: "o meninada vão brincar um pouco. Vocês não sabem brincar de brincadeira de criança? Eu vou ensinar uma música pra vocês". E começou a cantar uma música na língua pra elas cantarem, assim que nós brincava. Observe que não tinha um objeto pra ela manusear, mas sim uma música pra ela cantar com as coleguinhas delas, é uma letra de ninar que era assim ó... se é que eu posso cantar. Faz tempo que eu não canto essa música. Cantava pra minha segunda filha [canto]. Então é essa cantiga de ninar que minha vó aprendeu e cantava, mas não tem um objeto para manusear nesse relato dela.

OBJETOS DOS ANTIGOS – PILÃO

Marília – E o pilãozinho[245], pode ser do tamanho da criança, seria da menina?

Creiles – Acho que tanto faz para a menina ou menino.

Claudino – Acho que tanto faz. Porque na verdade é igual o que eu trouxe desse tamanhinho [*demonstra com a mão, cerca de 50 cm de altura*], na verdade pra gente pra usar, pra adulto no caso em casa, pro marido ou a mulher tem que ser um grandão, o que eu fiz [para a exposição] é pra demonstrar que é da minha cultura, pode dizer que ele amostre pra uma criança.

Creiles – Acho que é uma forma do pai ou da mãe pra darem pras crianças brincar, porque eu lembro que a vó Pipoca [Maria Luciana] fez uma cuinha de barro assim pra mim, eu lembro disso, só não lembro onde eu enfiei, pode ser que nem existe mais, mas ela fez. Enquanto ela cozinhava, ela me dava aquilo pra eu brincar como se

---

245   Ver pilão na p. 233.

Fonte: Acervo MAE-USP - RG 1155 (1947). Fotos: Ader Gotardo.

Acima, pilão Guarani Apapokuva coletado por Herbert Baldus; ao lado, pilão confeccionado por Claudino Marcolino, 2017.

233

eu estivesse cozinhando também. Eu acho que era uma forma deles fazerem as crianças se entreterem, enquanto elas estavam fazendo seus afazeres da casa.

Claudino – Igual tava falando do pilão, que nós socava arroz uma época, na minha época, eu lembro, a gente comprava um quilinho de arroz, hoje você compra de fardo de arroz, então eu passei aquele tempo, naquela época a gente não pensava em nada, a gente vivia mais, pode ver minha vó morreu com 115 anos, ela não pensava em nada, ela saía no rio, pegava um pexinho, sabia que tinha um alimento, hoje não, hoje nós tamo aqui, mas nós tamo pensando na nossa aldeia e o dia de amanhã já, e antigamente nós não pensava isso.

RESISTÊNCIA E FORTALECIMENTO CULTURAL

Por que é importante estar com os objetos do passado feitos pelos antigos?

Claudino – Acho que tudo que faz lembrar da história do nosso povo é interessante, a gente já disse, para quem que ele foi feito no caso, tentou descobrir o objetivo de cada artefato desse aqui, como nós antigamente não usava um borneo, bolsa, a gente usava isso, como tinha aqui, se fosse pescar o peixe lá provavelmente tinha que ser mais grande, para pegar um peixe maior para colocar. Mas às vezes isso era de uma criança que anda junto com o pai num rio e usava um cestinho desse, é uma história. Do pilãozinho também é uma história, a gente ensinando o filho da gente a fazer um pilão, não um grande, mas um pequeninho, para mostrar para ele, para aprender alguma coisa, então tudo é uma história do nosso povo, tudo [os objetos sob a guarda do MAE-USP] dá para relacionar à nossa cultura. Então é importante a gente não perder nada disso, deixar, um orgulho para gente, as coisas que eles fizeram que hoje a gente vê. É interessante tudo estar em exposição, parte da memória da gente. Hoje, por exemplo, precisou de um barbante, é um processo que a gente viu a vó da gente fazendo, com o barbante, não só para fazer uma rede dessa, tinha que fazer vários rolos aqui, para chegar até a rede aqui, para descanso, para criança, caso a criança deitar, faz parte da nossa cultura. Isso é uma história nossa, aí gostaria que não, não perdesse nenhuma. Com tudo que a gente tá vendo aqui, [...], antigamente era só mata, só mato, então tinha muita matéria-prima para fazer inclusive a embiras para poder fazer a rede, hoje já não tem mais, tem embiras, mas são poucas, lá atrás não tinha as coisas que tem hoje, como eu falei do barbante, então a gente se virava do jeito que tinha, buscando a embiras, fazendo o barbante, para poder fazer o que a gente tinha necessidade. É uma história que a gente tem lá de trás, não tinha as coisas, mas a gente se virava na mata, na forma nossa. Hoje apesar que são indígena mais civilizado, é legal, tem a história lá de trás com o que a gente tem hoje, então acho que é isso, a palavra, todos permanecessem, ficassem e hoje a gente já sabe, se for contar uma história através do que tá sendo mostrado para nós aqui a gente já sabe identificar para que serve, a gente já sabe muito, hoje a gente usa um bornal, antigamente usava isso [cesto], hoje temos uma mostra de coisas desse tempo e riquezas que antigamente eles tinham, mostra o que nosso passado fazia para eles, e hoje tem ainda isso, no caso do pilão maior um pouco, que a gente usa às vezes pra socar ervas, para poder tomá-las, e tem o grande, para socar, para preparar o arroz em casa para poder comer. Só que hoje nem isso a gente faz mais porque hoje o arroz tá mais fácil, você vai buscar no mercado que lá já tem tudo para comer, só que antigamente a gente vivia dessa forma, a gente tinha o pilão pra preparar o arroz, pra poder fazer a janta, então era bem legal isso. Só que hoje a gente não quer perder, conforme vai indo, vai se desenvolvendo, a gente então quer trazendo junto [a história], por mais que a gente tá desenvolvendo a tecnologia e tudo mais.

A gente quer trazer desde lá de trás pra não perder, faz parte da nossa vida, do nosso passado, a gente quer levar até quando a gente não tiver mais aqui pros outros, pras crianças levar isso aí pra frente, isso faz parte da nossa cultura. Hoje nóis indígena, por exemplo, tamo aqui, que nóis passa por um momento às vezes até triste, porque nóis somo obrigado a ser indígena, pra nós manter a nossa língua, nossa cultura, nossa tradição, nossos costume pra nóis poder correr atrás dos nosso direito. Sabe que hoje às vezes até nosso direito quer ser tirado pelos governante do nosso país e a gente tamo preparado na cultura, na lei, nos costume, a gente tem o registro e a nossa identidade será garantida através da nossa cultura. Então acho que é isso. Nóis, principalmente nosso povo que tá aqui, Guarani Nhandewa, os outros da comunidade que tão lá na aldeia, pensa dessa forma. Nóis tendo a nossa cultura, a língua, nossa tradição, eu acho que a gente tá bem preparado pra hora que chegar "não tem índio lá na aldeia?" Tem índio. Então, acho que é essa parte que a gente tá fazendo hoje aqui, isso vem a reforçar mais ainda, vamo dizer assim, os artefato que tá aqui que tão feito pela minha vó, pelo meu vô, a gente não sabe direito, mas isso aqui minha vó fez, então são coisas que ela fez, uns já se foram, partiu, deixou nóis, mas tá aqui o trabalho que ela fez. Isso pra mim é muito gratificante e fico orgulhoso de tá representando ainda, por ser o neto dela ou bisneto do meu bisavô, com maior orgulho tô hoje representando e pretendo levar isso, como já trouxe os artefatos nossos, pra frente e quero que os jovens, as crianças que estão aqui dá continuidade cada vez mais pra frente. Acho que pra nóis foi um momento importante, que a gente possa levar alguma coisa também, os nossos avôs deixou e nóis vamo deixar, um dia eu quero que os meus netos, bisnetos estejam aqui falando "meu bisavô, avô também", então isso é muito interessante. Acho que é isso que eu tenho falado e eu gostaria que todos ficassem pra, vamo deixar, mas vamo deixar mais ainda pra reforçar mais. É uma história antiga, até o dia de hoje a gente, graças ao museu [MAE-USP] e desse pessoal que cuida, a gente tem uma história que vem lá de trás que tá até o dia de hoje. Eu acho que é isso.

Creiles – Pessoal, tá sendo muito gratificante poder tá vendo vocês aqui com a gente, porque isso é uma inserção dos mais pequenos, três crianças, dos mais jovens, dos mais ou menos e dos mais velhos. E lá na nossa comunidade a gente tem os mais sábios ainda, que são os nossos mais velhos, e através do que a gente tá aprendendo hoje, nessa semana, a gente vai poder chegar lá e tirar a dúvida que tá na gente. Como eu poderia chegar lá e perguntar pra minha mãe [Adelaide Rocha] que já não tá mais aqui com a gente, uma dúvida que talvez eu poderia muito lá atrás ter tido antes, mas Deus, por querer dele, não deu essa oportunidade pra mim, pro Claudino, pra Cleonice, pra vocês que estão aqui. Mas hoje vocês jovens estão tendo essa oportunidade de poder chegar lá e poder perguntar pro pai, no caso de Gleidson e dos meninos [Gleyser e Cledinilson] e até mesmo nós irmãos, pra Maria Aparecida, pro pessoal que ficou lá, a gente não tem a vó, mas a gente tem essas que eu disse, mesmo sendo lá de outra aldeia, a vó Poty [106 anos], ela vai poder ajudar a gente e as outras [Almerinda da Silva, 87 anos, Ernestina da Silva, 74 anos, e a Juvelina Pedro de Lima, 86 anos] que estão dentro da nossa comunidade. Eu acho que é rico isso pra nós e é histórico, porque isso vai ficar marcado pra vocês, um dia lá no futuro os filhos da minha filha vai poder falar "os meus primos estiveram lá, a minha avó esteve lá", que no caso serei eu, "o tio da minha mãe esteve lá, a tia". Então, vai ser histórico pra nós, foi o que eu falei, quem ganhou com isso e quem vai ganhar? Somos nós e nossa comunidade, isso é muito importante.

Cleonice – Eu trabalho na área da saúde lá [Aldeia Nimuendaju], sou técnica de enfermagem e foi muito gratificante pra mim poder tá revendo isso que um dia vi minha vó fazer. Tenho muita saudade, muita lembrança, meu filho também tá aqui e que ele possa tá vendo alguma coisa que eu já presenciei quando minha vó tava fazendo, por ele ser mestiço, ser Terena e Guarani Nhandewa, eu acho também pra ele vai ser muito gratificante ele tá aprendendo isso, porque ele deu prioridade ao Guarani Nhandewa, não ao Terena, que é a etnia do pai dele.

Samuel – Eu vou falar do termo "indígena". Eu não gosto que me chamem de indígena, não sou índio, sou Tupi-Guarani. O termo indígena veio do português, pra tentar deixar um pouco mais fácil, pra simplificar, eu não gosto que me chamem de indígena, sou Tupi-Guarani. Este é um processo muito importante que vem se construindo junto com vocês. Todos esses materiais que estão aqui, o objeto mostra toda uma resistência, tem uma história, tem um porquê, mostra onde que estamos hoje, e também onde foram deixados esses artesanatos, esses objetos. Enfim, é interessante, muito importante na construção da nossa identidade, de resistência, fortalecimento da nossa cultura, dentro da nossa aldeia, acho muito importante, como já dito, mas uma vez que toda essa história que estamos construindo hoje, que ela sirva daqui cinco, dez anos, para os futuros jovens que estão vindo aí, estão nascendo dentro da nossa aldeia, que ela não se acabe.

Eu não tive muita oportunidade de conviver muito com o meu pai, ele era muito novo quando ele faleceu. Mas hoje também sou um professor, estudo, como eu disse, revendo todos esses objetos aqui, que foram trazidos pra cá, conversando um tempo atrás com outras pessoas decidi fazer a pesquisa que eu comentei com vocês, levantar os documentos, porque minha vó disse que sempre teve exploração, que tinha bastante, que era uma floresta, que depois da entrada do SPI [Serviço de Proteção aos Índios] foram derrubando, com a exploração de trabalho também em cima dos nossos ancestrais. Então, acho que é necessário fazer justiça, a justiça que hoje são as pessoas que não são índios, mas eu acho que esse processo de você fazer todo o levantamento da história, toda a construção, pra você futuramente mostrar ao jovem, que é importante, então isso me traz muita alegria, felicidade essa construção.

Vanderson – Tô também participando do processo histórico da comunidade em si, mas no caso, como eu falo, a minha pátria são as aldeias Nhandewa que estão espalhadas pelo Paraná, São Paulo, na [Aldeia Nimuendaju estou há] 5 anos, mas desde que me conheço por pessoa eu tô sempre na comunidade. Tô fazendo também já o último ano de História, esse ano [2017] vou me formar se Deus quiser, então pra mim todos esses processos, o ajuntamento, conversa, todas essas coisas é um aprimoramento que eu vou levar pra enriquecer trabalhos que eu pretendo assim ajudar o povo indígena a sair um pouco do escuro, onde a gente foi jogado pro escuro, em que quase não é enxergado. Acredito que o museu é uma forma também de fomentar essa resistência, a gente tinha a escola até agora, agora a gente pode ter contato com o museu também pra ajudar a fomentar essa resistência. Pra mim é tudo isso e muitas outras coisas mais.

Cledinilson – O que eu tenho pra dizer é que esses objetos que estando aqui na minha frente, que primeiro, nunca tinha tido a oportunidade de conhecer, segundo, que me traz grandes recordações, de histórias e algumas coisas que eu presenciei, dos mais velhos, do pessoal que já tá praticando, isso me traz grandes alegrias, grandes recordações e isso de modo geral seja importante ao meu ver na formação, da nossa identidade cultural, na preservação das novas gerações, que a maioria do povo sabe que a região de Bauru principalmente, a Centro-oeste do estado [de São Paulo], é reconhecido basicamente como uma região que não tem mais índios, isso só vai nos fortalecer, enquanto mostrar e provar que existe índio e que vai continuar a existir. Então, esses artefatos vêm pra isso, então se lá de trás com os objetos de aproximadamente setenta anos pra trás, chegaram aqui, nós estamos trazendo pra durar mais de cem anos pra frente.

Gleyser – Queria agradecer o convite e a oportunidade de estar aqui, olhar pra esses artesanatos que nossos antepassados, nossos parentes, esses aqui nunca tive contato, mas conheço o pilãozinho e assim, me deixa muito contente por ver que a maioria dos artesanatos que foram feito pelos nossos antepassados, a gente ainda tem, a gente ainda continua fazendo. Hoje graças a Deus comecei a fazer alguma coisa, olhando meu pai fazer, como o Claudino disse, Samuel, Cleonice lembraram da minha finada vó Adelaide [Rocha], vi ela fazer também, ensinando a fazer peneira, fazer várias coisas com taquara, com bambu. Eu fico muito contente porque é um aprendizado que eu tô tendo hoje que eu sei que vai valer pra mim enquanto eu viver e pra minha filha também futuramente, eu passo, na hora que ela começar a entender, a saber, o que hoje eu sei, o que eu aprendi, ela pode ficar tranquila. A cultura já nasceu comigo, só basta eu exercê-la e continuá-la e passá-la pra minha filha por eu ser já um Nhandewa, já nasci Nhandewa, então a cultura já tá dentro de mim. Graças a Deus hoje eu tenho um conhecimento muito grande nessa parte da cultura, não me arrepundo e agradeço muito a Deus por eu fazer parte dessa cultura, desse povo, dessa etnia, que é os Guarani Nhandewa, porque são uns artesanato assim, lindo, belíssimo de se ver, assim, eu fico até um pouco emocionado, meus irmãos sabe disso. Quando eu saí de casa eu até falei com minha esposa quem eu era, pra eu poder ver e sentir o que isso vai trazer pra mim na parte cultural, espiritual, religiosa e política. Então, eu não me arrependo de nada de estar aqui hoje, eu fico contente e só queria agradecer, muito obrigado.

Gleidson – Bom, primeiramente gostaria de agradecer ao MAE pelo espaço pra gente expor nossos artefatos e, como eu disse na reunião que teve lá na escola, agradecer a Marília pela mão estendida pra gente e sempre que a gente precisa e pelo contato com os artefatos. Como eu disse naquela reunião, estava muito ansioso e ainda estou, porque a gente tá vendo e tocando não é a mesma coisa que estar ali presenciando a confecção desse artefato, desse artesanato. Então, a gente fica triste por causa disso, porque a gente não teve contato direto, porque o que a gente tem a gente sabe fazer e vai passar adiante, a gente fica preocupado com esses [objetos] que a gente não consegue fazer e saber que é da história da gente, porque esse daqui é do nosso passado lá de trás que veio, que está sendo preservado, mas a gente tá vendo ele já confeccionado, não tem toda a estrutura dele do passo a passo, então, é de extrema importância pra nós enquanto resistência, como meu colega Samuel disse, de extrema importância a resistência daqui em diante, porque até aqui nós estamos levando da maneira como conseguimos, agora a gente não sabe daqui pra frente, lógico que cabe a nós encaminhar as nossas crianças daqui pra frente, mas a luta é grande e a gente vai contar muito com a força de Nhanderu [Deus]. Então, pra mim é muito gratificante estar aqui e agradeço pelo espaço cedido pelo MAE.

RESISTÊNCIA E FORTALECIMENTO DO PASSADO E DO PRESENTE TERENA

Jazone de Camilo, Rodrigues Pedro, Candido Mariano Elias, Gerolino José Cezar, Edilene Pedro e Afonso Lipu

Este texto foi organizado a partir de depoimentos[246] de Terena de diferentes idades, veteranos e mais jovens, todos vivendo em São Paulo nas Terras Indígenas – TIs Icatu (Rodrigues, Candido e Edilene) e Araribá, na Aldeia Ekeruá (Jazone, Gerolino e Afonso). O objetivo do projeto era unir as histórias que cada um deles conhece sobre os antigos e as histórias que eles mesmos viveram. O objetivo final é escrever e preservar a cultura Terena em São Paulo, com vistas ao futuro dos jovens.

HISTÓRICO

Os Terena vieram do Chaco paraguaio, que se localiza entre os rios Pilcomayo e Paraguai e faz fronteira com a Argentina, Brasil e Bolívia. O senhor Candido afirma que já esteve no Chaco do lado do Paraguai e se lembra de que a Bolívia estava do outro lado.

Os Terena foram sendo trazidos do Mato Grosso do Sul para São Paulo pelo SPI (Serviço de Proteção aos Índios) a partir de 1914, tendo como destino as TIs Icatu, Araribá e Vanuíre.

Na TI Icatu, reserva do SPI criada em 1919, os Terena chegaram para trabalhar: João Angu, Antonio Pedro e mais um companheiro.

---

246 Depoimentos gravados no Museu de Arqueologia e Etnologia da Universidade de São Paulo – MAE-USP, na TI Icatu e Aldeia Ekeruá entre 2017 e 2018. Integram o projeto *Resistência Já! Fortalecimento e União das Culturas Indígenas – Kaingang, Guarani Nhandewa e Terena*, sob coordenação da profa. dra. Marília Xavier Cury, de Carla Gibertoni Carneiro, Maurício André da Silva, Viviane Wermelinger Guimarães, Ana Carolina Delgado Vieira, Célia Maria Cristina Demartini e Francisca Ainda Barboza Figols. Transcrição: Beatriz Aceto, Eloisa Martins Galvão, Giovanna Rocha Delela, Iara da Paz Lopez e Vinícius Marchezini Brahemcha. As transcrições foram aprovadas para publicação em 2 maio 2018.

Antonio Pedro, pai de Rodrigues Pedro, voltou para a TI Cachoeirinha. Seu irmão Florentino Pedro ficou e casou-se com a Kaingang Catarina Campos nos anos 1940.

A Araribá, em 1932, chegaram Teotônio Pio, Calixto e Mundão. Teotônio serviu o exército, foi motorista do marechal Rondon. Permaneceu em Araribá, onde foi cacique, até morrer na Aldeia Kopenoti[247]. Após sua morte, os Terena ficaram noventa dias sem cacique, sem liderança para resolver os problemas. Até 1984, a cacicagem era hereditária, depois passou a ser decidida pelo voto, "seguindo os brancos". Foi quando Jazone de Camilo foi eleito cacique. "Saí de lá porque tinha problema, não pedi para ninguém ir comigo, veio quem quis. Saí como cacique e não volto para trás, vou para a frente, não volto, porque um cacique tem que ter palavra."

No dia 13 de agosto de 2002, foi fundada a Aldeia Ekeruá, com Jazone de Camilo como cacique.

Os Terena reunidos falam daquilo que é sagrado para a cultura Terena, a ema, *Kipâe*, os objetos feitos com a pena da ave, a terra, o trabalho do pajé e a dança tradicional masculina, a Dança da Ema, *Hiyokena Kipâe*. Nessa dança, os homens usam a vestimenta de penas de ema. Os Terena se emocionaram quando encontraram essa antiga indumentária no MAE-USP, em julho de 2017. Posteriormente, a vestimenta foi restaurada[248], em março de 2018, com a presença de dois pajés – Ingracia Mendes e Candido Mariano Elias –,

---

247 A TI Araribá está dividida em quatro aldeias: Kopenoti e Ekeruá (Terena), Nimuendaju (Guarani Nhandewa) e Tereguá (Guarani e Terena).

248 Atividade do Projeto *Resistência Já! Fortalecimento e União das Culturas Indígenas – Kaingang, Guarani Nhandewa e Terena*, já mencionado, 12-16 mar. 2018.

dois artesãos – Afonso Lipu e Gerolino Cezar – e a intérprete – Rosa Lipu Maria. Gerolino também fez um penacho, *Nguipahina Kipâe*, um objeto muito importante usado pelo pajé nos trabalhos de purificação e nos rituais, como o da Semana Santa, *Ohókoti*.

O PRESENTE E O FUTURO, A RESISTÊNCIA CULTURAL

Candido – É mesmo, porque nós Terena tamo aqui no momento reunido. A gente nunca pode pensar na gente. Temos que pensar em quem? Nosso futuro, nossos netos, bisnetos. Pra você ver como tá, o problema, hoje, é gigantesco, pra você trabalhar na cultura, tá difícil. Do jeito que você falou, a gravação do índio é aqui na cabeça, mas só que nossos filhos, nossos netos, tendo gravação é diferente. Então é importante estar ligado esse gravador. Eu acho. Pro movimento, sim!

Jazone – Eu nunca vim aqui em São Paulo pra visitar o museu [MAE-USP]. Então é uma grande alegria eu acho que pras aldeia. E como cacique, respeitamos esse objeto em cima da mesa[249], que esse aí é a nossa cultura, dos anteriores. Como sou de idade, eu tenho grande preocupação pelo lado dos indígenas. Então a gente pede o apoio de vocês. Então muito obrigado de a gente ver esses artesanatos[250] hoje. E a gente conhecer esse aí, uma roupa, nós não conhe-

---

249 Vestimenta de penas de ema (p. 252), conjunto formado por saia, cocar, par de braçadeira, par de tornozeleira, usado por homens na Dança da Ema (*Hiyokena Kipâe*). Entrada no Museu Paulista em 1912 ou antes dessa data.

250 Coleção Terena coletada na TI Araribá por Herbert Baldus em 1947, durante expedição com seu assistente Harald Schultz, entre 15 e 21 de fevereiro. "Relatório da Secção de Etnologia", *Revista do Museu Paulista*, 1948.

cemos. Então a gente fica muito satisfeito e vai embora satisfeito. A gente tem preocupação pelos mais jovens, porque nós, a gente já fizemos trabalho, o que vai ser nosso futuro é o jovem. Então a gente tem um monte de preocupação com os jovens, porque no nosso tempo era diferente, o jovem tem que estudar, ir levando o trabalho nosso, a nossa cultura. Então a gente tamo passando pra ele, pra ela, tem que ter estudo. Que do jeito que nós tamos hoje o que manda é o estudo. Como nós somos indígenas, nós moramos no campo, lá a gente se vira, faz do nosso jeito. Mas aqui fora é diferente. A gente é muito diferente. O nosso futuro é a nossa cultura. Tem que levar os dois. A gente tem o nosso idioma e temos que aprender o português. Então nós temos que levar os dois juntos pra gente defender lá fora, o meu pensamento é esse.

O TRABALHO E AS PREOCUPAÇÕES COM A TERRA

Marília – Hoje é melhor o indígena ter a sua roça ou ter um emprego fora?

Candido – Hoje, depende da cabeça da juventude. Porque você trabalhando toda a roça, dependendo do que você plantou, tem que esperar sete, oito meses pra você ter dinheiro. Agora, se você trabalhar fora, em trinta dias tem dinheiro. Mas quando você começa a produzir, você vai pegar um dinheiro vai uns seis meses até você acabar de vender a produção. A juventude de hoje, já tão tudo acostumados com trinta dias receber o seu salário. É bom você trabalhar com o próprio salário. Você não tem patrão, você que é o patrão. Você vai na sua hora, a hora que você quiser. O trabalho fora, você depende da hora do patrão. Patrão mandou, você tem que fazer. Não, na sua roça você vai a hora que você quiser: vai cedo, à tarde, tudo.

Igual eu, planto mandioca e entrego na cidade toda segunda-feira. Com o pouquinho que você vende, tem que comprar o óleo pra você preparar outra terra pra você plantar. É assim que eu faço. Então pra você começar o que você tá fazendo é difícil. Mas onde eu moro hoje, eu que fiz.

Criei meus quatro filhos tudo na roça. Desde pequeno trabalharam comigo, cresceram. Hoje, agradeço a Deus, tá tudo empregado. Eu fico contente, você vê, lutaram também, lutaram pra chegar aonde eles chegaram. Sempre dou conselho pra ele: "Filho, quando cheguei aqui no Icatu, solteiro, num tinha casa, só tinha uma mochila nas costa de roupa. O pai sempre lutou, sempre trabalhou, tô trabalhando ainda. Na casa do pai vocês nunca passaram fome. Pai fez de tudo pra criar vocês". Toda tarde, começo da noite, fica tudo lá em casa, contando como que é, como eu vim, como eu cheguei, como eu lutei, entendeu? Sem casa, construí uma casa de sapé. Morava na casa do vizinho, num dava certo, morava no outro vizinho, não dava certo. Então, falei pra Dona Neusa: "Nóis tem que fazer uma casinha de sapé". Eu fiz, consegui, onde eu criei meus filhos. Quando conto essa história é triste. Não tem uma pessoa pra te apoiar, o administrador, você ia pedir um apoio pra ele te ajudar, ele fala que a Funai não tinha dinheiro. Como eu fui, lutei, trabalhei, eu tô vencendo, venci essa luta. Tô aqui ainda.

Rodrigues – O tempo que eu cheguei no Icatu era tudo o trabalho com o animal. Então da terra com boi e com cavalo. Sempre tive minha roça, plantei amendoim, plantei um pouco de milho pra vender assim pra cidade, pra comprar o que a gente precisa. Então foi isso aí. No tempo do Guri [Candido], já chegou o tempo de maquinário, trator. No meu tempo não. Criei a minha família com a roça, agora tá tudo bem. Minha filha é professora, tem duas enfermeira, tem dois rapaz que estão lá, e tem um rapaz comigo. Eu não toco mais roça agora, só um pedacinho assim, no quintal. Pra fazer assim roça grande eu não faço mais não.

Edilene – O pessoal vai mais assim, tão fazendo faculdade, e como a cidade é muito perto de indústria, eles tão preferindo ir pra área e ganhar a diária trabalhando com a batata, cana. Pensando bem, como diz seu Jazone: e se todo mundo resolve tocar roça? Que tamanho seria pra cada um? A terra é pequena. Então cada um procura uma alternativa, tem uns que se forma. Às vezes não tem serviço na aldeia, leva currículo pra ver se consegue em outra aldeia. E tem uns que mesmo trabalhando fora, como diz a Analu[251], nunca deixa de ser índio, nunca deixa de ser de Icatu. Eles sempre tão lá estudando… se tem alguma coisa pra ajudar, eles sempre tão lá. E a roça parou devido, não tem mais ajuda da Funai, tem que ser do próprio bolso. E acho que nisso veio o desinteresse dos mais jovens da roça. Mas eu falo pros meus filhos, pra um bom Terena não falta um pedacinho de quintal atrás da casa.

Jazone – Então, eu, como cacique, e como morador de lá da aldeia – já que nóis somos tudo igual, não é que a gente manda, não é isso –, nóis tamo lá pra orientar. Tem a comunidade e aí tem uma pessoa de responsabilidade, porque todo mundo falar fica ruim. Então tem que ter uma pessoa pra explicar a situação. Então nós lá tiramos aqueles que a gente vê que têm uma ideia boa e que fun-

---

251 Analu Lipu, Aldeia Ekeruá, TI Araribá.

ciona, aí ali pode rever os estudos, é a cacificação deles. Nóis que somos da comunidade é diferente, nóis junta as liderança. Eu tô com doze liderança, tenho liderança mais velha que o Gerolino, que pode contar mais história. O cacique tem que apoiar as liderança e vice-versa. Três partes, cacique, liderança e comunidade. Para qualquer coisa as liderança e a comunidade têm que estar de acordo. Se divide, complica. Quando dizem que dá para fazer, fazemos, quando não dá, não fazemo.

E aí lá nóis faz o nosso trabalho e somos poucos em vista de Mato Grosso do Sul. Tamo com noventa pessoas e sessenta famílias. Tem vezes que não durmo porque tem que resolver os problemas que acontece na aldeia, é responsabilidade de Cacique. Tem vez que gente bate lá na porta da minha casa e eu tenho que levantar. Eu tenho um celularzinho, eu durmo e coloco embaixo do travesseiro, tocou eu tô atendendo, seja coisa boa, seja coisa ruim, tô atendendo.

É, não dá pra escolher. E então a preocupação maior é o que eles tão falando do negócio de terra. Muito preocupação nossa, da aldeia [com a PEC 215]. Então a preocupação minha é sempre ter a terra. Eles têm direito de estudar, nóis vamos precisar deles, quem vai levar o futuro da aldeia são eles e elas, porque nóis... eu tô com 33 anos de cacique, se eu fosse empregado eu já tava aposentado.

[...]

Nunca fui empregado. Se a coisa tá boa dentro da aldeia e se a coisa tá ruim, eu tô lá dentro. Então me criei lá tudo, eu tô com 81 anos e tô lá dentro da aldeia. Agora eu sou aposentado e eu faço um fundo de quintal lá, chupo uma laranja, chupo uma manga, eu gosto bastante de banana, mandioquinha sempre num falta, uma batata também nunca faltou, então nóis tamo com a nossa vidinha. Agora preocupação é os jovem. Daqueles que falaram aí, de voltar as pessoa, ou senão trabalhar de roça todo mundo ali, a gente tem desejo de trabalhar ali todo mundo dentro da aldeia, mas tem aldeia que é pequena. Na aldeia pequena pode acontecer até conflito, porque a lei... se todos os índios vai plantar cinquenta aqui, duzentos aqui, como lá na aldeia cheguemo a trezentos quilos de mandioca, cheguemos a plantar cinquenta quilos de milho, mas só que era diferente, era coletiva, nóis fazia trabalhando em coletiva. Agora trabalhando individual é diferente, igual falaram [tem espaços divididos]. Eu trabalho desde os 12 anos, eu sofri pra erguer. Naquele tempo era mata ainda que nóis fazia roça e trabalhava com boi, eu chegava a erguer o arado de número um, jogava assim pra pegar terra. Então começava sete hora da manhã e ia até a cinco hora da tarde. Doze anos já tinha que trabalhar porque o pai e a mãe obrigava e tinha que ajudar na casa. É uma coisa que esses [jovens] daqui nem contaram, mas eu sou daquele tempo lá ainda e então meu medo é que aconteça isso aí, porque acontece, né? Por que que não acontece agora? É porque é igual o Gerolino falou, é que nóis lá somos que nem balança, é um nível só o índio, ninguém tem mais dinheiro que o outro, é tudo no nível porque nóis trabalha em coletivo, o que nóis ganha ali é dividido pra cada um. Agora se acontecer de, por exemplo, eu fico rico, mais do que os outros, eu não vou querer a terra do jeito que nóis planta, eu vou querer trezentos aqui, quatrocentos ali, aí a área não dá pra todo mundo, então vira um conflito ali dentro, mas graças a Deus não aconteceu, mas tamo vendo que mais pra frente vai acontecer, não é? Temos que abrir os olhos para a terra, não tem futuro sem a terra.

A DANÇA DA EMA (*HIYOKENA KIPÂE*), O TAMBOR (*PEPÊKÉ*), A FLAUTA (*OXOPETI*), *XUMONÓ* E *SUKIRIKEONÓ*

Candido – [A vestimenta de penas de ema] É uma grande peça pra nós, porque na saia, no início da Dança da Ema, maioria quando tinha muitas ema, quando o nosso florestal deixava o índio matar, hoje não deixa mais. Aonde que esqueceram fazer saia com a pena da ema, tanto saia e cocar. Quando você apresenta a Dança da Ema então ele se vestia todo assim, só a pena da ema, assim nos braços, na pulseira, nas pernas, certo? Então era tão gostoso você ver os nossos parentes tudo vestido com os vistoreiro por igual. Então eu usei uma vez só, isso aqui ó [a saia de ema], porque o meu finado pai matou uma ema, porque você vê que tem uma pena bem branquinha, então escolheu pra mim bem branquinha assim, fez uma saia pra mim, acho que eu tinha uns 14 anos ainda, não me lembro.

Aí finado meu vô Antônio Pedro ficou velho, e todo mês de março, festa de São José, tinha um festeiro lá, todo ano fazia festa em [TI] Cachoeirinha. Meu avô já tava velhinho e me chamava "meu filho dá meu bumbo" e eu carregando o bumbo e ele falou pra mim "meu filho, um dia isso aqui vai ser pra você, não esquece". Porque eu acredito que nossa morte, a gente talvez sabe que tá chegando ao fim, eu acho. No dia que falaram pra mim, passou um ano e ele faleceu.

Era mês de março, dia 19 de março, ainda festejou tudo lá, bateu bumbo lá. Em junho ele faleceu. Março, abril, junho ele faleceu, no dia 27 de junho. Aí no outro ano, no festejo, o festeiro veio na casa de minha mãe pedindo pra eu bater o bumbo… eu era molecão ainda, sem noção ainda. Aí minha mãe falou assim: "você vai?". Aí eu falei: "eu vou!". Eu fui, aí eu comecei a bater o bumbo, aí eu parei de dançar… até hoje. Aonde que tá minha preocupação com minha comunidade hoje, você sabe? Eu e ele aqui [Rodrigues Pedro], somos dois, ele toca flauta e eu bumbo. Eu falo pros nossos filhos, eu falo pra ele quando nóis ensaia lá, eu falo "seus pais eu considerava igual meus filhos e vocês que tão crescendo agora, vocês todos meus netos", falo pra eles, a juventude hoje, sabe? Porque os pais dele participou comigo, eu considero eles como meus filhos. "Agora vocês, considero vocês meus neto, todos vocês", eu falo pra eles. Sabe, se um dia Deus [*aponta os dedos para os céus*] levar nóis, tanto eu quanto ele [Rodrigues], eu acredito que nossa cultura morre [na TI Icatu]! Porque hoje ninguém dá valor. Então é grande preocupação minha, nossa cultura da Dança da Ema. Então aonde que essa pena [de ema] aqui é bem valiosa pros Terena, tanto que aqui nóis falamo: no céu tem a ema, não é só a ema, tem o cágado, que vocês também falam jabuti. Tem o veado galheiro também [constelações].

Então por isso que nóis Terena têm muita coisa pra representar a gente, sabe? Então assim é a nossa vida. Por isso que quando entrei a porta e eu vi [a vestimenta de penas de ema], eu tirei meu boné, considerando o que estava em cima da mesa. Pra mim é a mesma coisa que tá uma pessoa ali, de barriga pra cima em cima da mesa.

Marília – Muita emoção, sr. Candido?

Candido – Bastante. E eu sou uma pessoa que eu não gosto de identificar. Na cultura Terena, você já vem com aquele nome desde pequeno concentrando com ele. Eu vou ser obrigado a cantar um hino pra vocês, eu ia fazer a abertura geral, mas num tive coragem com ele. Porque tem momento que ele te pede pra você. Eu ia trazer todo o meu preparo, mas não trouxe. Então eu vou ser cobrado. Eu que pedi ser o que eu sou hoje, então meus parente ali fizeram abertura, rezaram, e eu vou ter que rezar também.

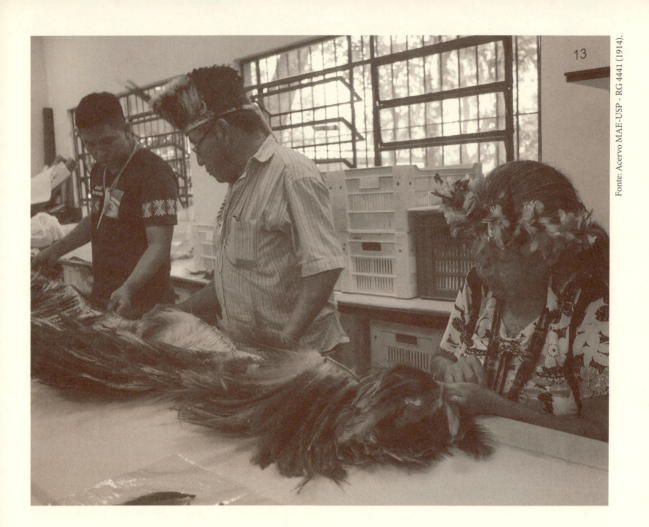

Carla – Eu tenho uma curiosidade. Vocês imaginam quantas emas foram necessárias para fazer uma saia igual a essa?

Afonso – O problema é a gente achar a pena de ema. É esse que é o problema. Aí nós achamo um capim, tinha um capim lá que deu certo. Aí nóis usamos o capim. Mas o certo mesmo é isso [a pena de ema].

Marília – Aí tem mais de três metros.

Candido – Quase cinco metros. É dando a volta na cintura, igual os trajes que a gente usa, vai rodando [fecha na volta completada].

Afonso – Eu acho que aqui tem mais de uma saia. Eu acho que tem a tornozeleira e o bracelete. Misturaram.

Gerolino – Esses pedaço aí pode ser o cocar e isso aqui é braçadeira, tornozeleira...

Afonso – Eu tenho só a saia e o cocar que comprei para o meu filho. Eu tenho uma preocupação de mostrar pra eles como que era antigamente, porque já faz muito tempo. No Mato Grosso do Sul eu vi

Acima, trabalho de restauro da vestimenta de ema. Da esquerda para a direita, Afonso Lipu, Candido Mariano Elias e Ingracia Mendes, março de 2018.

Ao lado, os pajés Ingracia Mendes e Candido Mariano Elias unem seus saberes para o trabalho de restauro da vestimenta de ema, março de 2018.

Fotos: Marilia Xavier Cury.

um pessoal que confecciona isso, aí perguntei se não vendia pra mim. E isso a gente também acaba ficando preocupado e resolvi comprar pra ele pra mostrar pra ele. Era a única que tinha lá, vestimenta de ema. A gente não tem lá esse animal, já teve, a gente já procurou saber como que a gente poderia ter na reserva lá.

Elas não se adaptaram ao clima, é diferente.

Marília – É uma informação muito importante, é uma vestimenta completa! Agora me fala, que artesão em Eꞩeruá, Icatú ou Vanuíre teria habilidades pra restaurar a peça? Achar as partes e soltá-las, sem cortar, tem um nó forte aqui! Colocar as penas que caíram, que tão soltando.

Afonso – Eu já ouvi de uma pajé que tá bem próxima de mim, não sei se os parentes aí vão saber dessa informação que eu tirei dela. Por ser uma ave, uma pena, muito significante pra nós, os Terena, na verdade quando uma pena cai, ela não cai à toa. Às vezes ela tá quebrando algum espírito ruim que tá naquele momento, ela não cai à toa, ela tem essa simbologia. Agora eu não sei se eles [os demais] têm esse conhecimento da nossa pajé, Ingracia [Mendes]. É a mãe dele [Gerolino]. E ela ainda pratica o ritual na sexta-feira da Semana Santa (*Ohókoti*) e a gente participa. Ela, a gente tá preservando, é realizado na nossa comunidade ainda.

É, porque tem esse conhecimento aí, né?

Gerolino – É uma boa ideia, porque minha mãe ela tem dificuldade de falar muito em português. Aí se tiver uma pessoa que traduza pra ela o português, seria ótimo.

Edilene – As fotos bem antigas ele usava, eu sei porque eles fala. Era o bracelete aqui, era na perna, a saia e era super bem enfeitado, as cor verde. Era bem enfeitado no meio.

Candido – Tinha enfeite, usava muito papel. Vermelho, verde, porque na representação da Dança da Ema são duas cores. Verde--branco e vermelho-preto. Tipo do jogo de futebol, sabe? Esse aqui é adversário, esse aqui é adversário. No vestuário a cor é diferente. Igual São Paulo, o Corinthians e Palmeiras. Entendeu?

Edilene – Eles procuravam se arrumar bastante, se pintar bastante, pra ser o grupo mais bonito, quanto mais bonito era melhor.

Candido – É, papel pendurado no meio assim nas pontas. Uma faixa de papelão com pedacinhos de espelhos na testa, tipo de fitas de papel penduradas em volta e as penas de ema para cima.

Edilene – Até no cocar.

Candido – Pra reconhecer qual lado você tá. Tá no verde e branco, ou tá no vermelho e preto. A Dança da Ema tem o Xumonó e Sukirikeonó. Xumonó é aquele que se pinta de verde e branco. Sukirikeonó se pinta de preto e vermelho. Eu sou Sukirikeonó. Tá vendo meu cara aqui, muito feio, né? Parece que é bravo mas não é. Então Sukirikeonó eles não leva as coisas brincando. Então eles são sérios. E o Xumonó são aquelas pessoas que tiram sarro dos outros, na cara dos outros, daí eles brincam, dá risada tudo. Esse aqui é Xumonó. Eu sou Sukirikeonó. Eu tenho cara mais fechada. Esse aqui [Rodrigues] não, mais alegre. Ela aqui [Edilene], é Xumonó, filha de Xumonó [Rodrigues]. Agora eu sou Sukirikeonó, certo, tenho cara feia, é bravo.

Marília – Mas como decide quem é de um lado e quem é de outro?

Candido – Aí depende qual o pai dele. Se é Sukirikeonó ou Xumonó. Então igual esse aqui, é pai da Edilene, ela vai ser Xumonó. Meus filhos são Sukirikeonó, o que é o pai dele. Pra dançar vai tá do meu lado, preto e vermelho. Dele aqui, é Xumonó, pega o lado verde e branco.

Edilene – É pela fila [na dança]. Uma fila é um, outra fila é outro, eles vão bater a taquara.

Candido – É pela fila, dois grupos. Um, depois o outro.

Marília – E todo Terena é dividido nas duas…

Candido – Isso. Aí já sabe qual é Xumonó, qual é Sukirikeonó, e aí se pinta verde e branco ou preto e vermelho. [Antes] Pintava tudo, mano. Aqui, rosto uns se pintava com o vermelho aqui e o preto assim… Usava urucum e macetava carvão, jenipapo.

Edilene – Aqueles barros pra fazer o branco, né?

Candido – É, o barro preto também. O que tiver, achar no mato, sabe? Tem o coitano que se macetado bem, sai um caldo verde para passar no rosto, nos braços e nas pernas, aí fica verdinho. E também aqueles, se é verde, joga o cipó no pescoço.

Tem o pó de cinza branca.

Quem dançava, no meu tempo, era o pessoal de idade. Não entrava nem uma criança, não podia. Só os pessoal maduro mesmo. Tinha que dançar, executar uma dança. E quando entra o adolescente no meio deles lá, ele é comemorado, é obrigado a passar na casa de família dele, porque ele já tá deixando de ser adolescente. Já tá partindo pra ser o guerreiro, namorar, caçar, tudo assim. Aí depois você ergue lá no alto, pra sua comunidade ver que já tá deixando de ser adolescente. É assim que significa. Você ergue lá, e você desce ele no chão. Como quando existia muitos bichos ainda, a vó pisava, fazia ele pisar o couro de bicho e jogar lá milho, o que tiver, arroz, feijão, na cabeça dele. O dia que for fazer roça, diz que vai fazer uma colheita boa. É assim a cultura Terena, a Dança da Ema (*Hiyokena Kipâe*).

Marília – Mas então, vocês dois [Candido e Rodrigues] são caciques da dança?

Candido – Não. Cacique é aquele que puxa a dança. Agora nós somos... o conjunto, vamos dizer assim. Você não vai no baile? Se não tiver nós lá, o baile não vai ter graça. Eu bato tambor, ele toca flauta. Cacique da dança tá na frente, ele puxa. O Ranulfo e o Marcio[252] são caciques da dança em Icatu. Nós não gosta de puxar a dança.

Edilene – Porque eles tão tocando. Ele toca flauta.

Às vezes eu penso, quando alguém pergunta do grafismo Terena. Por tudo que eu vejo como era antigamente eu creio que o Terena não usava grafismo. Usava mais a pintura. Quando falam: "Como é grafismo Terena?", "Como é o Kaingang?". Aí eu pensei, porque desde quando eu vejo as fotos, maioria pinta daquelas cores que é dos Terena. Mas o grafismo mesmo, não sei como que poderia falar se eles tinha.

Candido – Acho que não, hein.

Edilene – Eu creio, acho que eles foram criar depois. Igual, eu também tenho uma curiosidade da pintura das mulheres. Eu tenho essa curiosidade, eu como Terena, qual seria a cultura da mulher? Não sei como era antes as mulheres na dança. Por isso que eu fiquei curiosa também, às vezes eu vejo as pinturas dela[253], porque lá na nossa aldeia [Icatu], a gente já não fazia essa pintura da mulher. Aí eu fiquei pensando como que é a cor verdadeira, se é vermelho e branco, preto e vermelho, qual seria? Como era antes? Porque dos homens a gente sabe, essas cor que ele falou.

---

252 Ranuldo de Camilo e Marcio Pedro.

253 Analu Lipu, cacique da Dança da Chuva das mulheres, *Hiyokena Siputrena*, em Ekeruá.

Candido – Ah, do jeito que você é filha do Xumonó, é, daí você tem que puxar, aí você puxa do jeito que eles pintam, verde e branco.

Edilene – E a pintura da mulher sempre foi o mesmo, pelo que eu vi, foi.

Analu – Então, é que, quando a gente tem uma curiosidade, a gente vai perguntar pra tia Ingraça, que é a pajé que o Afonso falou. E ela explicou pra nós, no dia da festa que tem lá, que é vermelho e preto mesmo, um círculo preto com vermelho no meio. Aí ela falou que o vermelho era o pôr do sol e o preto já era o entardecer, que o sol já tava se pondo.

Edilene – Acho que isso aí foi minha mãe também que falou. Na hora que eu vi as suas pinturas, sempre tive curiosidade, porque a gente já não fazia mais aquelas pinturas das mulher, nós colocava na escola.

Analu – E ela também falou dos meninos, dos homens, né Afonso? A gente procura consultar bastante ela. Aí ela tinha explicado isso pra nós, por isso que a gente não muda. A gente não muda de jeito nenhum nossa pintura.

Edilene – Aí por isso que eu falo grafismo às vezes, aquele, antigamente os Terena não tinha grafismo, porque aquelas pinturas deles seria aquelas pinturas mais sempre bem alegres.

Afonso – E das mulheres sempre foi... sempre é o mesmo, sempre em círculo.

Edilene – Mas os Terena sempre é a pintura. Mas a pintura grafismo eles quase não usa. Porque eu sei que os Kaingang é bastante grafismo. Pra cada situação eles têm um grafismo. Mas o Terena sempre é a cor. A cor é bem simbolizada. Essa era minha curiosidade.

Marília – E por que o tambor e a flauta? Tem algum significado especial?

Candido – Porque o tambor e a flauta, no passado os índios moravam no meio das matas. Então ali, não tem rua, não tem nada. Então a vida dos índios, a caçada, era no meio da mata. Então o tambor tá ali, ó. Dá o sinal pras pessoas que tá caçando, aonde tá o acampamento dele. Por isso que eu bato o tambor. Significa isso.

Analu – O meu vô [João Lipu] bate bombo na Aldeia Eķeruá, que é o pai dele [Afonso] e da Luzia [Lipu]. Quando a gente vai fazer um ensaio, ele faz isso. Ele é o primeiro que chega e começa a bater. Então quando ele começa a bater, o pessoal já sabe que vai começar, é igualzinho.

Afonso – Então isso ainda, isso quer dizer que esse ritual ainda tá vivo.

Edilene – Preservado.

Afonso – Essa é a nossa preocupação, como educador eu passo pras crianças. Lá em Tupã uma pessoa veio falar que a gente tem que explorar mais os livros. Eu não falo que eles [os livros] são as pessoas, a gente tem que pesquisar eles. Praticamente pra nós eles são livros vivos, a gente não precisa ficar folheando o livro lá. A gente tem que dar mais valor aos momentos de conversa com os mais velhos. Porque realmente, eles é o nosso livro. Igual falaram lá, acho que a mulher do Marcio [Dirce Jorge Lipu Pereira], que o computador do índio é a cabeça. Realmente é a cabeça. Dificilmente hoje um índio relata tudo que ele fala em caderno. Hoje tá mudando, tem os universitários que tá aprendendo a dar aula, a registrar, mas na verdade o documento, a história tá tudo guardado na cabeça. E basta a escola, a gente tem que dar o passo, senão a gente não vai saber. Então esse também é o papel do professor das aldeias. E a gente tem que dar graças a Deus que hoje tem a educação indígena pra tá fortalecendo essa cultura. Tá aí Marcio[254], também é um grande entendedor da cultura. Esse papel entre a escola e a comunidade, ele é importante pra fortalecer ainda mais essa cultura.

Marília – Queria que o seu Rodrigues falasse mais da flauta. Seu Rodrigues, como é que o senhor aprendeu a tocar flauta?

Rodrigues – Ah, eu aprendi assim, sem alguém ensinando, aprendi assim sozinho. Eu já tinha mais de 20 anos quando comecei a tocar.

Luzia – Lá em Eꞗeruá quem toca o bombo é o meu pai [João Lipu] e o Afonso que toca flauta. Mas agora o meu pai parou de tocar. Quem tá tocando é o meu sobrinho, passou pro neto dele [Mateus Pio]. E acho que só ouvindo ele aprendeu.

Analu – Chegaram a perguntar acho que nota ele usa pra tocar, aí…

Afonso – Acho que eu posso falar um pouquinho da experiência que eu vivi. É porque o índio, igual Guri [Candido] falou, o índio tem uma espiritualidade muito forte. Vocês puderam notar ali que várias pessoas seguram a emoção na hora que viram a pena da ema. Eu aprendi a tocar com 12 anos de idade. Aí que depois foi passando algum tempo que eu fui entender porque eu aprendi a tocar. Porque naquele tempo existia só Kopenoti, com uns dois anos tive que mudar pra Eꞗeruá. Aí por que será que eu aprendi a tocar a flauta? Aí passando algum tempo depois a gente mudou de aldeia, a gente foi morar em Eꞗeruá, ali comecei a tocar. Sem ninguém me ensinando, "ó, vai pegar esse dedo pra fazer isso, usa essa nota"… Um índio não usa nota na flauta. Ele aprende ouvindo ou alguém ali perto fala que vai tocar, presta atenção. Perguntaram pra mim: que nota você toca? Eu não sei que nota que eu toco. Inclusive agora eu

---

254   Marcio Pedro, TI Icatu.

tô fazendo parte da dança, eu não tô tocando mais, mas também ele já passou adiante. Hoje quem toca flauta dos homens é o filho dele [Gerolino], ele pergunta pra mim: "Afonso, como que toca?" Aí eu falei: eu não sei, Ageu [Cezar], é o nome dele, eu não sei, Ageu. Eu aprendi a flauta, comecei a tocar. E foi o mesmo caso do filho dele. O filho dele hoje toca a flauta acho que há uns dois anos já. Então, não tem escola pra ensinar isso. Igual acho que no caso dele também.

Marília – Essa flauta que o Marcio [Pedro] tá segurando é uma flauta de 1947. O Herbert Baldus trouxe da TI Araribá. Não existia ainda a aldeia Eꞣeruá. Não põe na boca!

Edilene – Ele tá olhando a cera que tá dentro.

Marília – É que antigamente, pra prevenir insetos, jogavam veneno nos objetos. É só lavar a mão.

Várias pessoas em Eꞣeruá, toda vez que eu vou lá me pedem a fita do Dia do Índio que foi gravada no Museu Índia Vanuíre com a apresentação da Dança da Ema de Araribá, se eu não me engano de 1980. É isso que vocês estão procurando? Acho que quem me falava sempre é o Admilson [Felix].

Afonso – O Admilson comentou acho que bastante esse ano porque ele tava lembrando de uma pessoa que tocava.

Gerolino – É que tinha uma pessoa lá bem antigamente que tocava. Muitas pessoas alembra ainda aquele senhor que já partiu. Então deve ser isso que você tá falando. Chamava Luís.

Marília – E vocês querem escutá-lo, é isso?

Afonso – É porque na verdade esse aí é também o som da flauta, ele ficou adormecido lá na mente daquelas pessoas que ainda quer ouvir ele. Então acho que isso seria a curiosidade, acho que até dele, vontade de ouvir isso aí, e eu também.

Marcio[255] – Minha mãe falou que era muito bonito.
Marília – Mais alguém aqui toca flauta?
Candido – A flauta é importante para os que dançam. Quem toca flauta tem um momento que ele chama pra luta. E chegando em frente do que toca a flauta, e o outro toque faz voltar. É assim.

---
255 Marcio Lipu Pereira Jorge, nascido na Aldeia Kopenoti, TI Araribá, hoje vive na TI Vanuíre.

Autores após a finalização do artigo, TI Icatu. Da esquerda para a direita, Gerolino Cezar, Candido Mariano Elias, Afonso Lipu, Rodrigues Pedro, Edilene Pedro e Jazone de Camilo, maio de 2018.

Foto: Marília Xavier Cury.

É bonito. É três toques. Hora que chega, hora que volta ou quando manda eles requebrar mais. Todo dançador tem que prestar atenção que eles não sai do tom.

Analu – Porque eles falaram que a flauta tem importância de tudo isso que ele falou. E hoje acho que a flauta não tá saindo na forma daquele jeito lá, o som não tá saindo parecido. Então por isso que ele pediu a gravação.

Afonso – E a gente é, ele falou que tem três tipo de pássaro. E a gente lá de Eꞁeruá sabe só um toque, só do movimento e chama. E eu fui aprendê esse toque de chama, vocês dois também sabe, na flauta. [*cantarola a melodia*]

Candido – Chama pra voltá. E depois manda eles se afastá de novo. Mas só na flauta. Entendeu? É assim. Bonito demais!

Marília – Já pensou com toda essa roupa completa [vestimenta de penas de ema]!

Candido – Meu Deus!

Marília – Edilene, essa foto antiga que você falou com um Terena com a roupa completa, ela é muito antiga?

Edilene – Então, é que tinha nas fotos da minha mãe. Ela procurou e não achou mais. Porque aquele tempo, se eu não me engano, tinha a foto da Dança do Cavalinho das crianças, eles usava chapéu, camisa, calça social. Eu não sei o que aconteceu com essas foto. A única coisa que tenho [...] é uma foto que eu vi lá mesmo, é a minha vó sentada lá no fundinho com aquelas casa de taquara assim com sapé. Aquela lá eu vi esses dias. Mas lá falaram também, o pessoal do Mato Grosso do Sul foi recentemente que eles voltaram a buscá de novo essa saia de penas de ema, eles não usavam mais também, recentemente eles tão buscando de novo. Até que eu vejo as foto que eles postam no Facebook eles já tão usando. Porque eles não tava usando mais também por falta desse negócio da ema. Mas parece que tem criação lá perto.

O PENACHO (*NGUIPAHINA KIPÂE*)

Gerolino – Quando eu entrei aqui dentro, nesse lugar, eu deparei essa pena aqui. Essa pena aqui tem muito valor. Porque esse aqui é o uso das muitas coisas do povo Terena. Quando olhei essa pena aqui, alembrei do finado meu pai [João Manuel Cezar]. O finado meu pai ele trabalhava com essa pena aqui com penacho [*Nguipahina Kipâe*]. Trabalho espiritual, como pajé. Essa pena aqui tem muito valor, como representa também nossa cultura Terena.

Candido – A ema para nós Terena é um animal sagrado. No passado na cultura dos pajés era utilizado um tipo de tocha, um rolo de penas de ema quando era feito um trabalho espiritual. O pajé à noite assopra aqui e assubia lá no escuro aquela tocha de pena de ema. A pena da ema para o pajé é sagrada, pois faz bem para saúde, e é usada para benzer.

Ingracia – O penacho ajuda as pessoas, só o pajé pode usar. O penacho não apareceu à toa, foi Deus que mandou, para ajudar o pajé a tirar as coisas ruins do corpo. O penacho pode ser feito por uma pessoa de fé.

Na Aldeia Ekeruá a pajé Ingracia Mendes benze os índios com o penacho no ritual da Semana Santa (*Ohókoti*) para proteção de todos e da aldeia.

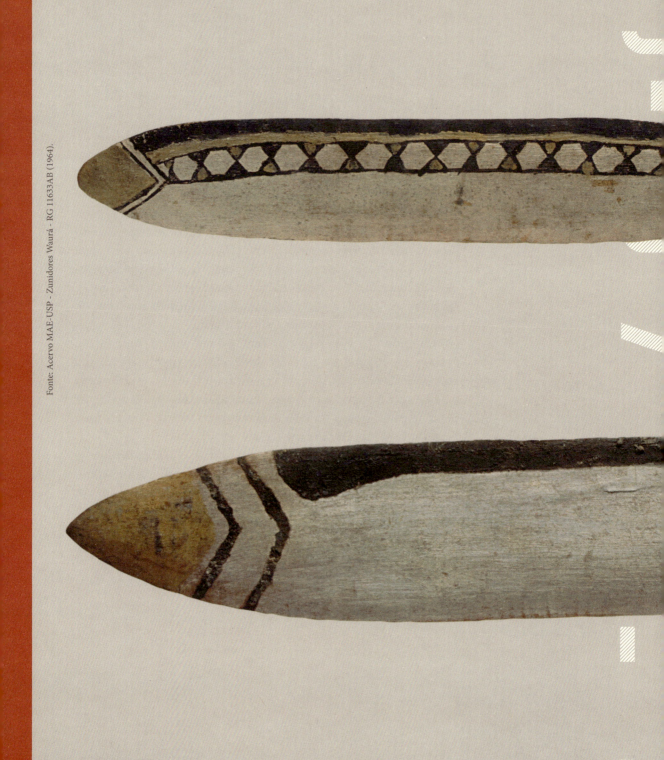

Fonte: Acervo MAE-USP - Zunidores Wauiá - RG 11633AB (1964).

PARTE IV
COLEÇÃO HARALD SCHULTZ

MAPA DA LOCALIZAÇÃO ATUAL DAS ETNIAS REPRESENTADAS NA COLEÇÃO HARALD SCHULTZ

1. Aikaná
2. Apinayé
3. Apurinã
4. Arara
5. Bororo
6. Canela
7. Chama
8. Guarani
9. Irantxe
10. Javaé
11. Juruna
12. Kadiwéu
13. Kaingang
14. Kalapálo
15. Kamayurá
16. Kanamari
17. Kanôe
18. Karajá
19. Kayabí
20. Kayapó
21. Kaxinawá
22. Krahô
23. Kulína

24. Makú
25. Marinawa
26. Mehináku
27. Moré
28. Nambikwára
29. Nambikwára - Sararé
30. Palikur
31. Paresí
32. Rikbaktsa
33. Siriono
34. Suyá
35. Tapirapé
36. Timbira
37. Trumai
38. Tukano
39. Tukúna
40. Tukurina
41. Txukahamãe
42. Umutina
43. Uruku de Digut
44. Waurá
45. Xerente
46. Yaǵua

Nomenclatura dos grupos padronizada de acordo com o Boletim do Museu do Índio n. 8 (dez. 1998).
Consulta da localização das etnias em fevereiro de 2014:
http://www.funai.gov.br/indios/fr_contendo.htm
http://pib.socioambiental.org/pt
A localização dos grupos, quando pesquisados por Harald Schultz, pode ter sofrido alterações.

SELEÇÃO DE FOTOGRAFIAS E OBJETOS COLETADOS POR HARALD SCHULTZ – ACERVO MAE-USP[1]

Harald Schultz fez coletas em mais de quarenta grupos indígenas, mas escolhemos destacar doze grupos, que serão apresentados a seguir. Selecionamos fotografias registradas pelo etnógrafo durante o seu trabalho de campo e objetos da Coleção Harald Schultz que se encontram no Museu de Arqueologia e Etnologia (MAE-USP). Muitas vezes, conseguimos identificar o objeto em seu contexto de uso. Em outras situações, escolhemos objetos similares.

As legendas das imagens foram traduzidas da documentação do acervo do inglês para o português, e seu conteúdo original não foi alterado.

A grafia do nome dos grupos indígenas está representada como aparece originalmente na documentação do Museu Paulista (MP-USP). É importante destacar que muitos desses nomes foram criados pelos não indígenas. Algumas das grafias já foram revistas, pois, com o avanço de projetos educacionais indígenas, alguns povos estão reforçando a necessidade da aprendizagem na sua própria língua e, com isso, revendo as grafias tradicionalmente atribuídas. Optamos por manter a grafia tradicional nesta publicação para que se mantenha um elo com a documentação original do acervo.

Por outro lado, destacamos a importância das autodenominações. São elas que refletem o modo como o grupo indígena se refere a si mesmo. As autodenominações serão colocadas entre parênteses, ao lado da grafia do nome do povo indígena.

1. O registro das peças e imagens do caderno a seguir foram feitas pelo fotógrafo Ader Gotardo. Junto a cada uma delas, há um número de registro usado pelo MAE-USP a fim de identificá-las e facilitar sua localização em visita presencial ou pelo acervo on-line: <http://www.sophia.mae.usp.br/>.

Para a classificação dos objetos, utilizamos o *Dicionário do Artesanato Indígena de Berta Ribeiro* (1988), catálogos organizados pelo MAE-USP, e o *Tesauro de Cultura Material dos Índios no Brasil*, do Museu do Índio/Funai (2006).

O inventário dos objetos coletados por Harald Schultz durante décadas de trabalho de campo relaciona o conjunto de peças coletadas e levadas ao MP-USP, que hoje são parte integrante do acervo do MAE-USP, onde o inventário se encontra disponível para consulta. Como já mencionado, muitas coletas foram feitas em parceria com outros pesquisadores, como Herbert Baldus, Vilma Chiara, Wanda Hanke, entre outros.

A relação de objetos da Coleção Harald Schultz não constitui apenas um arrolamento de peças coletadas e integradas ao acervo, mas de uma complexa ação de inventário, um registro histórico que recupera a trajetória de objetos permutados com outras instituições museológicas, em ações realizadas pelo Museu Paulista há décadas.

Ressaltamos que um inventário é um trabalho processual. As informações registradas aqui foram levantadas durante os anos de 2013 e 2016 e poderão ser aprimoradas por análises e/ou pesquisas futuras de etnólogos e antropólogos e pelos detentores originários deste patrimônio cultural.

KAINGANG (KANHGÁG)

Panela de cerâmica e cesto.
Na página ao lado,
homem trançando cesto.

RG 2564 (1947)

RG 2580 (1947)

273

KARAJÁ (INY)

RG 7889 (1948)

Figuras zoomorfas e antropomorfas.

"[Os índios Karajá] são hábeis na confecção de figuras de barro de cores alegres, cerâmica, armas esplendidamente decoradas, enfeites de penas coloridas, bem como em tecelagem e entalhe."
(Schultz, 1962, p. 3 – tradução livre)

KAXINAWÁ (HUNI KUIN)

Homem com adorno de cabeça feito de penas de japu e colar de algodão e dentes de macaco. A pintura corporal revela que ele capturou uma arraia.

Mulher com pintura complexa no rosto.

RG 6780 (1950)

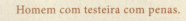
Homem com testeira com penas.

277

KAXINAWÁ

Mulher fiando algodão. Ao lado, rede de dormir.

Confecção de vasilha de cerâmica.

"Os artefatos dos índios Kaxinawá são confeccionados com esmero, seja a cerâmica, sempre adornada com desenhos geométricos claros sobre o fundo enegrecido, sejam as redes de dormir, muito procuradas pelas tribos vizinhas e pelos civilizados, saias e 'camisas' que os índios vestiam." (Schultz, 1955, p. 198)

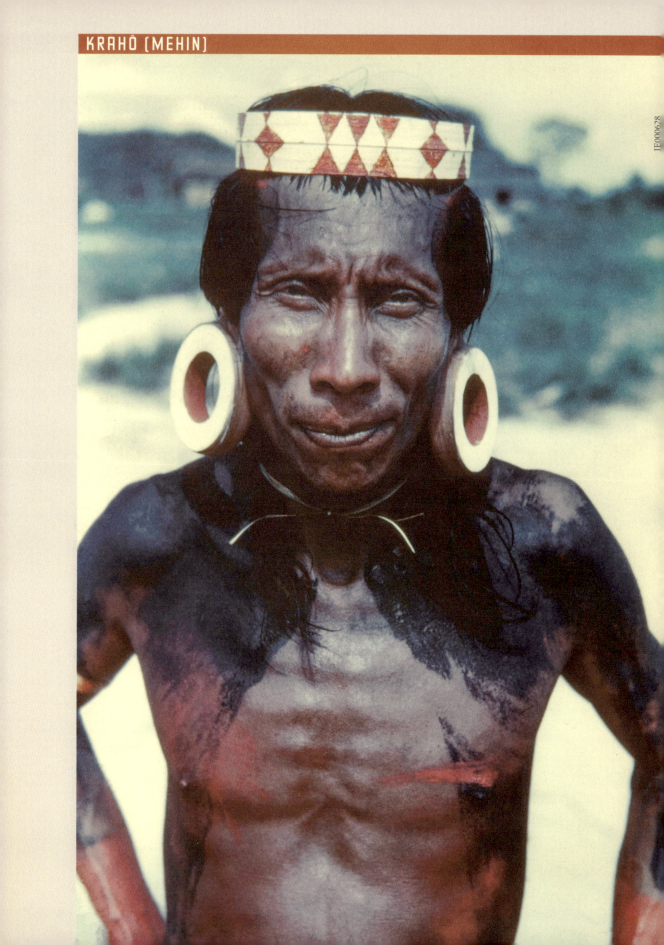

KRAHÔ (MEHIN)

Mulher pressiona a massa de mandioca ralada num cesto de palha especial (detalhe), cujas extremidades se retraem. O procedimento é feito para eliminar o ácido cianídrico encontrado na mandioca, que é mortal.

Homem faz faixas trançadas para a cesta de uma mulher.

Na página ao lado, retrato de homem com discos auriculares, adorno de cabeça feito de folhas de palmeira e pintura de urucu.

281

MAKÚ (NADÖB)

Mulher cozinha castanhas de pupunha.

"Um Makú prepara flechas para sua zarabatana com veneno de curare. [...] A receita do curare é vigilantemente mantida em segredo. Nem todos os membros da tribo a conhecem."
(Schultz, 1962, p. 18 – tradução livre)

Na página ao lado, homem com zarabatana e bolsa de dardos (detalhe).

MAKÚ (HUPD'ÄH)

Crianças atravessam um rio.

Mulher procura piolho no cabelo do garoto.

RIKBAKTSA (RIKBAKTSÁ)

Mulher cozinhando polpa de milho. Quando a refeição está pronta, adiciona-se mel. Na página ao lado, mel sendo coletado em uma vasilha.

RIKBAKTSA (RIKBAKTSÁ)

Homem trança um abanador para o fogo. No detalhe, brincos emplumados. Na página ao lado, garota carregando a irmã mais nova em sua faixa.

288

SUYÁ (KISIDJÊ)

Mulher faz sal das cinzas de jacinto d'água.

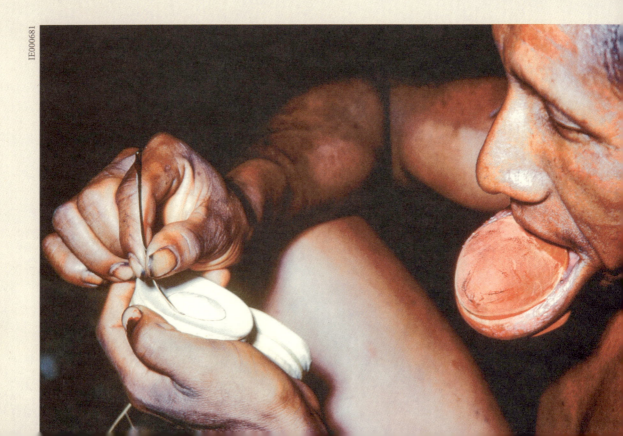

Mulher amarrando rede.

"O disco ou batoque labial de madeira é distintivo do homem casado pois nenhum solteiro o usa. Deram a entender que a perfuração do lábio inferior de um rapaz que há pouco se casara em primeiras núpcias, seria feita somente quando a roça nova começasse a produzir, isto é, dentro de dois meses."
(Schultz, 1960, p. 321)

"No último dia da nossa estada uma das mulheres suyá ofereceu-me um instrumento de madeira escura a respeito do qual explicou ser usado para apertar a trama durante a técnica de enodar as redes de dormir de fios de algodão. Não pude, entretanto, observar êste instrumento em uso, mas deve tratar-se, evidentemente do pente de tecelão".
(Schultz, 1961-1962, p. 316)

Na página ao lado, homem pintando novo disco labial.

TAPIRAPÉ (APYÃWA)

Colar de cordões com pingente pintado. Na página ao lado, homem usando colar de contas de vidro.

RG 432(2) (1948), RG 433 (1947)

TUKUNA (MAGUTA)

Retrato de alguns convidados mascarados.

RG 9454, RG 9960 (1956), RG 8605 (1958)

Máscaras para a festa de iniciação.

TUKUNA (MAGUTA)

Árvore usada como matéria-prima das máscaras de iniciação das meninas Tukuna. Na imagem acima, homens removem a casca. Ao lado, bate-se repetidamente na entrecasca de árvore a fim de amaciá-la.

TUKUNA (MAGUTA)

[Os carimbos] "*destinam-se à pintura ou decoração dos 'tururi' – vestimenta das máscaras e 'rodas' que aparecem durante os rituais de iniciação das moças e dos rapazinhos [...]. A vestimenta é feita da entrecasca de Ficus spc., havendo diversas qualidades, nitidamente distinguidas pelos Ticuna: O branco, que só existe nos baixos (várzeas), um de tonalidade marrom clara e um 'vermelho', ambos das partes mais altas dos igarapés. [...] A tinta usada para 'carimbar' nos 'tururi' é uruku, naiku e folha de pupunha. Urucu (como é sabido), é intensamente vermelha sangue, naiku, de frutos expremidos, sendo o sumo recolhido numa cabacinha é de cor azul-preta, modificando-se com o correr do tempo, se exposto ao ar e a luz, para azul, azul claro, avermelhado, vermelho e depois desaparece. [...] [Quem inventou os carimbos] foi um rapaz de nome Noakrá [...] 'primeiro pensou, depois inventou para pintar o tururi mais depressa!' [...] Não me parece que são conservados durante longo tempo.*"
(Schultz, "Carimbos dos Ticuna, cópia das anotações esparsas do diário de viagem, dezembro de 1960" - Documento 3 - Caixa 10)

TUKUNA (MAGUTA)

300

Pintura de casca com diversos corantes vegetais.
No detalhe, tambor adornado e carimbo.

TUKURINA

Alguns exemplares do acervo MAE-USP.

Na página ao lado, homem tocando uma flauta (acima); abaixo, homens aspirando tabaco com instrumento de bambu ou osso oco colado em ângulo com resina (um deve assoprar o tabaco no interior da narina do outro).

TUKURINA

Retrato de homem adornado com sementes, cocar de penas e madrepérola pendurada no septo, chamada tanonu.

RG 9876 (1950)

"Foi difícil conseguir que os Tukurina compreendessem que a nossa intenção não era a de comprar caucho, e sim participar de sua vida e obter objetos etnográficos. [...] trabalham geralmente por empreitada para os 'patrões', a quem chamam algumas vezes de 'pai'. Fabricam bolas de caucho de 20 a 40 quilos, que transportam nas costas 70 a 80 quilômetros através da mata fechada, seguindo os estreitos e acidentados 'varadouros'. [...] Mas os índios queixam-se muito da maneira pela qual são realizadas estas negociatas, pois recebem mercadorias inferiores, abaixo do valor do caucho ou bugigangas inúteis. [...] Por outro lado, a capacidade dos Tukurina de avaliar o seu próprio produto e o que desejam obter em troca é insuficiente. Não sabem eles, com certeza, se são ou não vítimas de exploração [...]." (Schultz, 1955, pp. 187-8)

UMUTINA (BARBADOS, OMOTINA)

Mulher de cabelos curtos (comuns nesta etnia) adornada com brincos de penas e colar de sementes e dentes de macaco. A saia, tecida por ela própria, é de algodão pintado com urucu.

UMUTINA (BARBADOS, OMOTINA)

RG 580, RG 582 (1945)

IE000140

Jovem ameaça colericamente Harald Schultz por acreditar que o etnógrafo havia comprado dois pássaros mutuns que teriam recebido a alma de seus ancestrais. Observa-se na imagem uma pele de onça sendo curada ao sol.

308

WAURÁ (WAUJA)

Homem completamente
adornado para a cerimônia
do virador de beiju.

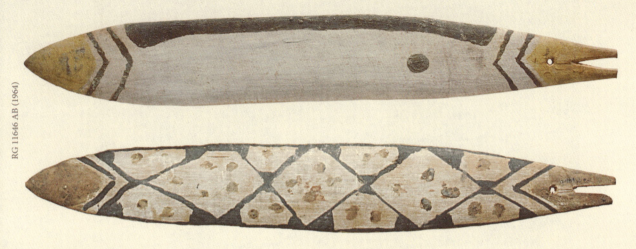

Zunidores e virador de beiju.

Zunidores sendo pintados.

WAURÁ (WAUJA)

Mulher alisa a lateral de uma peça de cerâmica com uma folha úmida de bananeira.

Vasilhas secando ao sol. As zoomorfas são chamadas makulataī. Nelas são acondicionados sal e pimenta. Da esquerda para a direita, na fileira de cima: um grande morcego, um mosquito e um pacu; na de baixo, uma tartaruga terrestre e outro mosquito.

"Entre os Waurá, em geral, são as mulheres que fazem as panelas de cerâmica. [...] Depois de completamente secas ao sol, as vasilhas pintadas de vermelho ou as não pintadas e não polidas são submetidas à cocção."
(Schultz & Chiara, 1968, pp. 299-302).

Na página ao lado, panela de barro.

SOBRE AS ORGANIZADORAS

Ana Carolina Delgado Vieira é bacharel e mestre em História pela Universidade de São Paulo. É técnica em Conservação e Restauro de Arte Sacra e Especialista em Conservação de Materiais Arqueológicos pelo Instituto de Conservación Yachaywasi (Peru). É conservadora do Museu de Arqueologia e Etnologia (MAE-USP) da Universidade de São Paulo. É responsável por diagnóstico de coleções, análises técnicas, tratamentos de conservação e preparação de itens da coleção para exposições, empréstimos e pesquisa. Desde 2013, chefia a Seção de Conservação do MAE-USP. Atualmente, tem desenvolvido trabalhos para compreender como os conservadores podem ajudar a reformular museus etnográficos tradicionais e a própria disciplina da conservação por meio do trabalho colaborativo com a participação dos indígenas. Desde 2015, é colaboradora do Grupo de Trabalho do Icom-CC Objects from Indigenous and World Cultures.

Marília Xavier Cury é museóloga e educadora de museu. Possui licenciatura em Educação Artística pela Faculdade de Belas Artes de São Paulo (1982), especialização em Museologia (1985), mestrado (1999) e doutorado (2005) em Ciências da Comunicação pela Universidade de São Paulo. Atualmente é professora doutora da Universidade de São Paulo, atuando no Museu de Arqueologia e Etnologia. Tem experiência na área de museologia, com ênfase nos seguintes temas: projetos de gestão e planejamento institucional, comunicação museológica, expografia, estudos receptivos e avaliação museológica, educação patrimonial e em museus, público de museus e participação, e patrimônio industrial. Desde 2010 vem se dedicando aos temas "museus e indígenas" e "museus indígenas", reconhecendo as contribuições desses povos na constituição da ideia de museu e no desenvolvimento da museologia.

SOBRE OS AUTORES

Afonso Lipu, Terena, 31 anos, natural de Avaí, São Paulo. Vive na Aldeia Ekeruá desde a criação da comunidade, em 2002. É professor indígena na E. E. I. Aldeia Ekeruá. É artesão e participa do Grupo de Dança da Ema da Aldeia Ekeruá.

Aline Maira Batistella é mestre em Antropologia Social pela Universidade Federal de Mato Grosso (área de concentração: Antropologia Social; linha de pesquisa: Etnicidades, Territorialidades e Cosmologias). Indigenista especializada pela Fundação Nacional do Índio, lotada no Centro Ikuiapá-Cuiabá, unidade vinculada ao Museu do Índio-RJ/Funai. Integrante do Napas (Núcleo de Pesquisa em Antropologia Social – Artes, Performances e Simbolismo). Integrante do NAPlus (Núcleo de Antropologia e Saberes Plurais).

Candido Mariano Elias, Terena, 64 anos, é natural de Miranda, Mato Grosso do Sul, onde viveu até a idade adulta na TI Cachoeirinha. Mudou-se para a TI Icatu, Braúna, São Paulo, em 1979. Herdou de seu avô as baquetas para tocar o tambor. É líder da Dança Terena da Ema. Ainda hoje, cuida da roça e dali tira o sustento de sua família.

Claudino Marcolino nasceu em Avaí, São Paulo, em 1968. Pertence à etnia Tupi-Guarani Nhandewa. Seu nome indígena é Awá Djatsaádju. É o cacique da aldeia indígena Nimuendaju, função que exerce há mais de 20 anos. Integrante do grupo de apresentação cultural de canto e dança Mandu'á, é representante da Comissão Étnica Regional de Ensino (Bauru-SP). Integra o Conselho Local de Saúde Indígena. Pai de Wesley, Wellygton, Lucas, Weriquis, Elen, Suelen, Wany, Kessy e Kethilin. É casado com Maria da Glória.

Cledinilson Alves Marcolino nasceu em Duartina, São Paulo, em 1991. Pertence à etnia Tupi-Guarani Nhandewa. Seu nome indígena é Awá Mirindju. É professor na Escola Estadual Indígena Aldeia Nimuendaju, onde leciona nos anos finais do Ensino Fundamental e na Educação de Jovens e Adultos (EJA), na área de Ciências da Natureza e Língua e Cultura Étnica. Integrante do grupo de apresentação cultural de canto e dança Mandu'á, é casado com Polyana Vilialba Cezar e pai de Natalia, Cleyson e Werá.

Cleonice Marcolino dos Santos nasceu em Avaí, São Paulo, em 1977. Pertence à etnia Tupi-Guarani Nhandewa. Seu nome indígena é Kunhã Takwádju. É técnica em enfermagem da Aldeia Nimuendaju pela Secretaria Especial de Saúde Indígena (Sesai/MS) e é uma liderança. Integra o grupo de apresentação cultural de canto e dança Mandu'á, o Conselho Local de Saúde Indígena e a Comissão de Mulheres Indígenas Paulista da TI Araribá (Comip). É casada com Ivanildo Simão dos Santos e mãe de Jederson Marcolino Simão dos Santos.

Creiles Marcolino da Silva Nunes nasceu em Avaí, São Paulo, em 1985. Pertence à etnia Tupi-Guarani Nhandewa. Seu nome indígena é Kunhã Nimboatsádju. É vice-diretora da Escola Estadual Indígena Aldeia Nimuendaju. Formada no curso Formação Intercultural de Professores Indígenas do Estado de São Paulo pela Universidade de São Paulo (Fispi/Licenciatura), é representante da Comissão Étnica Regional de Ensino (Bauru-SP). Integra o grupo de apresentação cultural de canto e dança Mandu'á, o Conselho Local de Saúde Indígena e a Comissão de Mulheres Indígenas da TI Araribá (Comip). É casada com Fernando da Silva Nunes e mãe de Kalyne Akiane Marcolino da Silva Nunes.

Dirce Jorge Lipu Pereira é kujã (pajé) e liderança indígena Kaingang. É coordenadora do Grupo de Cultura Kaingang da TI Vanuíre (Arco-íris, São Paulo), gestora do Museu Worikg e parceira do Museu Índia Vanuíre.

Edilene Pedro, Terena, 42 anos, é natural de Braúna, São Paulo, e vive na TI Icatu. Desde 2012, é professora indígena na E.E.I. Índia Maria Rosa. Participa do Grupo de Dança Siputrena da Escola Indígena.

Edson Tosta Matarezio Filho é doutor em Antropologia pela Universidade de São Paulo, com a tese *A Festa da Moça Nova – Ritual de iniciação feminina dos índios Ticuna* (2015). Autor do livro *Ritual e pessoa entre os Waimiri-Atroari* (Annablume-Fapesp, 2014), dirigiu os filmes documentários *O que Lévi-Strauss deve aos Ameríndios* (Lisa, 2013) e *IBURI – Trompete dos Ticuna* (Lisa, 2014), ambos de acesso livre na internet. Atualmente desenvolve pesquisa de pós-doutorado sobre a Festa da Moça Nova no Laboratoire d'Anthropologie Sociale (LAS-EHESS – Paris) e no Departamento de Antropologia da USP.

Gerolino José Cezar, Terena, 52 anos, é natural da TI Cachoeirinha, em Miranda, Mato Grosso do Sul, mas viveu na TI Buriti até os 12 anos. Vive na Aldeia Ekeruá, São Paulo, desde a criação da comunidade, em 2002. Como liderança indígena, acompanha o cacique em decisões da aldeia.

Gleidson Alves Marcolino nasceu em Duartina, São Paulo, em 1989. Pertence à etnia Tupi-Guarani Nhandewa. Seu nome indígena é Awá Rokẽdju. É professor na Escola Estadual Indígena Aldeia Nimuendaju, onde leciona nos anos iniciais do Ensino Fundamental I. Integrante do grupo de apresentação cultural de canto e dança Mandu'á, também é conselheiro do Conselho Estadual dos Povos Indígenas do Estado de São Paulo. É casado com Dayane e pai de Wendel, Weuller e Wailla.

Gleyser Alves Marcolino nasceu em Duartina, São Paulo, em 1993. Pertence à etnia Tupi-Guarani Nhandewa. Seu nome indígena é Awá Tenondegwá. É professor na Escola Estadual Indígena Aldeia Nimuendaju, onde leciona na área de Língua e Cultura Étnica nos anos finais do Ensino Fundamental e na Educação de Jovens e Adultos (EJA). É músico violinista no grupo de apresentação cultural de canto e dança Mandu'á. Casado com Dayana Fernanda da Silva, é pai de Raissa (Retsãi) e Ana Júlia (Nimuendaju).

Jazone de Camilo, Terena, nasceu em Avaí, São Paulo. Tem 81 anos, sendo 33 deles como cacique – na Aldeia Kopenoti e, desde 2002, na Aldeia Ekeruá. Gosta de plantar mandioca, milho e feijão para sua família e também de pescar.

Lúcia Hussak van Velthem possui graduação em Museologia pela Unirio (1972), mestrado em Antropologia Social pela Universidade de São Paulo (1983), doutorado em Antropologia Social pela USP (1995) e pós-doutorado no EREA-CNRS na França (2006). Pesquisadora Titular do Ministério da Ciência, Tecnologia e Inovações (MCTI), originalmente do Museu Paraense Emílio Goeldi e atualmente da SCUP-MCTI, em Brasília. Tem experiência na área de antropologia, com ênfase em etnologia indígena, a saber: índios Wayana e Aparai no norte do Pará; índios Baré no noroeste do Amazonas; e também pequenos agricultores no Acre. Atua principalmente nos seguintes temas: arte, estética e cosmologia indígenas, cultura material, coleções etnográficas e curadoria de exposições.

Lux Boelitz Vidal possui graduação em artes pela Sarah Lawrence College (1951), mestrado em Ciência Social (Antropologia Social) pela Universidade de São Paulo (1972) e doutorado em Ciência Social (Antropologia Social) pela USP (1973). Atualmente é professora da USP, assessora da Fundação de Amparo à Pesquisa do Estado de São Paulo, assessora do Conselho Nacional de Desenvolvimento Científico e Tecnológico e professora doutora da Comissão Pró-Índio. Tem experiência na área de antropologia, com ênfase em teoria antropológica. Atua principalmente nos temas Brasil central e grupos indígenas.

Maria Julia Fernandes Vicentin é bacharel e licenciada em Ciências Sociais na Universidade de São Paulo, onde realizou sua pesquisa de Iniciação Científica financiada pelo Pibic no departamento de Antropologia, área de Antropologia Visual. É mestranda no Programa de Pós-Graduação em Antropologia Social da Universidade de São Paulo. Foi estagiária no MAE-USP entre 2014 e 2017, quando participou da equipe do inventário geral da Coleção Harald Schultz.

Paulo Antonio Dantas de Blasis possui graduação em História pela Universidade de São Paulo (1980), mestrado em Antropologia Social pela USP (1989), doutorado em Arqueologia pela USP (1996) e livre-docência em Arqueologia pela USP (2005). É arqueólogo, professor associado (livre-docente, MS-5) de Arqueologia e História Pré-Colonial do Brasil e diretor do Museu de Arqueologia e Etnologia (MAE) da USP, onde atua desde 1987. Além das atividades associadas à pesquisa arqueológica, curadoria de acervo e prestação de serviços à comunidade, ministra regularmente cursos de graduação, pós-graduação e extensão universitária.

Rodrigues Pedro, Terena, 77 anos, nascido em Braúna, São Paulo, viveu até os 4 anos na TI Icatu. Em seguida, mudou-se para a TI Cachoeirinha, em Miranda, Mato Grosso do Sul, e em 1970 retornou, já casado, para a TI Icatu, em Braúna. É líder da Dança Terena da Ema como tocador de flauta. Manteve roça por muitos anos para sustentar a família. Hoje tem uma roça no quintal.

Samuel de Oliveira Honório nasceu em Duartina, São Paulo, em 1995. Pertence à etnia Tupi-Guarani Nhandewa. Seu nome indígena é Awá Rendywydju. É professor na Escola Estadual Indígena Aldeia Nimuendaju, nas áreas de ciências humanas, linguagens e matemática. Atualmente cursa geografia. Também é integrante do grupo de apresentação cultural de canto e dança Mandu'á. É filho de Claudemir Marcolino Honório (Awá Rokawydju, importante liderança Guarani Nhandewa paulista) e de Esmeraldina Aparecida de Oliveira Honório.

Sandra Maria Christiani de La Torre Lacerda Campos é bacharel e licenciada em Filosofia pela Universidade de São Paulo (1981), mestre pela Pontifícia Universidade Católica de São Paulo (1996) e doutora pelo mesmo programa (2007). Atuou no Museu de Arqueologia e Etnologia da USP (1988 a 2016) como especialista em pesquisa e apoio a museu na área de etnologia indígena. Atuou na área de pesquisa Antropologia, Educação e Museus (1988 a 2016) e como formadora de professores indígenas em São Paulo. Funcionária do MAE-USP (1988 a 2016), exerceu o cargo de diretora do Serviço Técnico de Curadoria, com pesquisas e publicações na área. Atualmente se dedica à pesquisa sobre os povos Karajá. Atua nos seguintes temas: antropologia ameríndia, etnologia indígena brasileira, educação indígena, curadoria de coleções etnográficas, museus etnográficos, antropologia dos artefatos, antropologia visual, patrimônio cultural. É colaboradora do Nema (Núcleo de Estudos de Etnologia Indígena, Meio Ambiente e Populações Tradicionais) da PUC-SP. É autora da dissertação de mestrado *O olhar antropológico: o índio brasileiro sob a visão de Harald Schultz* (1996) e da tese de doutorado *Bonecas Karajá – modelando inovações, transmitindo tradições* (2007).

Susilene Elias de Melo, Kaingang, 36 anos, nasceu na Terra Indígena Vanuíre, na cidade de Arco-Íris, São Paulo. É assistente de Kujã e gestora do Museu Worikg.

Tiago de Oliveira, nascido em 1985 na cidade de Santa Amélia, Paraná, pertence à etnia Tupi-Guarani Nhandewa. Seu nome indígena é Awá Djopy'adju. É professor coordenador indígena (PCI) na Escola Estadual Indígena Aldeia Nimuendaju. Formou-se no curso de formação intercultural de professores indígenas do Estado de São Paulo pela Universidade de São Paulo (Fispi/Licenciatura) e cursou pedagogia e especialização em antropologia na Universidade Sagrado Coração (USC). Integra o grupo de apresentação cultural de canto e dança Mandu'á. É representante da Comissão Étnica Regional de Ensino, articulador do Fórum de Avaliação da Educação Escolar Indígena do Estado de São Paulo (Fapisp), conselheiro local de Saúde Indígena, além de ser uma liderança. Casado com Thaís Cristine Caetano, é pai de Joana Poty.

Vanderson Lourenço nasceu em Santa Amélia, Paraná, em 1980. Pertence à etnia Tupi-Guarani Nhandewa. Seu nome indígena é Djogwerogwedjy. É professor indígena na Escola Estadual Indígena Aldeia Nimuendaju, onde leciona nos anos finais e na Educação de Jovens e Adultos (EJA), nas áreas de Ciências Humanas e Língua e Cultura Étnica. Possui formação no Magistério de Formação de Professores Indígenas (Protocolo Guarani) no estado do Paraná e formação em História na Universidade Sagrado Coração (USC). Representante da comissão étnica regional de ensino, integra o grupo de apresentação cultural de canto e dança Mandu'á. Casado com Vanessa Cristina Feliciano, é pai de Ingride, Yasmin, Wesllen, Érike e Vanine.

Vilma Chiara (*in memoriam*), graduada em Ciências Sociais pela Escola de Sociologia e Política de São Paulo, fez mestrado e doutorado pela École des hautes études en sciences sociales, e pós-doutorado como bolsista da Fulbright-Capes junto às universidades Harvard University e Iowa University. Foi professora do Departamento de Ciências Sociais do Centro de Ciências Humanas e Letras da Universidade Federal do Piauí, em Teresina.

REFERÊNCIAS

ABREU, R. "Museus etnográficos e práticas de colecionamento: antropofagia dos sentidos". *Revista do Patrimônio Histórico e Artístico Nacional*, n. 31, 2005.

_____. "Tal antropologia qual museu?". *Revista do Museu de Arqueologia e Etnologia*, n. 7, 2008, pp. 121-43.

AGUILAR, N. [org.]. Artes indígenas. Mostra do Redescobrimento. São Paulo: Associação Brasil 500 Anos Artes Visuais, 2000.

ALMEIDA, M. R. C. Os índios aldeados no Rio de Janeiro colonial. Novos súditos cristãos do Império Português. Tese (doutorado) – Unicamp. Campinas: 2000.

ALVES, M. R. P.; DEMATTE, M. E. S. P. *Palmeiras: características botânicas e evolução*. Campinas: Fundação Cargill, 1987.

ANTENORE, A. "Somos tupinambás, queremos o manto de volta". *Folha de S.Paulo*, Caderno Ilustrada, 1º jun. 2000. Disponível em: <https://www1.folha.uol.com.br/fsp/ilustrad/fq0106200006.htm>. Acesso em: 19 mar. 2019.

APPELBAUM, B. *Conservation Treatment Methodology*. Oxford: Elsevier, 2007.

ARNHEIM, R. *Arte e percepção visual: uma psicologia da visão criadora*. Trad. Ivonne Terezinha de Faria. São Paulo: Pioneira/Edusp, 1980.

BALDUS, H. "Os carimbos dos índios do Brasil". *Revista do Museu Paulista*, n.s., São Paulo, v. 13, 1961-2.

_____. *Harald Schultz 1909-1966. American Anthropologist*. New Series, v. 68, n. 5, oct. 1966, pp. 1.233-5.

BARTHES, R. *A câmara clara: nota sobre a fotografia*. Rio de Janeiro: Editora Nova Fronteira, 1984.

BATES, H. W. *Um naturalista no rio Amazonas*. São Paulo: Itatiaia/Edusp, 1979 [1863].

BATISTELLA, A. M. *Experiências etnográficas de Harald Schultz e Vilma Chiara entre os povos indígenas*. Dissertação (mestrado) – UFMT. Cuiabá: UFMT, 2017.

BELLUZZO, A. M. "A lógica das imagens e os habitantes do Novo Mundo". Em: GRUPIONI, L. D. B. [org.]. *Índios no Brasil*. São Paulo: Secretaria Municipal de Cultura, 1992, pp. 47-58.

BERLOWICZ, Barbara. "Catálogo dos trabalhos expostos". *Albert Eckhout volta ao Brasil 1644-2002*. Copenhagen: Nationalmuseet, 2002.

BOAS, F. *El arte primitivo*. Trad. Adrián Recinos. México: Fondo de Cultura Económica, 1947.

BOHANNAN, P. *Social Anthropology*. New York: Holt, 1963.

BOLAÑOS, M. [ed.]. *La memoria del mundo, cien años de museología: 1900-2000*. Espanha: Trea, 2002.

BOSI, A. "Fenomenologia do olhar". Em: *O olhar*. NOVAES, A. [org.]. São Paulo: Companhia das Letras, 1989.

BOSI, E. *O tempo vivo da memória: ensaios de psicologia social*. São Paulo: Ateliê Editorial, 2003.

BOURDIEU, P. *O poder simbólico*. Trad. Fernando Tomaz. Rio de Janeiro: Bertrand Brasil, 1989.

_____. "A ilusão biográfica". Em: AMADO, J.; FERREIRA, M. M. *Usos e abusos da história oral*. Rio de Janeiro: Fundação Getúlio Vargas, 1996.

BRASIL. Fundação Nacional Pró-Memória. *Arte plumária do Brasil* (catálogo). Brasília, 1980.

BUENO, M. I. C. S. *Sobre encantamento e terror: imagens das relações entre humanos e sobrenaturais numa comunidade Ticuna (Alto Solimões, Amazonas, Brasil)*. Tese (doutorado) – PPGSA-UFRJ. Rio de Janeiro: 2014.

BUTLER, J. *Problemas de gênero*. Rio de Janeiro: Civilização Brasileira, 2003.

_____. *Relatar a si mesmo: crítica da violência ética*. Trad. Rogério Bettoni. Belo Horizonte: Autêntica, 2015.

CAIUBY NOVAES, S. "Imagem, magia e imaginação: desafios ao texto antropológico". *Mana*. São Paulo, v. 14(2), 2008, pp. 455-75.

_____. "A construção de imagens na pesquisa de campo em antropologia". *Iluminuras, Porto Alegre, v. 13, n. 31, jul.-dez. 2012, pp. 11-29.*

_____. "El filme etnográfico: autoría, autenticidad y recepción". *Revista Chilena de Antropología Visual*, v. 15, 2010, pp. 103-25. Disponível em: <http://www.antropologiavicl/index_15.htm>. Acesso em: 19 dez. 2019.

CAMARGO, E.; VILLAR, D. [org.]. *A história dos Caxinauás por eles mesmos*. São Paulo: Edições Sesc, 2013.

CAMPOS, S. M. C. T. L. *O olhar antropológico: o índio brasileiro sob a visão de Harald Schultz*. Dissertação (mestrado) – PUC. São Paulo: 1996.

_____. "Por uma antropologia do olhar: a coleção Harald Schultz no Museu de Arqueologia e Etnologia". *Cadernos de Antropologia e Imagem*. Rio de Janeiro, v.8(1), 1999, pp. 145-60.

_____. "O acervo de etnologia brasileira do MAE – A história de quem conta a história". *Quantos anos faz o Brasil?* São Paulo: Edusp, 2000, pp. 124-37 (Uspiana Brasil 500 anos).

CAPIBERIBE, A.; BONILLA, O. "Simone Dreyfus e a antropologia: um tropismo pela América do Sul". *Revista de Antropologia*, São Paulo, USP, 2008, v. 51, n. 1. Disponível em: <www.revistas.usp.br/ra/article/download/27314/29086>. Acesso em: 11 mar. 2019.

CAPLE, C. *Conservation Skills: Judgment, Method and Decision Making*. London: Routledge, 2000.

CAVERSAN, L. "Arte e história atraíram visitante da mostra". *Folha de S.Paulo*, Caderno Ilustrada. São Paulo, 11 maio 2000. Disponível em: <https://www1.folha.uol.com.br/fsp/ilustrad/fq1105200007.htm>. Acesso em: 19 mar. 2019.

_____. "Carta de Caminha e manto são preferidos no Redescobrimento". *Folha de S.Paulo*, Caderno Ilustrada. 11 maio 2000a. Disponível em: <https://www1.folha.uol.com.br/fsp/ilustrad/fq1105200006.htm>. Acesso em: 19 mar. 2019.

CHIARA, V. "Le Processus d'extermination des indiens du Brésil". *Les Temps Modernes*, 24e. année. Paris, décembre 1968, pp. 1.072-9.

_____. "A situação econômica e política dos índios Krahô, Estado de Goiás". *Revista do Museu Paulista*, n.s., 1979, pp. 285-91.

_____. "Do cru ao cozido (ensaio sobre o tempo mítico dos Krahô)". *Revista de Antropologia*, São Paulo: 1979b, v. XXII, pp. 30-8.

_____. "Sou Kraò, a terra viva". *Dédalo 28 – Revista do Museu de Arqueologia e Etnologia*. São Paulo, 1990, pp. 97-107.

_____. "Harald Schultz". Em: WINTERS, C. [ed.]. *International Dictionary of Anthropologists*. New York/ London: Garland Publishing, 1991, pp. 623-4.

CLASTRES, P. "De que riem os índios?". Em: *A sociedade contra o Estado. Pesquisas de antropologia política*. São Paulo: Cosac & Naify, 2003.

CLAVIR, M. "Heritage Preservation: Museum Conservation and First Nation Perspectives". *Ethnologies*, 24 (2), 2002, pp. 33-45.

_____. *Preserving What is Valued: Museums, Conservation, and First Nations*. Vancouver, British Columbia: UBC Press, 2000.

COMBÈS, I. *La Tragédie cannibale chez les anciens Tupi-Guarani*. Paris: PUF, 1992.

CORRÊA, M. P. *Dicionário das plantas úteis do Brasil e das exóticas cultivadas*. Rio de Janeiro: Imprensa Nacional, v. 1, 1926.

CORRÊA, M. "A natureza imaginária do gênero na história da antropologia". *Cadernos Pagu*. 1995, n. 5, pp. 109-30. Disponível em: <http://www.bibliotecadigital.unicamp.br/document/?down=51052>. Acesso em: 7 abr. 2019.

_____. *Traficantes do simbólico & outros ensaios sobre a história da antropologia*. Campinas: Editora da Unicamp, 2013.

_____. *Antropólogas e antropologia*. Belo Horizonte: Editora da UFMG, 2003.

_____. "Dona Heloisa e a pesquisa de campo". *Revista de Antropologia*, v. 40, n. 1, São Paulo, 1997.

_____. "O espartilho de minha avó: linhagens femininas na antropologia". *Horizontes Antropológicos*. Porto Alegre, ano 3, n. 7, nov. 1997, pp. 70-96.

COSTA, C. A. *Camponeses do cinema: a representação da cultura popular no cinema português entre 1960 e 1970*. Lisboa: Universidade Nova de Lisboa, 2012.

_____. "Os filmes etnográficos de arquivo: a relação com o Instituto de Göttingen". *Panorama – 8ª mostra do documentário português*. Disponível em: <https://fcsh.academia.edu/CatarinaAlvesCosta>. Acesso em: 7 abr. 2019.

CUNHA, M. C. *Os mortos e os outros*. São Paulo: Hucitec, 1978.

CURY, M. X. "Herbert Baldus – Scientist and Humanist – An Integrated Experience of Exposition and Education". *Icom Education*, v. 17, 2001, pp. 48-51.

_____. "Educação em museus: panorama, dilemas e algumas ponderações". *Ensino em re-vista*, n. 1, jan.-jun. 2013, pp. 13-28.

_____. "Museologia e conhecimento, conhecimento museológico. Uma perspectiva dentre muitas". *Museologia & Interdisciplinaridade*, v. 3, n. 5, 2014.

_____. "Relações (possíveis) museus e indígenas – em discussão uma circunstância museal". Em: LIMA FILHO, M.; ABREU, R.; ATHIAS, R. [org.]. *Museus e atores sociais: perspectivas antropológicas*. Recife: UFPE/ABA, 2016, pp. 149-70.

_____. "Lições indígenas para a descolonização dos museus: processos comunicacionais em discussão". *Cadernos Cimeac.*, [Uberaba], v. 7, n. 1, jul. 2017, pp. 184-211.

_____; VASCONCELOS, C. M. "Introdução – Questões indígenas e museus". Em: CURY, M. X.; *et. al.* [coord.]. *Questões indígenas e museus: debates e possibilidades*. Brodowski: Acam Portinari/MAE-USP/SEC, 2012, pp. 17-9.

_____; DORTA, S. F.; CARNEIRO, C. G. *Beleza e saber: plumária indígena*. São Paulo: MAE-USP: Caixa Cultural, 2009.

_____; ORTIZ, J. M. [ed.]. *Harald Schultz: fotógrafo etnógrafo*. São Paulo: MAE-USP/ Caixa Cultural (Giramundo Cultural), 2012.

_____. *Harald Schultz: olhar antropológico*. Brodowski: ACAM Portinari, 2011.

DAMY, A. S.; HARTMANN, T. "As coleções etnográficas do Museu Paulista: composição e história". *Revista do Museu Paulista*, n.s., v. XXXI, 1986, pp. 220-72.

DAVALLON, J. "Les Objets ethnologiques peuvent-ils devenir des objets de patrimoine?". *Le Musèe cannibale*. Neuchâtel: Mus. d'Ethnographie, 2002, pp. 169-87.

DELEUZE, G.; GUATTARI, F. *Mil platôs. Capitalismo e esquizofrenia*, v. 4. São Paulo: Editora 34, 2005.

DERVILE, A. *Ecologia objetiva*. São Paulo: Nobel, 1981.

DESVALLÉE, A.; MAIRESSE, F. *Conceitos-chave de museologia*. São Paulo: Icom, 2013.

DOAN, L. T. L. *From Ethnographic to Contemporary: How an artistic interview may direct the study and conservation treatment of a Balinese Cili Figure* (Ucla Electronic theses and dissertations). Ucla, 2012.

DORTA, S. "Coleções etnográficas: 1650-1955." Em: CUNHA, M. M. C. [coord.]. *História dos índios no Brasil*. São Paulo: Cia das Letras/ Secr. Mun. de Cultura/Fapesp, 1992, pp. 381-96.

DUE, B. "Artefatos brasileiros no Kunstkammer Real". Em: *Albert Eckhout volta ao Brasil 1644-2002*. Copenhagen: Nationalmusseet, 2002, pp. 186-95.

ELIAS, M. J. *Museu Paulista: memória e história*. Tese (doutorado) – FFLCH-USP. São Paulo: 1996.

ENGELBRECHT, B. "Moving Images. Visual Anthropology at the Institute for Scientific Film in Germany". *Revista de dialectología y tradiciones populares*, v. LIII, n. 2, 1998.

FABIAN, J. "On recognizing things. The 'ethnic artefact' and the 'ethnographic object'". *L'Homme*, n. 170, 2004, pp. 47-60.

FAUSTO, C. "Fragmentos de história e cultura Tupinambá. Da etnologia como instrumento crítico de conhecimento etno-histórico". Em: CUNHA, M. M. C. [coord.]. *História dos índios no Brasil*. São Paulo: Cia das Letras/ Secr. Mun. de Cultura/Fapesp, 1992, pp. 381-96.

_____. *Os índios antes do Brasil*. Rio de Janeiro: Jorge Zahar, 2000.

FÉAU, É.; MONGNE, P.; BOULAY, R. *Arts d´Afrique, des Amériques et d´Oceanie*. Paris: Larousse, 2006.

FERREIRA, J-P.; KUKAWKA, K. "Restituer le patrimoine. État des lieux et propositions pour une action concertée en Guyane". Em: MAM LAM FOUCK, S.; HIDAIR, S. [ed.]. *La Question du patrimoine en Guyane*. Matoury: Ibis Rouge Editions, 2011, pp. 123-36.

FERNANDES, F. *A organização social dos Tupinambá*. São Paulo: Hucitec/UNB, 1989.

FIGUEIREDO, B. G.; VIDAL, D. G. *Museus: dos gabinetes de curiosidade à museologia moderna*. Brasília: CNPq, 2005.

FIRMINO, L. S.; GRUBER, J. G. *Ore i nucümaügüü: histórias antigas*, v. 1, 2 e 3. Coleção Eware. Benjamin Constant: Organização Geral dos Professores Ticunas Bilíngues – OGPTB, 2010.

FOCILLON, H. *A vida das formas*. Lisboa: Edições 70, 1988.

FREIRE, C. A. R. [org.]. *Memória do SPI: Textos, imagens e documentos sobre o Serviço de Proteção aos Índios (1910-1967)*. Rio de Janeiro: Museu do Índio-Funai, 2011.

FREIRE, J. R. B. "A descoberta dos museus pelos índios". *Cadernos de etnomuseologia*, v. 1. Rio de Janeiro: Programa de Estudos dos Povos Indígenas, Departamento de Extensão, Uerj – Universidade do Estado do Rio de Janeiro, 1998, pp. 5-29.

FRIKEL, P., *Os Xikrin: equipamentos e técnicas de subsistência*. Belém: Publicações avulsas do Museu Goeldi, 1968.

GALLOIS, D. T. "O acervo etnográfico como centro de comunicação intercultural". *Ciências em Museus*, v. 1, n. 2, Belém: MPEG, 1989, pp. 137-42.

_____. "Patrimoines indigènes: de la culture 'autre' à la culture 'pour soi'". Em: THYS, M. [org.]. *Índios no Brasil*. Bruxelas: Ludion/Europalia, 2011, pp. 29-46.

_____. *Patrimônio cultural imaterial e povos indígenas*. São Paulo: Instituto de Pesquisa e Formação Indígena (Iepé), 2006.

GEERTZ, C. *O saber local*. Petrópolis: Vozes, 1997.

_____. *A interpretação das culturas*. Rio de Janeiro: Ed. Guanabara/Koogan, 1989.

_____. "Art as a Cultural System". Em: *Local Knowledge*. New York: Basic Book Inc. Publishers, 1983.

GIRÃO, C. "Arte e patrimônio". *Revista do Patrimônio Histórico e Artístico Nacional*, n. 29, 2001, pp. 102-21.

GOLDMAN, M. "Os tambores do antropólogo: antropologia pós-social e etnografia". *Ponto Urbe – Revista do Núcleo de Antropologia Urbana da USP*, ano 2, versão 3.0, jul. 2008.

GOULARD, J-P. "Le costume-masque". *Bulletin Société Suisse des Américanistes*. Genève: 2001, v. 64-5, pp. 75-82.

_____. "La sur-face du masque: perpétuation et métamorphose chez les Tikuna". Em: GOULARD, J-P; KARADIMAS, D. [ed.]. *Visages des Dieux, Masques des Hommes, Regards d'Amazonie*. Paris: CNRS-Éditions, 2011, pp. 129-53.

GREENBLATT, S. *Possessões maravilhosas: o deslumbramento do novo mundo*. São Paulo: Edusp, 1996.

GRUBER, J. G. [org.]. *O livro das árvores*. Benjamin Constant: Organização Geral dos Professores Ticuna Bilíngues, 1998.

_____. *Instrumentos musicais ticunas* (apostila manuscrita). Publicada também no volume organizado por Bispo, A. A., "Die Musikkulturen der Indianer Brasiliens – II". Em: *Musices Aptatio - 1996/97 - Jahrbuch.*, Roma: Consociatio Internationalis Musicae Sacrae, 1996/1997.

GRUPIONI, L. D. B. "As sociedades indígenas no Brasil através de uma exposição integrada". Em: _____ [org.]. *Índios no Brasil*. São Paulo: Secretaria Municipal de Cultura, 1992, pp. 13-28.

_____. "Inventário dos artefatos e obras da exposição 'Indios no Brasil: alteridade, diversidade e diálogo cultural'". Em: _____ [org.]. *Índios no Brasil*. São Paulo: Secretaria Municipal de Cultura, 1992a, pp. 233-73.

_____. *Coleções e expedições vigiadas: os etnólogos no Conselho de Fiscalização das Expedições Artísticas e Científicas no Brasil*. São Paulo: Hucitec/Anpocs, 1998.

_____. "Os museus etnográficos, os povos indígenas e a antropologia: reflexões sobre a trajetória de um campo de relações". *Revista do Museu de Arqueologia e Etnologia*. São Paulo, Suplemento 7, 2008.

HEMMING, J. *Ouro vermelho. A conquista dos índios brasileiros*. São Paulo: Editora da Universidade de São Paulo, 2009.

HUSMANN, R. "Uma abordagem científica do cinema etnográfico: Peter Fuchs e a antropologia visual alemã". *Cadernos de Antropologia e Imagem*. Rio de Janeiro, v. 21, n. 2, 2005, pp. 45-59.

INGOLD, T. "Pare, olhe, escute! Visão, audição e movimento humano". *Ponto Urbe* [online], 3, 2008. Disponível em: <https://journals.openedition.org/pontourbe/1925>. Acesso em: 9 mar. 2019.

JOHNSON, J. S. *et al.* "Practical aspects of consultation with communities". *Journal of the American Institute for Conservation*, v. 44, n. 3, 2005, pp. 203-15.

KIRSHENBLATT-GIMBLETT, B. "Objects of ethnography". Em: KARP, I.; LAVINE, S. [ed.]. *Exhibiting cultures. The poetics and politics of museum display*. Washington: Smithsonian Institution Press, 1991, pp. 386-443.

LADEIRA, M. E. *A troca de nomes e a troca de cônjuges: uma contribuição ao estudo do parentesco timbira*. Dissertação (mestrado) – FFLCH-USP. São Paulo: 1982.

LÉVI-STRAUSS, C. *Do mel às cinzas*. São Paulo: Cosac & Naify, 2004 [1967].

_____. "O uso das plantas silvestres da América do Sul tropical". Em: RIBEIRO, B. G. [coord.]. *Suma Etnológica Brasileira*, v. 1. Petrópolis: Vozes/Finep, 1987.

LOPES, R. C. "What is a museum for? The Magüta Museum for the Ticuna people, Amazonas, Brasil". *Public Archaeology*, 2005.

MASSING, J. M. "Early european images of America: the ethnographic approach". *Circa 1492: art in the age of exploration*. Washington: National Gallery of Art, 1991, pp. 515-20.

MATAREZIO FILHO, E. T. *IBURI Trompete dos Ticuna*, filme documentário, São Paulo de Olivença (AM), São Paulo (SP), Lisa-USP, Fapesp, DVD, NTSC, 14 min., cor, som. Disponível em: <www.vimeo.com/lisausp/iburi. 2014>. Acesso em: 2 abr. 2019.

_____. "Trompetas Ticuna de la Fiesta de la Moça Nova". Em: BRABEC DE MORI, B.; LEWY, M.; GARCÍA, M. A. [org.]. *Mundos audibles de América. Cosmologías y prácticas sonoras de los pueblos indígenas* (Estudios Indiana 8). Berlim: Iberoamerikanisches Institut/Gebr. Mann Verlag, 2015a.

_____. *A Festa da Moça Nova – Ritual de iniciação feminina dos índios Ticuna*. Tese (doutorado) - USP. São Paulo: 2015b. Disponível em: <https://goo.gl/1aWBpH>. Acesso em: 2 abr. 2019.

MELATTI, J. C. *Ritos de uma tribo Timbira*. São Paulo: Ática, 1978.

_____. *Krahô: histórico do contato*. Dez. 1999. Disponível em: <https://pib.socioambiental.org/pt/povo/kraho/442>. Acesso em: 11 mar. 2019.

MÉTRAUX, A. "À propos de deux objets tupinambá du Musée d'ethnographie du Trocadéro". *Bull. Mus. D'ethnographie du Trocadéro*, 2, 1932, pp. 3-18.

MIRANDA, R. M. [coord.]. *Guia dos museus brasileiros*. Brasília: Instituto Brasileiro de Museus, 2011.

MOTTA, D. F. *Tesauro de cultura material dos índios do Brasil*. Rio de Janeiro: Museu do Índio, 2006.

MUNN, N. "The Spatiotemporal Transformations of Gawa Canoes". *Journal de la Société des Océanistes*. Paris: 1979.

MUÑOZ-VIÑAS, S. *Teoría contemporánea de la restauración*. Madrid: Síntesis, 2014.

NEIMAN, Z. *Era Verde? Ecossistemas brasileiros ameaçados*. São Paulo: Atual, 1989.

NIMUENDAJU, C. *Die Palikur-Indianer und ihre Nachbarn*. Göteborg: Kugl Vetenskaps, 1926.

_____. "The Eastern Timbira". *University of California Publications in American Archeology and Ethnology*, v. 41, 1946.

_____. *Mapa etno-histórico*. Rio de Janeiro: IBGE, 1981.

_____. "The Tukuna". *American Archeology*. Berkeley & Los Angeles: University of California Press, 1952.

NORA, P. "Entre memória e história: a problemática dos lugares". Trad. Yara Aun Khoury. *Projeto História. Revista do Programa de Estudos em História e do Departamento de História da PUC-SP*, São Paulo, n. 10, pp. 7-28, dez. 1993. Disponível em: <http://www.pucsp.br/projetohistoria/downloads/revista/PHistoria10. pdf>. Acesso em: 27 fev. 2019.

NUÑEZ, L. *et al.* "Betty J. Meggers y su trascendenttal dedicación hemisférica a la arqueología latino-americana". *Chungara (Arica)*. Arica: 2013, v. 45, n. 4, pp. 505-14.

OLIVEIRA, J. P. *A problemática dos "índios misturados" e os limites dos estudos americanistas: um encontro entre antropologia e história. Ensaios em antropologia histórica*. Rio de Janeiro: Editora UFRJ, 1999.

OLIVEIRA, L. R. C. *Artesanato krahó: divisão de trabalho e trançado*. Relatório inédito. Centro Nacional de Referência Cultural, 1978.

PIEDADE, A. T. C. *O canto do kawoká: música, cosmologia e filosofia entre os Wauja do Alto Xingu*. Tese (doutorado) – Universidade Federal de Santa Catarina. Florianópolis: 2004.

_____. "From musical poetics to deep language: the ritual of the Wauja Sacred Flutes". Em: HILL, J. D.; CHAUMEIL, J-P. [org.]. *Burst of Breath: New Research on Indigenous Ritual Flutes in Lowland South America*. Lincoln: University of Nebraska Press, 2011, pp. 239-56.

POMIAN, K. "Colecção". *Enciclopédia Einaudi*. Porto: Imprensa Nacional/Casa da Moeda, 1984.

_____. "Os estudos de cultura material: propósitos e métodos". *Revista do Museu Paulista*, n.s., v. XXX, 1985.

_____. "Glossário dos trançados indígenas e a arte de trançar: dois macroestilos, dois modos de vida". Em: RIBEIRO, B. G. [coord.]. *Suma etnográfica brasileira v. II*. 2. ed. Petrópolis: Vozes/Finep, 1987.

RIBEIRO, B. G. *Dicionário do artesanato indígena*. Belo Horizonte: Itatiaia; São Paulo: Edusp, 1988.

ROUILLÉ, A. *A fotografia entre documento e arte contemporânea*. São Paulo: Senac, 2009.

SAMPAIO SILVA, O. "Herbert Baldus: vida e obra – introdução ao indigenismo de um americanista teuto-brasileiro". *Revista do Museu de Arqueologia e Etnologia*, n. 2, 1994, pp. 91-114.

SAINT-HILAIRE, A. *Viagem pelas províncias do Rio de Janeiro e Minas Gerais*. Trad. Vivaldi Moreira. Belo Horizonte/São Paulo: Itaiaia/Edusp, 1975.

SCHULTZ, H. "Vocabulário dos índios Umutina". *Journal de la Société des Américanistes*. Paris, v. XLI, n. 1, 1952, pp. 81-137.

_____. *Vinte e três índios resistem à civilização*. São Paulo: Edições Melhoramentos, 1953.

_____. "Tukuna maidens come of age". *National Geographic Magazine*, 116, 1959, pp. 628-49.

_____. "Informações etnográficas sobre os Umutina". *Revista do Museu Paulista*. São Paulo, v. XIII, 1961-62, pp. 75-313.

_____. *Hombu: Indian Life in the Brazilian Jungle*. Amsterdam/Rio de Janeiro: Colibris, 1962.

SCHULTZ, H.; CHIARA, V. "Informações sobre os índios do Alto Purus". *Revista do Museu Paulista*, n.s., v. IX, São Paulo, 1955, pp. 181-200.

_____. "Informações etnográficas sobre os índios Suyá". *Revista do Museu Paulista*, n.s., v. XIII, 1961-62.

_____. "Lendas Waurá". *Revista do Museu Paulista*, n.s., v. XVI, 1965-66.

_____. "Informações etnográficas dos índios Waurá". *Verhandlungen des XXXVIII. Internationalen Amerikanistenkongresses*. Stuttgart/München, 1968.

SCOTT, R. G. *Fundamentos del diseño*. Buenos Aires: Victor Leru, 1979.

SEEGER, A., DA MATTA, R.; VIVEIROS DE CASTRO, E. "A construção da pessoa nas sociedades indígenas brasileiras". *Boletim do Museu Nacional*. Rio de Janeiro, n. 32, 1979.

SILVA, F. A.; GORDON, C. "Objetos vivos de uma coleção etnográfica: a curadoria da coleção etnográfica Xikrin-Kayapó no Museu de Arqueologia e Etnologia da Universidade de São Paulo". *Revista do Museu de Arqueologia e Etnologia*. São Paulo, suplemento 7, 2008.

_____. [org.]. *Xikrin – uma coleção etnográfica*. São Paulo: Edusp, 2011.

SOARES, J. P. M.; FERRÃO, C. [org.]. *Viagem ao Brasil de Alexandre Rodrigues Ferreira*. Coleção Etnográfica v. I e II. São Paulo: Kapa, 2005.

SOMBRIO, M. *Em busca pelo campo: ciências, coleções, gênero e outras histórias sobre mulheres viajantes no Brasil em meados do século XX*. Tese (doutorado em política científica e tecnológica). Campinas: Unicamp, 2014.

SPIX, J. B. V.; MARTIUS, C. F. Ph. *Viagem pelo Brasil 1817-1820*. São Paulo: Edusp, v. 3, 1981 [1831].

STEIL, C. A.; CARVALHO, I. C. M. C. [org.]. *Cultura, percepção e ambiente: diálogo com Tim Ingold*. São Paulo: Terceiro Nome, 2012.

STRATHERN, M. *O efeito etnográfico e outros ensaios*. São Paulo: Cosac Naify, 2014.

TACCA, F. *A imagética da Comissão Rondon – etnografias fílmicas estratégicas*. Campinas: Papirus, 2001.

_____. "O índio na fotografia brasileira: incursões sobre a imagem e o meio". *História, Ciências, Saúde – Manguinhos*, Rio de Janeiro, v. 18, n. 1, jan.-mar. 2011, pp. 191-223.

TAMANINI, E. "O museu, a arqueologia e o público: um olhar necessário". Em: FUNARI, P. A. *Cultura material e arqueologia histórica*. Campinas: Unicamp, 1998.

THOMAS, N. "The Museum as Method". Museum Anthropology. Cambridge: 2010, v. 33, n. 1, pp. 6-10.

VALENZUELA, H. R. *El ritual tikuna de la pelazón en la comunidad de Arara, sur del trapecio amazónico. Una experiencia etnográfica*. Tesis de maestría en Estudios Amazónicos. Universidad Nacional de Colombia, sede Amazonía, 2010.

VAN VELTHEM, L. H. "Os primeiros tempos e os tempos atuais: artes e estéticas indígenas". Em: AGUILAR, N. [ed.]. *Artes indígenas: mostra do redescobrimento*. São Paulo: Associação Brasil 500 Anos Artes Visuais, 2000, pp. 58-91.

_____. *O belo é a fera. Estética da produção e da predação entre os Wayana*. Lisboa: Museu Nacional de Etnologia, Assírio e Alvim, 2003.

_____. "'Objets de mémoire': indiens, collections et musées au Brésil". *Les arts premiers*. Arquivos do Centro Cultural Calouste Gulbenkian, Lisboa/Paris, v. XLV, 2003a, pp. 133-47.

_____. "Objeto etnográfico, coleções e museus". *Anais do Seminário Patrimônio Cultural e Propriedade Intelectual: proteção do conhecimento e das expressões culturais tradicionais*. Belém: Cesupa/ MPEG, 2005, pp. 71-7.

_____. "O objeto etnográfico é irredutível? Pistas sobre novos sentidos e análises". *Boletim do Museu Paraense Emílio Goeldi. Ciências Humanas*, Belém, v. 7, n. 1, 2012, pp. 51-66.

_____. "Patrimônios culturais indígenas". *Revista do Patrimônio Histórico e Artístico Nacional*, n. 35, 2017, pp. 227-43.

VELHO, G. "Observando o familiar". Em: NUNES, E. O. [org.]. *A aventura sociológica: objetividade, paixão, improviso e método na pesquisa social*. Rio de Janeiro: Zahar, 1978.

VIDAL, L. [org.]. *Grafismo indígena*. São Paulo: Studio Nobel/Fapesp/Edusp, 1992.

_____. "Ngôkon: maracá ou chocalho dos Kayapó Xikrin". Em: BRITO, J. P. [org.]. *Os índios, nós*. Lisboa: Museu Nacional de Etnologia, 2000.

_____. [coord.]. *A roça e o kahbe – produção e comercialização da farinha de mandioca. Oficina de Formação de Pesquisadores Indígenas*. São Paulo/Oiapoque: Iepé/Museu Kuahí, 2011.

VIDAL, L.; LEVINHO, J. C.; GRUPIONI, L. D. B. [org.]. *A presença do invisível – vida cotidiana e ritual entre os povos indígenas do Oiapoque*. Rio de Janeiro: Iepé/Museu do Índio/Funai, 2016.

VIEGAS, S. M. "Tupinambá de Olivença. A luta pela terra". *Povos indígenas no Brasil 2001-2005*. São Paulo: Instituto Socioambiental, 2006, pp. 764-6.

VIVEIROS DE CASTRO, E. *O mármore e a murta: sobre a inconstância da alma selvagem. A inconstância da alma selvagem e outros ensaios de antropologia*. São Paulo: Cosac & Naify, 2002, pp. 181-264.

WHITEHEAD, P. J. P. "A disciplina do desenho: quadros etnográficos holandeses do Brasil setecentista". Trad. Thekla Hartmann. *Revista do Museu Paulista*, n.s., v. 33. São Paulo, 1988.

ZAVALA, L. "La educación y los museos en una cultura del espectáculo". Em: 2° Encuentro Nacional Icom-Ceca México: la educación dentro del museo, nuestra propia transformación, 2001, Zacatecas. *Memoria*. [Zacatecas]: Icom-Ceca México, 2003.

Fonte	Minion 11/14 pt
	Berber 15/20 pt
Papel	Pólen bold 90 g/m²
	Duo Design 300 g/m²
Impressão	Mundial Gráfica
Data	novembro de 2021